U0897521

世纪之交的中国图书馆活动

王宗义　著

上海科学技术文献出版社

图书在版编目（CIP）数据

编辑视角：世纪之交的中国图书馆活动/王宗义著．-上海:上海科学技术文献出版社，2011.1
ISBN 978-7-5439-4560-9

I．①编… II.①王… III.①图书馆学-中国-文集 IV.①G250-53

中国版本图书馆CIP数据核字(2010)第222595号

责任编辑　陈宁宁
封面设计　俞　琤

编辑视角：世纪之交的中国图书馆活动
王宗义 著
*
上海科学技术文献出版社出版发行
（上海市长乐路746号　邮政编码 200040）
全国新华书店经销
上海潮祺实业有限公司印刷
*
开本890×1240　1/32　印张9.25　字数220 000
2011年1月第1版　2011年1月第1次印刷
ISBN 978-7-5439-4560-9
定价：30.00元
http://www.sstlp.com

序

在我国图书馆学界活跃着这样一群人：他们既是图书馆学期刊的编辑者，又是图书馆学的研究者。作为编辑，他们苦心经营着图书馆学学术期刊，审阅过四方来稿无数；作为研究者，他们一直关注着图书馆学的热点和发展，不时以自己的新观点或新思想在图书馆学研究领域引领风骚。我们不得不承认，正是得益于这样的双重身份，才使得他们能够站在不同于图书馆实际工作者或单纯的理论研究者的立场，用独到的视角与见解，甚至用比较“挑剔”的眼光来审视整个图书馆学研究领域，往往得出与常人不同的研究结论。上海《图书馆杂志》的常务副主编王宗义先生，就是这群人中的杰出代表。

我和王宗义先生相识，是通过《图书馆杂志》这个媒介。还在读本科的时候，《图书馆杂志》就引起我很大的关注。我发现，这个杂志办得十分有特色，既重理论，也重实践，文章普遍不长，却大多言之有物，能够很好地帮助我了解国内外图书馆学理论研究与实践发展的状况，于是我自费订阅了这个杂志。后来，我尝试给《图书馆杂志》投了第一篇稿件《论图书馆意识》，很快就收到了用稿通知，并获得了该刊当年评选的优秀论文二等奖（记得一等奖是上海图书馆界的一个集体研究成果）。从此，在我完成了新的论文后，总会首先考虑投往《图书馆杂志》，而且我还会不断地向我的学生推荐阅读这个杂志。虽然这么多年以来，《图书馆杂志》的

主编换过了好几次，但我却一直无缘相识其中的任何一位。直到2004年，我担任了中国图书馆学会编译出版委员会的副主任，同时还担任了图书馆学理论研究专业委员会的主任，这才使我有机会认识了同时作为这两个委员会委员的王宗义先生。因为《图书馆杂志》是连续几届图书馆学的优秀期刊，王宗义先生作为该刊的常务副主编，入选了编译出版委员会委员；作为图书馆学领域一位活跃的研究者，入选了图书馆学理论研究专业委员会委员。这样，因为工作关系，我和王宗义先生之间就开始有了各种信息的交流。记得在2005年前后，国内的图书馆学期刊兴起了一股向国际学术期刊版式“接轨”的热潮，纷纷将原来的16开小版本改为了大版本，并且在装帧上也下了不少功夫，使期刊在形式上显出了“豪华”。我问王宗义先生有没有计划将《图书馆杂志》的外观也来这么一个“国际化”？王宗义先生反过来问我，大开本就是国际化吗？你是喜欢期刊的内容还是外观？还没有等我回答，他就说，《图书馆杂志》不会去赶这个潮流，不会去追求形式上的豪华，仍将以内容质量取得读者的信任；《图书馆杂志》的版式不改变，但刊期可能会变（由双月刊变为月刊）；如果众多图书馆学期刊都是大开本，而《图书馆杂志》还是小开本，那这个期刊看起来就与众不同，也就更吸引眼球了！他的话让我感到了他对自己所主编期刊的自信，更感到了他在主编工作岗位上卓尔不群的气魄！

随着我们相互交流的不断增多和深入，王宗义先生明锐的学术洞察力和杰出的学术创造力给我留下的印象也越来越深，我不仅对他的许多学术观点产生了“不谋而合”的共鸣，更对这位师长和朋友有了一种相见恨晚的感觉。

这些年来，王宗义先生在当好刊物主编的同时，立足于图书馆学与图书馆活动的本身，认真思考了许多事关我国图书馆学的理论与实践发展的问题。他面对我国图书馆学界不断推出的一个个研究热点，不是随波逐流，反而有着清醒的、甚至不同于一些“主流观点”的认识，更是体现了他在图书馆学研究中社会责任的担当。

王宗义先生代表性的研究成果现在被汇集到他这部自选论文集中。该论文集共收录了他的24篇论文，时间跨度从1997年到2010年。这十几年恰恰是中国图书馆事业发生变革和图书馆学研究更加关注人文精神的时代。从这部论文集中可以看出，王宗义先生所涉及的研究领域是非常广泛的，既有对图书馆的特色服务、文献资源共享、图书馆核心能力、公共图书馆精神等专门的著述，也有关于图书馆学基础理论以及基层图书馆发展等方面宏观的内容。

王宗义先生的论文大多很有见地，敢想感言，观点明确，言语犀利，直指我国图书馆学研究与图书馆事业发展中的弊端，读后总能给你以耳目一新的感觉，促使你静下心来进行认真的思考。

例如，面对国内学者在研究“图书馆核心能力”时普遍采用的观点，即“未来图书馆的竞争力主要将产生于图书馆活动的新领域，或称之为新的业务生长点”的观点，王宗义先生在《图书馆“核心能力”建设的思考》一文中却明确指出，图书馆核心能力理念产生的背景在于当前图书馆活动遇到了各种现实挑战，但“设若因此把图书馆能力的发展思考完全对应于外界的相关竞争领域，可能有失偏颇”。“面对并不清晰的竞争对象和领域，匆忙地做出未来能力发展的对策，结果很可能是既没有形成与他人竞争的能力，又丧失了自己基本的社会立足能力”。而图书馆的核心能力建设“必须牢牢扎根于自己的专业技能，只有在巩固提高基础能力的前提下，才能真正形成创新的‘核心能力’或相对于社会其他领域的‘竞争力’”。他告诫专业领域的研究者“不必妄自菲薄，轻易地否定原先的科学专业，匆忙地开发新学科”，因为在事实上，“至今并没有替代图书馆这一社会分工的新组织形式产生”。这些观点是相当有见地的，对图书馆学研究者和图书馆管理者都不无启发意义。

对于在我国图书馆界一度讨论得如火如荼乃至延续到今天的“公共图书馆精神”研究，王宗义先生则在《“公共图书馆精神”的科学解读》一文中指出，由于“长期生存于畸形的经济、人文氛围中，公共图书馆活动的精神境界必然出现各种‘异化’，这也是自然规律。在改革的旗帜下，众多诡异的发展思维充斥于公共图书馆活动的研究领域，从荒诞的‘变图书馆为租书馆’设想，到时髦

的‘数字化、网络化’的技术替代理论，直至虚幻的知识元素等研究，一波波没有科学根底的‘新论’不断涌来，又很快随着更新的技术出现、社会环境的急速变化而被迅速淹没”。而当前在我国图书馆界，对公共图书馆精神的解读也出现了“橘枳现象”，因为它“脱离了公共图书馆活动所需要的社会生存环境”，使得“原本朴实的‘公共图书馆精神’被抬高到至高无上的地位，成为文化制度建设的理想、图书馆法规制定的前提，变成图书馆员操守的基础。但是当这些制度、法规和守则等脱离了公共图书馆及其社会环境，脱离了现实生活的需求和经济支撑的可能，就只剩下几本装帧漂亮的书籍和一摞‘红头文件’，而没有任何实际价值”。他认为，“在欧美地区形成的社会文化制度，及其公共图书馆活动理念，不应该像文献整理的具体技术与方法一样，直接简单地移植，更不应该作为实践工作的指导原则，或图解为事业的目标。不同社会环境中形成的文化制度，不可能在社会文化背景有着重大差异的环境中机械地嫁接成功，中国公共图书馆活动的曲折发展历程已经证明了这一点”。因此，“必须深入剖析欧美公共文化制度得以形成的内在经济动因，深入探析这一制度的社会人文内涵，才能科学地解读‘公共图书馆精神’，并为中国当代公共图书馆活动提供科学、健康的发展参考”。当我看到这么直白的观点竟没有一点遮掩，其学术争鸣的勇气实在让我钦佩！同时我也真担心王宗义先生为此怕是

会得罪不少人吧？但实事求是地说，王宗义先生所强调的公共图书馆精神应在中国的公共图书馆及其社会环境中进行科学解读的理性认识，的确对于公共图书馆精神的研究者们有着很大的参考意义。

再如，针对当代中国图书馆学基础研究中因专业思维缺失而导致专业活动定位迷失、社会职能认识虚幻、事业发展研究空洞化等现象，王宗义先生专门写了《专业思维与专业方法》一文对此进行批评，并尖锐地指出，“如果说，老一代图书馆学人还能依凭惯性的专业意识，在学术研究道路上坎坷前行，而部分当代理论家似乎已习惯于在流行政治术语中讨生活，全然没有了专业思维意识。特定的社会环境造就了此类理论家，他们也由于特定的社会环境而获取了主流发言权。其结果是专业实践工作者对当代图书馆活动发展路向迷茫，专业研究活动的领域与目标被无限放大，众多专业论著呈空洞化，高深莫测的语词后面其实是一无所有”。因此他认为，我国“图书馆学基础研究不能把目光放在专业活动对象上去进行无谓的抽象，而应回归专业实践的基础，集中精力于创新探索的归纳、提炼，科学把握专业活动的自身发展规律”。真是一语中的！细细品味王宗义先生的这些观点，真的会令我们这些专门从事图书馆学基础理论研究的学者感到汗颜。

当然，王宗义先生除了对当前我国图书馆学研究存在的问题进行反思和批评外，还对基层图书馆服务体系的发展进行了认真的考察和研究。如《农家书屋建设与图书馆社会服务体系研究——由农家书屋可持续发展问题引发的思考》一文，先是对“农家书屋”的建设模式幽默地提出了批评：“农村基层文化服务，尤其是农村居民的图书服务，原本是图书馆等文化教育机构的传统专业范畴，怎么突然成了由出版界为主实施的活动，这是体制变革的新突破，还是对现有图书馆活动模式的置疑？”然后，王宗义先生对江浙一些“农家书屋”进行了实地考察，发现“部分没有文化主管部门和图书馆专业人员参与建设的农家书屋，其藏书、管理现状用‘惨不忍睹’来形容绝非夸张”。根据调查结果，王宗义先生指出，“‘农家书屋工程’建设出于出版管理高层的良好主观意愿，但与市场化环境中的出版专业活动有着内在的冲突。为此，农村图书服务的可持续发展需要寻找更合理的发展路径。在这一过程中，图书馆和社会文化管理机构的参与必不可少。同时，要切实掌握不同社会发展水平条件下各地区农村居民的实际文化需求，探索图书馆大众文化服务的内在发展规律，探索图书馆传统方法与当代信息处理技术的有效整合，寻找适合当代国情的农村图书服务模式，保证行政性文化服务投入形成实在的社会效益”。整篇论文没有一句大话套话，一直在摆事实、讲道理，虽然研究结论与主流媒体对“农家书屋”的报道大相径庭，但我们却不能不说这是一篇建设性的、对农家书屋可持续发展有着重要参考价值的优秀学术论文。

其实，王宗义先生这部自选论文集中的每一篇论文，都是他这些年来对我国图书馆事业和图书馆学研究进行思考的成果，都有各自不同的闪光点。这些论文很好地体现出了他善于独立思考，勇于亮出自己观点的品格；表现出了他非但有知，而且有胆、有识的风范。从这部论文集中我们还可以看到，王宗义先生时时关注着我国图书馆现实，总是从我国图书馆事业发展的实践中去选择需要研究的问题，这就使得他的研究总是能够具有可靠性和有效性。显然，高度重视那些既具有重大现实意义，又具有重大学术价值的研究课题，应该是我们在图书馆学研究中所需要坚持的。

作为王宗义先生的朋友，我可能是较早读到这部论文集的读者之一。我是一边读着这部论文集，一边被感动于他致力学术、不人云亦云的反思与批判精神。后来，当王宗义先生邀我为他的自选论文集做一个序时，便写下了以上的感想，是为序。

中国图书馆学会学术委员会

理论专业委员会主任，编译出版委员会副主任

刘兹恒

2010年6月于北京大学

目　录
CONTENTS

“特色服务研究“与图书馆发展视野的开拓……………… 1

变革与未来——公共图书馆事业跨世纪发展前瞻……… 10

公共图书馆社会化发展前景探索………………………… 19

文献资源共享的历史与未来

——上海地区的实践回顾与理论思考…………… 28

公共图书馆的发展基点在于社会需求

——冷静面对新世纪丛谈之一……………………… 38

文献集藏与整理是图书馆的根本职责

——冷静面对新世纪丛谈之二……………………… 48

文献信息中心≠信息咨询服务中心

——冷静面对新世纪丛谈之三……………………… 59

图书馆服务网络与计算机通信网络

——冷静面对新世纪丛谈之四……………………… 70

数字化环境下图书馆地位与职能的思考

——从历史与社会的视角探索图书馆事业的未来………… 81

图书馆管理变革的研究导向

——新世纪图书馆管理变革的散思之一……………… 94

图书馆“知识管理”的实践探索

——新世纪图书馆管理变革的散思之二……………… 106

图书馆“核心能力”建设的思考
——新世纪图书馆管理变革的散思之三…………………… 119
“公共图书馆精神”的科学解读…………………………… 132
从图书协调到机构合作
——上海地区图书馆服务合作的历史及其当代探索……… 146
“文献资源共享”理念的科学解读………………………… 157
当代都市文化需求与公共图书馆应对思考………………… 170
社会的城市化进程与现代图书馆活动
——兼作“公共图书馆理念”的科学解读………………… 182
图书馆评价与城市发展环境探析…………………………… 195
当代图书馆的社会教育功能再认识………………………… 207
现代图书馆管理与社会文化活动论纲……………………… 220
关于图书馆学基础研究的若干思考………………………… 232
专业思维与专业方法
——关于当代中国图书馆学基础研究的散思……………… 243
农家书屋建设与图书馆社会服务体系研究
——由农家书屋可持续发展问题引发的思考……………… 254
十五年的探索与思考………………………………………… 275

“特色服务研究”
与图书馆发展视野的开拓

摘　要：“特色服务”必须界定于社区基层公共图书馆内，它与群众文化服务两者不可偏废；对于服务于社会某一阶层的图书馆，应定义为“专门图书馆”，而着重某项专科文献收藏与服务的图书馆，应还其本名“专业图书馆”。她们与省市级大型综合公共图书馆一起，将构成未来既各成系列，又协调互补的社会化公共图书馆事业新格局。

关键词：公共图书馆事业　特色服务　未来格局

自80年代后期起，公共图书馆系统伴随体制改革、观念转换、服务方式更新等一系列变动，出现了一批以开辟“特色服务”项目为变革方向的图书馆。经过众多图书馆工作者的多年艰辛努力，在京、沪等一些大型城市的社区图书馆中，“特色服务”已经为社会实践所认可，也在不同程度上取得了一定的经济收益。由此，总结近年来公共图书馆在“特色服务”领域的成绩、经验，并进行理论上的归纳、探讨，成了当前图书馆学术研究的“热点”之一，这对于图书馆事业的进一步深化改革，摸索步向21世纪的路径无疑有着重大的现实意义。

但在近期的讨论中，一些研究者的笔下，“特色”的范畴及其功用被过分地渲染了，有意无意间，它被理解为图书馆事业发展唯一的抉择。究其原因，乃在于我们一些同志为“特色服务”的众多具体成果所眩目，未能从事业本身的历史演变中寻找到它的真正内在规律，步入了认识或理论的误区。本文试从“特色服务”产生的历史必然性及图书馆事业自身发展进程两个侧面，就“特色服务”及其地区公共图书馆事业的未来发展作一些探索。

1 社区图书馆开展“特色服务”的历史必然

纵观近年来各地公共图书馆众多“特色服务”的实例，可以看出，所有开展特色服务的图书馆无一例外地属于区、县及其它基层公共图书馆。因此，从另一个层面上，似可以归纳为，“特色服务”的提出与实践，均可界定在社区图书馆这一领域。明确了这一点，讨论就显得比较容易了。

1.1 特定地区的经济、文化、社会生活发展需求是“特色服务”得以形成的外部原因

开展特色服务的各图书馆，其活动内容和行动方式是多种多样的。但有一点却是共同的，即其“特色”必然与本地区特定的经济、

文化或社会生活环境有着紧密的联系。

以开展“特色服务”较为普遍的上海市区、县级图书馆为例：南市区图书馆所在的老城厢，享有良好的地理文化优势，作为国际大都市的原始发生地，自然是中外瞩目的旅游热点。为了开发旅游资源，了解、掌握本地区历史、地情以及社会经济综合信息的需求便随之产生了，南市区图书馆的“旅游文化特色服务”工作也就是在这样的特定社区环境下得以提出并逐步开展了起来。上海郊区的青浦县，是一个著名的鱼米之乡，水产养殖是当地经济活动的重点，随着科学养殖观念的普及，农村中渔业科技基础知识和当代养殖科研动态的信息需求便随之形成，青浦县图书馆“为农服务”的重心也必然地向渔业的“水产养殖”转移，并成为这个馆的服务特色了。

在上海城乡的数十所区、县图书馆中，“特色服务”的内容和方式各不相同，项目也或多或少，但总体状况是，市内各图书馆的特色服务内容多偏重于社会的人文环境发展；相对而言，郊区馆的服务内容则较多地着重于各自的社会经济发展需求。差别产生的原因，主要在于城乡社会文化环境的差异。在城市中，教育、科研和工商、金融等经济活动虽然也时时产生着众多对图书馆的服务需求，但是，由于市区内大型综合性图书馆和众多分属教育、科研系统的专业性图书馆的存在，这方面的社会需求对社区内的基层图书馆而言就显得无足轻重了。而在经济条件和文化设施相对比较落后的郊县，地区经济发展所形成的社会对图书馆的需求在当前以经济建设为中心的社会大环境下，理所当然地在当地图书馆工作中占有优先地位，并由此确定了各郊县图书馆开展特色服务的方向和内容。这是“特色服务”得以产生和发展的基本社会前提。

同样，在北京、深圳等市出现的“服装资料”、“时装资料”

等特色服务项目，虽然其间渗透着一定的经济活动气息，但在本质上，它们仍然是反映了所在地区的人文环境的发展需求。若非经济、文化水平已经达到相当的社会程度，便不可能产生如此的社会要求。

1.2 社区图书馆在改革大潮推动下，寻求自身存在和发展的空间是“特色服务”得以出现的内部原因

“特色服务”萌芽的80年代后期，区、县及其以下的基层图书馆正处于一个特殊的困难时期。国家经济改革与发展进程中屡次起伏带来的强烈震荡，使习惯于遵照上级安排的图书馆处于进退失据的窘境。经过较长时间的痛苦思索，图书馆工作者才开始意识到需要转变观念，突破以往多年中所习惯的传统常规服务框架，主动出击去探索在市场经济条件下社区图书馆立足存身，并求得自身发展的活动方式。

开始，曾经有过一个令人困惑的阶段。特别是基层图书馆都面临着满足本馆工作人员基本生活保障这一压力。为了迅速获得经济收益，采取的方式可谓五花八门，并且在图书馆界内外引起一些争论、非议。直至文化主管部门作出“以文养文”、“多业助文”的决策后，各方的议论才逐步平息。但也就是在这一时期，部分区、县及基层图书馆的工作者在反复的实践、挫折中找到了较为理想、可行的发展新路，这就是立足于图书馆所在地这一特定地域，了解本地区经济、文化、社会生活各领域在发展进程中的书刊资料、文献信息需求，并针对性地组织文献采集、进行信息开发，把它作为本馆业务工作的重点。久而久之，重点工作便成为这个图书馆的“特色服务”项目了。至于最先提出“特色服务”口号者，未必是“特色服务”的先行者。

经过各图书馆工作者的多年努力和主管部门的精心总结、宣传

推广，适应于不同地区社会发展需求的“特色服务”终于成为社区基层图书馆在改革开放的社会环境下立身、发展的突破口，并受到图书馆界内外的关注。

1.3 因地制宜地开展特色服务是社区图书馆未来发展的重要抉择之一

“特色服务”的实践表明，立足于居民社区，以群众文化服务为主要职责的基层公共图书馆，不能仅仅满足于社会教育、文化生活的常规需求，还必须了解本地区的特殊经济、社会、人文环境及其发展所形成的文献信息需求，相应地组织图书馆服务活动，才能在竞争激烈的现代社会发展潮流中站稳脚跟，获得发展的空间。

具有浓重的地域特色的“特色服务”活动，其开展的成功与否，在很大程度上取决于这个图书馆及其上级主管部门决策的科学、合理性。即是不是能因地制宜地组织服务本地社会发展信息需求，并与本图书馆的业务能力相适应的文献信息“特色”项目。在努力开展“特色服务”项目的同时，基层公共图书馆还有自己的基本的主业，即为本地区的居民提供书刊资料及一般的文献信息服务，对于人力、物力相对有限的社区图书馆，要同时做好这两方面的工作是不容易的。如前文所述，“特色服务”项目对于基层公共图书馆，往往具有极大的经济意义。要做到有特色、有收益，同时又不偏废群众文化服务的基本职责，社区图书馆才能在真正的意义上走出一条改革发展的新路。

因此，在“特色服务”开展和研究热兴起之际，图书馆界应该有一个清醒的认识：“特色服务”是社区基层公共图书馆未来发展的一项重要抉择，但不是唯一的选择。

2 多系列公共图书馆的设想及其范畴界定

在当前部分讨论中，存在着一些对不同特点的图书馆作分类判断时的混乱表述，若能及早讨论澄清，对于公共图书馆事业的规划、发展将有十分重要的意义。

公共图书馆系统中近年来出现部分从文献收藏到服务对象的全过程都仅仅是面对社会某一阶层、某一领域的专门或专业图书馆，对于这两种类型的图书馆，用“特色服务”的口径去套，理论上显得极其牵强。同样，各省市的大型公共图书馆担负着多重的社会服务功能，“特色服务”的口号在这里似乎也不能以一种工作方针的形式出现。因此，在评价“特色服务”的成果和推广其经验时，把公共图书馆的未来发展都塞在同一个套路里明显不妥。

2.1 “专门图书馆”系列的设想与范畴界定

改革开放近二十年来，公共图书馆界为社会各阶层提供的服务越来越多，承担的社会文化工作面也日益扩大。为了提高对不同层次读者的服务效益，部分地区的公共图书馆已经着手把业务工作中为特定阶层服务的职能同全馆的综合文化服务功能分割开来，如上海地区的少年儿童图书馆，已经在市、区两级层次上形成了相对独立的系统，并在向第三层次普及。一些社会经济文化发展水平较高的省、市，少儿服务也纷纷独立成馆，这已经成为一种发展趋势。此外，随着社会文明程度的提高，一些具有慈善服务、公益服务性质的专门图书馆，如盲人图书馆等也开始出现于公共图书馆行列。对于这一类图书馆，如果用“特色服务”去概括，实在是比较勉强的。

随着我国逐步进入老年社会，原先遍布城乡各地的“老年人活动室”，伴同着生理年龄逐步年轻化的趋势日益明显，对图书资料、文献信息的需求自然会逐步加强。因此，在不远的将来，大城市中率先出现“老人图书馆”并形成系列将是理所当然、可以预测的事。

因此，对于专门服务于社会特定阶层的公共图书馆，若用“特

色”进行界定，反易与社区普通图书馆的“特色服务”内容混淆。对于文化主管部门来说，确定一个区别于社区普通公共图书馆的专门图书馆系列，对于未来的事业规划、管理及至馆际分工、协调应是十分必要的。

2.2 “专业图书馆”系列产生的必然性及其前瞻

进入90年代以来，随着公共图书馆特色服务活动的深化和多种社会力量办馆方式的出现，一些不同于以往把群众文化服务放在主要地位，也不以某一阶层读者为服务主体的图书馆新形式开始崭露头角。

地处上海虹口区的曲阳图书馆，原先规划时仅是一所小区图书馆，是为新建住宅区的居民提供的文化生活配套设施而已。曲阳图书馆自办馆之初，即比较清醒地把工作目标定位与本区的区级图书馆的职能拉开了距离。根据小区内文化影视界人士较多的特点，以及本市尚无影视专业图书馆的地情，作出了以影视文献为“特色服务”内容的决策。由于该馆选择的业务活动主题，其文献收藏、用户对象均超出了本区、本市的地域范围，经过几年的努力，图书馆的内外影响已无法以地区概念来涵盖，故而今天她已有了另一个更为响亮的名字－－“上海影视文献图书馆”。

在一些大城市的公共图书馆中，这样的形式或以“分馆”、或以“特色服务项目”的方式存在着。对于收藏某一领域文献，服务于社会某一专门行业的图书馆，在图书馆事业史上我们实际并不陌生，它们的真正名称应该是“专业图书馆”。近年图书馆研究学者之所以不用这一字眼，乃在于建国以后的相当长一个时期里，这一名词已成为科研机构下属图书馆的习惯统称了。现在只好生造了一个“特色图书馆”的名称来统括他们，只是明显缺乏科学定名所需的逻辑稳定性。

从我国经济体制改革引发的社会变革大趋势和图书馆事业自身出现社会多方投入的实际状况分析，今后公共图书馆行列中，以某一专业文献收藏、服务某一专业用户的图书馆将会不断增加。设若长期沿用“特色”，有可能是“特不胜特”。不如及早在公共图书馆中确定一个专业图书馆系列，既可以使得各馆在专业的旗帜下获得充分的施展天地，对于主管部门而言，图书馆事业的社会化亦可在此获得一个突破的机遇。

必须指出的是，由于“特色”使用随意，有些原本不属于图书馆的单位也在它的旗号下裹入了图书馆的行列。前些年就有所谓“玩具图书馆”之说，究其实质，只是个玩具陈列及免费提供儿童游乐的场所。因此，对目前的“特色图书馆”，或本文所倡的专业图书馆的认定，需要有一个前提。即图书馆是一个储存文献信息载体并提供利用的机构，没有文献信息载体这一基础者，不能列入图书馆的行列。若真要有一所“玩具图书馆”，不能仅有玩具，它还必须拥有玩具制造的工艺、历史等文献资料，并以提供此类文献信息服务为主业，才能将其纳入图书馆的范畴。

3 多系列公共图书馆并存，谱写公共图书馆事业新篇章

随着我国经济建设的高速发展和文化事业的兴盛，我们有理由相信，未来的公共图书馆事业将有一个灿烂的前景。她将由多个图书馆系列组成，即以省市级图书馆为主体，具有理论研究、业务指导以及多方面社会服务功能的大型图书馆群体；以群众文化服务为主，并各具地域“特色”的社区中小型图书馆群体；以社会特定阶层为对象进行文献组织、服务的专门图书馆群体；以及集藏专业学科文献、服务于专业科学研究人员的专业图书馆群体等。

这一格局的形成，不仅有赖于公共图书馆及其主管部门的努力，还有待于国家文化、教育、科研等各项事业深化改革而引发的

图书馆事业社会化发展大环境的形成，图书馆界及其主管部门对此能够尽早取得共识，则于中国图书馆事业幸焉。

参考文献

1 常林．特色公共图书馆的建设．中国图书馆学报，1995（6）

2 王秀芬．论小型分馆及其特色化建设 ---- 公共图书馆事业发展战略对策探讨．图书馆，1996（4）

3 黄恩祝．特色的公共图书馆与公共图书馆的特色服务．中国图书馆学报，1996（5）

（原载上海《图书馆杂志》，1997年第1期）

变革与未来

——公共图书馆事业跨世纪发展前瞻

摘　要：分析了改革开放以来，我国公共图书馆事业在资金投入渠道、社会服务形式、公共图书馆内部职能分化等方面出现的变化，探讨了面向21世纪的中国公共图书馆事业未来发展趋势，并提出了社会化、专业化发展的前瞻构想。

关键词：公共图书馆　事业管理　未来趋势

改革开放以来，尤其是80年代中期出现的社会体制深刻变革，对公共图书馆的外部环境产生了极大的影响。建国以来由国家单一投入，依照行政区划设置图书馆网点的传统方式已无法满足高速发展的社会生活带来的文献信息需求，来自企业、社团，以及华侨、海外友人的经济支持也丰富了图书馆资金的来源，图书馆界在适应社会市场经济机制转换的进程中推出了众多改革措施，这一切釀成了公共图书馆事业突破性发展的契机，并昭示着公共图书馆事业跨世纪发展的良好前景。

1 多种社会力量投入改变着传统的图书馆事业格局

1.1 都市的迅速扩展，突破了按行政区布设的单一模式

伴随经济建设的高速发展，原先的城市规模下市民带来的文化需求，原先按行政区划设立的公共图书馆网点已经不足以应付了。在上海市1987年出台的公共图书馆管理办法中就作出了可根据新建社区实际需要设置相应分馆的规定。这对于长期按照行政区划设馆的传统体制无疑是一个重要突破，也在一定意义上预示了公共图书馆步入新繁荣时期的信息。

在近十余年中，原先的基层公共图书馆中出现了一批新成员，尤其是在大城市的区级馆行列中，有了小区馆、专业分馆，或面向少年儿童的专门分馆等多种形式，这些服务于特定社会阶层、不同专业人员的图书馆，有效地扩大了图书馆社会服务的领域，开拓了图书馆事业新的生长点。

1.2 海外华人、爱国侨胞的捐助，拓宽了图书馆建设的资金投入渠道

改革开放以后，特别是80年代中期起，海外侨胞对于国内文教事业的捐助大量增加。仅上海地区得到经济资助的公共图书馆就有十余所。海外资金的投入，或使原先部分空白的网点有了规模不等的图书馆，或使一些原先经济拮据的公共图书馆获得了资料补充、

设备更新，乃至建立电子计算机管理系统的宝贵物质支撑。随着对外开放的进一步深入，海外资金将会源源而来。积极吸引海外资金投入，并在布局上进行科学合理的导向，将给公共图书馆事业发展带来重要的助力。

1.3 地区企事业的参与、协办，有效地缓解了基层公共图书馆的经济压力

在向市场经济转换的过程中，基层图书馆遇到了极大的困难，至今仍有众多图书馆处于重重困境之中。但已有一批地区的基层图书馆在艰难的环境中找到了自己的出路，即为本地区的经济、文化和社会发展提供专门的信息服务。

在成功者的经验中，比较集中的一点是图书馆与本地区的企事业单位建立了各种各样的联系，由企、事业单位向图书馆提供部分或全部经济资助。这一方式的优劣，及其对群众服务、社会教育的影响尚有待于探讨，但在前十余年中，它在保存相当一部分基层图书馆，并为基层图书馆的长期发展、积累经验等方面有着积极的实效。总结这方面的成功经验，将对未来的公共图书馆事业产生极大的影响。

2 各种主题的“特色服务”活动丰富了公共图书馆的社会形象

2.1 “特色服务”有效地服务于所在地区的社会发展信息需求，使相关社区图书馆获得发展机遇

“特色服务”始于80年代中、后期，主要产生于各地区、县及以下社区基层图书馆，至90年代中期，已经形成各自不同的模式，并在不同程度上为社会认可。这些各自不同的“特色服务”工作，有着共同的特点，即这类服务有效地涵盖了图书馆所在地区经济、文化发展中形成的特定文献信息需求，这些图书馆也在开展“特色服务”活动中获得了自身立足与发展的机遇。

“特色服务”活动是公共图书馆事业的广大基层工作者在社会经济体制发生重大变革的时期，在探索基层图书馆发展道路过程中的实践成果。众多基层图书馆在保证地区基本文化服务的同时，结合本地区经济、文化、社会发展的具体文献信息需求，针对性地组织文献资料、开发文献资源、提供文献信息，从而在社会服务效益与自身经济效益等多方面都得到了良好的回报。随着社会主义市场经济制度的逐步健全与完善，社区服务的公共图书馆的“特色服务”将具有更好的外部发展环境。

2.2 “特色服务”活动的开展改变了公共图书馆传统的单一文化功能，丰富了它的工作内容与外部形象

基层社区公共图书馆长期以来是一种社会教育、文化服务的机关型实体。在以往的计划经济年代，所有资金来源完全依靠主管部门行政投入。图书馆的规模、内容、服务也一切听从统一安排，结果是千人一面，社会影响有限，地位自然低下。经济体制的变革一度使这些图书馆陷于普遍困境，但基层图书馆工作者的“特色服务”创新实践，又使其出现了“柳暗花明又一村”的新局面。

基层图书馆工作者在“特色服务”实践中，运用了多种多样的形式，调动了社会各方的力量，学习并采用了市场的经营手段，使得“特色服务”不仅满足了本地区社会发展的信息需求，还为自身建设赢来了可持续发展的资金保障。更重要的是它使图书馆工作迈出了走向社会，主动提供信息服务的步子，从根本上改变了工作人员的观念，丢弃了“等、靠、要”的懒散作风。社区公共图书馆有效的“特色服务”活动也不同程度地改变了外界对他们的看法。针对性的文献信息服务使相关企事业单位对之感激不尽；有充裕的资金支持后得以丰富、完善的文化服务也使社会大众对图书馆的价值有了新的认识；图书馆用自己的经营收入使自己的馆舍、设备等外部形象有了重大的改观后，自然会使社会对公共图书馆产生新的认识。

3 公共图书馆职能分化反映了现代社会的精细分工趋势

3.1 服务于社会不同阶层、不同群体的专门、专业图书馆的出现，是社会和公共图书馆事业发展到一定阶段的必然产物

改革开放17年来，公共图书馆事业有了极大的发展，其表现不仅在于数量的大量增加，还在于随着服务对象范围的扩大，公共图书馆系统也如同社会的其他行业一样，呈现了内部的职能分化前景，这与现代社会的分工精细化趋向是一致的。

在经济文化比较发达的省市，图书馆面向少年儿童的服务，已大多与公众文化活动划分开来，并且在工作内容、专业研究等方面形成了专门的系列。同时，我们也看到，由社会福利、慈善等机构举办的为盲人及各类残障人服务的专门图书馆也逐渐增加。随着我国正在步入老龄社会，尊敬、关心老年人，已经成为全社会的共同任务。作为社会事业一个重要组成部分的公共图书馆，在不远的将来出现专门为老年读者提供文化服务的图书馆，并如同少儿图书馆一样自成系列，应该是可预期的事。

目前一些社会文化比较发达的地区图书馆率先开展了“特色服务”，这些馆与传统的公共图书馆在文献收集重点、服务对象等方面已经有着客观存在的差距。对于这部分图书馆，若让他们与普通公共图书馆遵循共同的方针、纳入一致的轨道，显然不合乎事物本身的发展规律。对于这类图书馆似可以给以单独的安排，即将他们列为公共图书馆的另一系列，称之为“专业图书馆”。由于在建国后的相当长一段时间里，公共图书馆被赋予单一的群众文化服务功能，故而“专业图书馆”一词在人们的习惯思维中已将其归之于科研机构下属的图书馆，但实际上并没有明确的约定。因此，公共图

书馆中增加一个“专业图书馆”系列，在名称上不会有冲突，而在这个定义下，对所谓“特色馆”的发展和今后分系统协调管理将会产生积极的影响。

3.2 公共图书馆职能分化，形成适应社会不同需求的系列，是现代社会分工精细化大趋势在图书馆事业内的一种表现

人类社会活动的每一次大分工，都意味着社会发展前进了一大步。现代社会分工的总趋势是走向精细化，它是人类文明高度发达，生产力高效合理分配，生活水平追求高质量的体现。公共图书馆内部的职能分化，预示了公共图书馆事业取得突破性发展的前景。

公共图书馆的职能分化，具有多方面的深刻意义。首先，经过职能重新分工，各类图书馆将能够集中各自的精力，为各自的服务对象提供优质、高效的文献信息服务；其次，加强专门、专业图书馆系列的建设，有可能将社会各方面在文献资源建设和利用的投入集中起来，让原先分散、零星的投资变成群体、规模的投入。在总体上提高全社会在文献信息领域投入和产出的综合效益；第三，现代信息社会对于公共图书馆事业形成了信息需求压力，也需要全社会的物质投入才能形成应对、满足的能力。而当前多种经济形式并存的社会环境实际上已经为公共图书馆事业的社会化发展提供了必要的前提。

4 多系列公共图书馆建设将成为跨世纪发展的主旋律

4.1 加强基层社区图书馆网络建设，巩固群众文化服务主渠道

群众文化服务工作是公共图书馆的主业，涉及全社会的基本文化需求，是全民族学习文化、普及科技知识的重要场所。由于它面广量大，只有在国家的统一筹划、安排下，才能得到合理、妥善的发展，以保证最大限度地满足社会全体成员的需要，而主要承担这一任务的是众多区、县级及以下的社区基层公共图书馆。

基层社区图书馆无论现在或将来，都是公共图书馆事业的基础，它的建设、发展必须由各级政府和文化主管部门给予资金保障和行政支持，并成为地区文化建设的一个重要组成部分。因此，基层公共图书馆必须把主要精力放在满足本地区的各类文献信息需求上。开展各种各样的“特色服务”活动，其服务对象、内容更是不能离开本地区的特定要求。

4.2 促进专门图书馆系列的发展，争取相应社会领域携手共建

目前，专门图书馆已经形成系列的主要是大城市的少年儿童图书馆，在机构、业务、专业研究等领域已具有独立活动的模式雏形。但要真正形成社会公共文化事业的一部分，发挥应有的作用，还有大量的潜力可挖。

就当前为少年儿童服务的图书馆状况而言，其作用是极其有限的。它们可分为三大块，即社区范围的少儿公共图书馆、中学图书馆和小学图书馆。这三块之间没有联系，各块内部各图书馆也很少沟通。而且每一所馆的物质支撑又极其有限。即使是上海这个号称第一大都市的市级少儿图书馆，也仅有20余万册藏书。到了基层的街道、小学图书馆，能够投入的人力、物力则更是微乎其微了。

因此，在发展地区专门图书馆时，似乎可以考虑把这三大块的力量结合起来，集中使用，以期获得较好的社会效益。实际上，中小学生的活动范围基本仍在社区内，他们的阅读活动也基本上是在课外时间进行的。特别是在城市里，汇合街道和小学的人员、资金办好儿童图书馆，聚集区、小区和区域内中学的物力、人力办好少年图书馆，将是一条事半功倍的发展途径。问题在于文化、教育主管部门是否能突破陈规，携手共商发展的新路。

4.3 探索专业图书馆系列的路径，形成各界关心图书馆事业的社会环境

现在各地实际存在的专业图书馆（指收藏专业文献、向专业人员提供文献信息服务的图书馆，目前在公共图书馆内部使用的是“特色图书馆”、分馆或“特色分馆”等名义），其背景各不相同。但比较相似的一点是，大部分“特色服务”项目与内容都与社会经济活动有较紧密的联系，其中一部分图书馆的资金来源则来自于华侨、海外华人。这里已隐约地显示了一条专业性公共图书馆的发展路径。

与专门图书馆相比，专业图书馆的建设似更应走社会化的道路。现在散处于各级各类科研、教育机构或企、事业内部的专业图书馆，绝大部分规模有限，特别是用于科研急需的外文书刊购置经费奇缺。与此同时，因为部门所有的习惯观念难以根绝，各馆都把珍贵的科技、外文书刊视为全宝，轻易不肯示人，这又人人限制了文献的利用率。就社会整体投入而言，则是极大的浪费。即使在上海市这个曾经有过多年跨系统协作协调传统的地区，近年在这一领域也是步履维艰。而跳出部门、单位所有体制的专业公共图书馆将是改变这种僵局的一条途径。

以上海最有名的“特色图书馆”——影视文献图书馆为例，它以收藏电影、电视资料及相关书刊为工作重心之一，服务对象扩散到了国内各地，故而它与一般开展特色服务的社区图书馆已经有了质的区别。专业公共图书馆的建设，似乎不应由主管行政部门投入，而应由各信息需求单位聚合财力、人力，由主管部门在宏观上进行调控，确定馆的设置、业务重点、服务领域等。同时，在海外资金的流入、使用上，主管部门也可进行有针对性的导向服务，冀使各方面的投入产生最佳的效益。

至于专业公共图书馆的门类、规模则不宜与社区图书馆一样事先规划、确定。应在积极倡导的同时，根据社会的实际需求，在各文献信息需求单位自愿基础上，逐个建立。由信息市场需求规律来调节其发展速度，并逐步形成相应的系列。若社会各信息需求单位与图书馆界合力办专业图书馆，并通过主管部门的提倡，社会舆论方面的宣传，使之成为风气。这也将有助于全社会关心、支持图书馆良好环境的最终形成。

4.4 强化省市中心图书馆功能，建成研究指导型的区域性文献信息服务中心

随着多系列公共图书馆的逐步建立，省级中心图书馆需要承担的任务自然会不断增加。作为主管行政部门的业务参谋，需要研究不同图书馆系列之间的分工与合作，各系列图书馆内部的层次安排，服务于不同社会阶层、不同专业领域的各图书馆的业务范围、工作标准、设备配置，乃至与本省区文献信息服务相关的一切业务、技术规范的制定，等等。这就要求省级中心图书馆逐步把工作重心从一般社会服务中解脱出来，让图书馆的专家、技术人员把主要的精力集中到考虑区域文献信息中心的建立和地区文献信息服务网络的实施等方面来，充分发挥和行使中心图书馆的研究指导职能。形成理想的社会化公共图书馆体系要经过一段较长的路程，若中心图书馆及早开展研究，有了正确的理论、方法去指导实践，则事业发展将有更快前进的可能。

(原载湖南《图书馆》，1997年第4期)

公共图书馆
社会化发展前景探索

摘　要：公共图书馆的发展被经济问题制约已经有较长一段时间了。关于这一问题的解决，大多数意见认为需通过国家立法来保障，但事实上现有的社会经济环境尚不具备这样的条件。因此本文提出，应该通过社会化的方式开辟公共图书馆发展的新路径。公共图书馆现有的网络体制为社会化发展提供了良好的基础，社会经济体制的变革等也为社会化发展创造了条件，公共图书馆及其主管部门应适应发展变化的社会环境，为建成一个多元化的公共图书馆，或称多元化的文献信息服务系统而努力。

关键词：公共图书馆　社会体制变革　单一行政投入　社会化发展

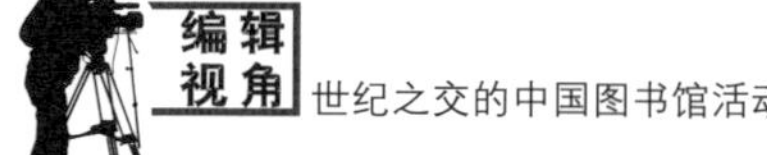

近年来，关于公共图书馆事业如何走向21世纪的议论颇多，其中不乏宏伟的设想，自然也有众多的难题，议论最多还是经费保障问题。在如何解决的设计方案中，主张制定一部图书馆法规，用法律形式来保障公共图书馆前途的意见占有较大的比例，并为此译介了世界上一些发达国家的相关法规，以证明公共图书馆的未来必须是由图书馆法给予保证的。笔者认为，这种观点固有可取之处，但还必须把握中国的实际国情，了解其可行性到底有多少。殊知即使是在上海这个经济文化较为发达的都市，在制定有关公共图书馆管理法规的过程中，也是矛盾重重。从图书馆及主管部门的角度，自然希望有一些具有强制力的规定，以保证公共图书馆事业的发展投入。但对各经济管理部门而言，事情却没有那么简单，社会生活发展的方方面面都需要投入，谁又能轻易给予图书馆以绝对的保证。

因此，笔者认为，简单地依赖国家支持并不是积极的态度，需要认真研究国家和本地区的社会经济现状，以及图书馆工作的特点，寻找适合自身发展的途径。本文试从现有的公共图书馆网络着手，探讨公共图书馆事业社会化发展的可能性及其实施方式。

1 把握公共图书馆的自身优势是事业发展的立身之本

公共图书馆自建国以来，始终是国家文化事业建设的重点之一，在历次经济发展时期，公共图书馆也伴随着获得较好的发展机遇，现在的公共图书馆事业规模得以形成，与国家的长期投入是分不开的。但也不能否认，与高速发展的社会生活其他领域相比，近年来公共图书馆的整体发展速度相对显得缓慢，难以适应社会的需求了。要求得更快地发展，国家增加投入是必要的，同时还应该解放思想，拓宽门路，寻找各种促进事业发展的路径。

公共图书馆始终存在着经费不足的问题，固然无须否认，但是不是有其他占优势的领域呢。我们应该看到，经过四十年来图书馆

工作者和各级主管部门的努力，公共图书馆已经在不同程度上形成了一张覆盖全社会的文化工作网络。尽管由于各地区社会经济条件的差异，覆盖的程度有疏密之分，但相对于文化工作领域的其它项目而言，它的普及面、覆盖面是无可比拟的。社会文化活动的形式有许多种，其对社会成员的不同影响也就在各自的相关层次、群体中表现出来，这是由每种文化活动的自身特点所决定的。同时，它们也表现出了各自的局限性，即每种文化活动方式的受众都有着特定的范围，都只能覆盖社会的某一个侧面或一个阶层。在目前的社会生活中，真正有可能对全社会不同阶层、不同年龄的成员发挥或产生影响的文化组织或机构惟有公共图书馆的网络体系，这是公共图书馆界以往未给予正视或予以充分估价的自身优势。教育、文化活动的其它各种形式或组织、机构，都有着各自的对象和范围。在它们各自特定的范围内，公共图书馆无以争锋，但在整体文化生活方面，却仅有公共图书馆这种形式，可以利用自己的特有的多层次网络对全社会发生影响。能够认识并把握这一优势，公共图书馆才可不妄自菲薄，转而振作精神，去探索发展的新路。

公共图书馆特有的业务机构网络及其全面的覆盖能力这一特性，表明了它较任何一种文教活动形式有更强的社会性。在思考未来的发展前景时，立足自身优势，依靠自身的特殊地位求发展，就应该是顺理成章的事了。换句话说，要从现有的具全面覆盖能力的网络基础出发，寻求公共图书馆事业社会化发展的路径。

2 社会经济体制的变革带来了公共图书馆社会化发展的可能性

建国后的数十年中，集中统一的计划经济体制长期占有主要地位，作为文化事业的公共图书馆系统依靠国家的投入建设发展了起来，这本是一件好事。但到社会经济体制已经发生了重大变革的90年代，仍然把图书馆发展的全部未来单一寄托在国家不断增加投入上，就显得不够明智了。

自80年代中期起，公共图书馆为摆脱经费不足的困难曾进行了种种实验，如通过“创收”等经营活动，以获得部分经济收益。但大部分馆所得有限，除极少数馆得以将部分收入转用于图书馆的基础建设外，大部分单位仅能作为改善职工生活待遇的一种补充手段，更何况在经济发展相对落后的地区这一点也难以实现。因此，让公共图书馆把未来发展所需的资金寄托在“创收”之上，在实际操作上缺乏可行性。公共图书馆现有的“创收”经济收益相当有限且不说，同时在社会上引起的诸多争议已够烦人了。

在研究我国公共图书馆事业发展时，需要寻找一种全新的模式，探索一条符合中国国情的建设道路。变国家单一投入为全社会参与，力求多渠道投入的发展道路应是值得研究思考的。在经济体制改革中有这样一种说法，即“谁投入，谁得益”。社会主义市场经济运作已经多年，它也已成为大众所认可的一种观念。公共图书馆事业的资金投入在不可能由国家独力承担时，与其抱怨，或白费力气作明知无效的呼吁，还不如静下心来，寻找社会化发展图书馆的方法及措施，其切入口即可从“得益者”中突破。

在公共图书馆的服务对象中，普通市民为一般的书刊文献利用者，对他们收取任何费用都会引起严重的反响，也不符合公共图书馆的服务宗旨。但除此以外，还有众多企业、机构、公司等，他们应用图书馆提供的文献资料，获得了各种经济收益，对于这样的服务，若要求其付出相应的代价，应是无可厚非的。问题是如何把他们获取的利益与应该向图书馆提供的资金联系起来，并最终成为图书馆的发展投入。

对于应用图书馆资料而获得经济效益的企业、公司等经济实体，若直接要求其为获得的资料信息支付费用，是一个简单易行的办法。

但这种方式很可能走向反面，即造成图书馆的用户的减少和文献利用效率降低。较理想的方式是让使用图书资料的用户与图书馆携起手来，共同在文献资料的收集上作出投入。这样，图书馆减轻了文献资源集藏的支出压力，可以把这一部分力量腾出来，在入藏文献的加工、开发上提高一步，为用户提供更好的服务。而参与图书馆发展投入的企业、公司虽然增加了一部分支出，但如果图书馆能够在信息资料服务上给予优惠或相当程度上的信息资源保障，令其感觉到实际的收益，那么社会化办馆的道路或许就从此迈开步伐。

近年来经济体制的变革，使得大部分企业有了自主权，同时也增加了市场竞争的压力。企业在激烈的市场竞争中，必然需要系统、可靠、完整的信息资源保障。为提高企业的生产、经营能力，也离不开科技文献服务的支撑。设若图书馆具备这样的能力，则两者结合当能形成理想的社会效益。现在的问题是大部分图书馆没有这样的能力，或者说是因为没有这方面的具体社会需求而形不成实际的操作能力。同时，企业对这样的社会合作也是陌生的，或者说是因传统的图书馆观念影响，并不认为与图书馆合作能产生积极的经济效益。因此，让图书馆的社会化发展变为现实还有大量的工作要做，从宣传、组织，到用实际成果去影响他们等等。从可能性到现实的距离将是漫长的，工作量也将是十分巨大的。但是，这一步非迈出去不可，不然，公共图书馆事业在目前的社会经济大环境下是难以看到光明前景的。

3 社会化的公共图书馆事业应该是多元的文献信息服务系统

当前的中国图书馆事业仍大体保持着计划经济时代的模式，各级各类图书馆分别隶属于不同行政系统和单位，执行着相对专门的文献集藏与资料服务任务。由此在文献资源建设上的重复投入现象难以改变，再加上各自经济效益等因素的制约，进一步带来了文献

资源利用方面的重重限制。尽管文献资源“共建共享”的口号年复一年地提出，而实际收效甚微也是不争的事实。即便是电子化、网络化的前景也无法改变文献资源建设，乃至图书馆装备的新一轮重复投入。这种条块分割模式造成的人力、财力浪费现象久久得不到改变，在某种程度上已经成为见惯不怪、习以为常的事了。因此，在现有机制下，指望图书馆事业有突破性进展是不现实的。要打破这一僵局，依靠行政干预或是传统的分系统、跨系统协调已经被客观现实证明是难以奏效了。改变现状需要寻找新的出路，即寻找一种新的机制，以其超出传统机制的优越性去替代陈旧、僵化的旧体制。因此，从公共图书馆的社会化发展入手，建立文献资源服务的社会调节机制更显得十分必要。

现有的公共图书馆网络，承担的是比较单一的文化服务功能。因而其服务手段与社会效益相对有限，自然也不容易引起社会的广泛重视。与多年以来在网络建设的大量投入相比，应该获得的社会效应，或应得到的产出有着极大的差距。这与长期以来，人们习惯把文化教育工作视为社会资源的消费部门，不去考虑其实际效益的心态有很大关系。而实际上，无论是经济效益还是社会效益，都是可以用相对的标尺去进行衡量的。四十多年来国家在公共图书馆的经济投入总量，在绝对值上并不是一个小数，而公共图书馆目前的状况恰恰是长期缺乏对资金投入的实际效益进行评估、核查所造成的。

公共图书馆事业的社会化发展应该也必须利用现有的网络基础，使国家在这一领域的投入得到充分的使用。分别处于不同地域的各级公共图书馆在向社会化方向迈进时，首先要了解、把握本地区文献资源的总体需求及其地域内各种不同政治、文化、经济实体对资料、信息的具体要求，针对性地进行社会化发展的资金组织，

把公共图书馆的资源建设、服务活动与经济投入者的实际利益结合起来。图书馆及其主管部门应该认识到，公共图书馆现有的藏书、设备、包括专业干部，从另一种角度看，都属于可以“盘活”的资产，守着“摊子”，不去主动出击，实际上是让国家以往的投入白白地被损耗，是资产的另一种流失形式。单一的文化服务明显不能补偿整体的投入，只有建立多元的信息服务系统才能实现其价值。

各个公共图书馆应该具有工作的主动性，把向本地区的用户提供各种信息资源服务列为己任，让来自不同渠道的资金在图书馆汇合，产生每一项资金单一投入无法得到的整体性效益。把为本馆所在地区不同阶层提供文献信息服务工作与基本的群众性的社区文化活动同时列入公共图书馆的基本职责。在社会生活的其他领域，人们已经或正在取得社会化的规模效应，这是社会发展到一定阶段的必然产物，图书馆在从事的文献信息整理、开发工作也离不开这一发展规律，早一天认识，早一步实践，也将使公共图书馆在文献信息综合开发利用活动中获得领先一步的发展主动权。

4 公共图书馆事业社会化要求行政部门发挥规划、决策、监督职能

公共图书馆事业的社会化建设必然需要社会各界的参与，接踵而至的便是管理问题。鼓励社会各界支持图书馆事业，协力于公共图书馆的发展是一个方面；另一方面便是从一开始就要注意投入的针对性导向，即集中的资金能否合理使用问题。经济建设领域改革开放来的经验教训应该给予足够重视，在社会生活的其他领域经常可以看到这样的情形，热情的鼓动和轰轰烈烈一场以后，成功的果实不多，却留下诸多后遗症。各方疲惫之余，往往会留下难以启口的遗憾。要防止出现这样的弊病，关键是从一开始就要有清醒的头脑。公共图书馆及其主管部门不能以为有了社会各方面的参与和投入，自身压力即可减轻，职责或许可以少一些了。设若社会各界的参与、投入成为现实，其管理职能将不是消失、减弱，而是转化，并且必须大大提高管理者的素质、水平。

时下主管部门对于图书馆的管理一般在于资金投入的控制，管理干部的任用，再深入一步，也就是所谓业务考核了。究其实质，仍属于一般的行政管理，说句不客气的话，此类管理纯属形式，多来几趟无妨，少去几次也无碍。对大部分图书馆而言，这种不区分具体馆情制定的统一标准，施之实际情况各不相同的各图书馆，于业务水平、服务能力的提高实质上很难产生有效的影响。因此，对主管部门的职责应重新予以审视，力不从心或缺乏实际效果的管理形式和手段应坚决舍弃。就像政府部门对企业经济活动只宜在宏观上进行调节一样，各级各类公共图书馆的具体业务工作好坏只能由其所在地区的服务实效来衡量，按统一标准“评比”往往只是形式主义猖獗的温床，其“成绩”中的代价一般不易为人知晓，若将各类统一考核活动的社会资源浪费“动真格”计算起来，恐怕会使人大吃一惊。

社会文化发展的主管部门从图书馆事业的社会化起步开始，就应有一个较为长远的发展规划。这一规划的重点在于对社会流向图书馆建设的资金在宏观上给予调控，也就是说要在总体上对各级各类图书馆的发展心中有数，让进入这一领域的资金得到合理、有效的使用。为此，主管部门自身素质必须有很大的提高。不能停留在以往为群众文化生活服务的一般了解上，而应该对于全社会或本地区利用图书馆的需求有清晰的把握。对适合于不同区域实际的各种类型图书馆建设，在先后次序、轻重缓急心中有数。能够以完整的数据和科学的论证向资金投入者解释其参与建馆或单独建馆的可行性，让社会化的公共图书馆在科学指导下得到健康发展。反之，若主管部门浑浑噩噩，听任事业自发生长，则很可能在短期热闹后，

走向无序状态。凡对图书馆建设稍具常识的人都知道，一个图书馆如果创建阶段出现偏差，那么它的改建过程无异于重建一所新馆。因此，在公共图书馆的社会化发展中，主管部门的宏观导向作用就显得尤为重要。

其次，社会化的公共图书馆已超出了单一群众文化服务的范畴，它们由于各地区的差异和资金投入者的需求不同，将形成自己各自的文献资源采集系统和加工开发方式，服务手段及形式也将适应不同的需求自行作出调整。面对一个多元化的公共图书馆系统，各馆的日常安排和操作方式不再是行政管理部门关心的事，它要研究的是各个时期、阶段的总体投入的增减，社会对文献信息的需求的变化，作为事业整体的社会效益的实现状况等等。这将彻底改变长期以来政府部门越俎代庖，忙于具体事务，但于事业发展却束手无策的尴尬局面。

最后，作为行政主管部门，它是政策的执行者。在社会文化事业领域，其另一方面的职责是监督职能，要保证社会主义文化建设的健康发展。对图书馆事业也是如此，由社会各界参与发展的公共图书馆事业的总体方向、具体政策、外部环境等等，都只有在主管部门的管理、协调下才能有条不紊地进行。因此主管部门也将面临一系列新的课题。本文因篇幅所限，不能继续展开，只好留待今后深入探讨了。

(原载广东《图书馆论坛》，1998年第2期)

文献资源共享的历史与未来

——上海地区的实践回顾与理论思考

摘　要：在现代科学技术支撑下，文献资源共享应从以文献资源建设协调分工为重点，转向以加强分散储存的文献资源信息的获取能力为重点：向用户提供文献资源线索；保证用户通过电子媒体或印刷文本等获得所需文献。

关键词：文献资源共享　历史　理论思考

解决好文献信息资源共建共享问题，对于迈向21世纪的图书情报事业的可持续发展至关重要。本文拟从上海地区文献资源共享活动活动几个阶段的实践入手，借鉴历次活动的得失，对未来文献信息资源建设的思想、理论以及管理、服务活动做一些探索。

1 50～60年代的协作协调

从1958年至1966年“文革”之前，上海地区的文献资源共享活动以“协作协调”的形式展开，一直比较顺利，建立了一套比较完善的组织、管理机制，在资源建设、管理、利用等各环节的协作也是卓有成效，得到了本地读者、用户的普遍赞扬，也受到中央文化主管部门的肯定与嘉奖。这一时期的成功实践，图书情报界的自身努力功不可没，但也有社会大环境的因素，将其与以后的“资源共享”活动放在同等地位进行审视，能总结出可供借鉴的历史参照。

1.1 “协作网”建立的时代背景

上海地区图书馆界的协作协调活动源于1956年。在当年6月的上海市图书资料工作座谈会上，众多自然、社会科学工作者对各级各类图书馆间的图书资料重复收藏与利用限制等问题提出了意见，受到市领导的重视[1]。同年11月，在上海市第二届图书馆工作会议上，提出了解决矛盾、问题的初步设想，主要内容为：①建立一个统管全市图书馆业务工作的组织，协调各系统、单位下属图书馆的业务活动，减少不必要的重复投入；②各级各类图书馆之间建立业务联系，交流入藏文献目录、交换复本书刊，提高现有文献利用率；③（公共、高校、科学院）三大系统的主要图书馆合作编制学科、专题联合目录，供读者、用户了解本地文献收藏全貌，提高文献资源利用率[2]。

1957年7月末，上海市图书馆工作委员会即将成立之时，传来了国务院科学规划委员会制订《全国图书协调方案》的消息，并决定在上海建立“全国第二中心图书馆”（以下简称“二中心”）。由此，改按“全国图书协调方案”重新组织的“上海市全国第二中心图书馆委员会”，于1959年3月成立。

“二中心”成员馆为本市8所比较大的图书馆，仍然不能满足上海地区全面的文献资源共享需求。实际上，上海市在1958年11月就成立了上海市科技图书馆协作网[3]（以下简称“协作网”），以开展图书馆际的全面合作。

1.2 协作协调组织、内容与效果

“协作网”以上海图书馆为中心，包括全市各工业局及所属研究机构的图书馆、中央各部在沪研究单位所属图书馆和部分大型企业的科技图书馆等共 78 所。经一年运行后，扩大为“上海市工业系统图书馆协作网”，成员馆为 173 所，并在运行机制上进行了完善。入网的图书馆、室按文献收藏的专业学科分为若干个系统，先行组成协作小组，由组内藏书量较多，业务基础较好的馆任组长馆；然后由各组长馆与上海图书馆组成协作网的“中心组”，以上海图书馆为中心组召集人，统筹全市科技图书馆的协作协调工作安排。

“协作网”的最大功效在于向全市不同系统、单位的科研、技术人员敞开了所有科技文献收藏单位的大门。其主要做法一是制定了“统一借阅方法”并印发“统一借阅证”，科技工作者可以凭此进入网内任何一所图书馆借阅所需的书刊资料；二是协作网与二中心建立了合作关系，二中心成员允许所有协作网的成员馆、室向其进行馆际互借，进一步拓宽了基层单位科技工作者获得文献资源的渠道。这些措施取得了良好的社会效果。至1962年末，协作网成员馆总数已达到200余所，基本覆盖了全市的科技图书馆及其读者、用户[4]。

在书刊资源的共享之外，二中心与协作网还开展了一系列文献资源建设、开发的项目：① 通过每年一次的外文期刊采购协调，逐步降低了外文期刊在上海地区的采购重复率，提高了本地区重点

学科期刊文献的保障能力；②编制了一大批不同规模的专题文献书目、索引，对本地区的各学科文献收藏进行集中揭示，有效促进了馆藏文献资源的充分利用。这些活动构成了上海地区图书馆界科技文献资源的共同建设、共同开发和共同利用的良好态势。

1.3 协作协调得以成功的社会环境思考

上海地区五六十年代初协作协调活动的顺利开展，除了图书情报工作者的主观努力外，还在于当时的社会机制、社会需求、运作模式等多方面的环境因素组合。

首先，五六十年代计划经济条件下的社会机制，使得教育、科研、生产的发展相对稳定。由此，文献资源建设分工等安排措施在一定时期内对社会需求的预测也比较容易把握，先期制定的文献资源建设目标相对容易符合社会的信息获取增长期望。

其次，计划经济条件下各级各类图书馆均以政府拨款为惟一的经济来源，文献的购置经费和工作人员的个人收入也是由政府部门统一制定标准，稳定供给，在馆际、人际间都不会构成经济利益上的冲突。此外，当时全民“大协作”的社会精神氛围，保证了这一模式得以顺利运行。

2 80～90年代的共建共享

经过十年浩劫之后，上海地区图书馆在八九十年代初期先后两次以“共建共享”为主旨，组织、开展了一些活动。但与五六十年代协作活动的社会效益相比，恐怕只能是相形见绌了。造成这种局面，固然有组织者的威望、能力在及协调效率等因素，但更多地表现在对社会机制转型的认识不足，在观念、决策、组织、措施等各方面都难以适应变化发展迅猛的社会现实，因而常常是事倍功半。

2.1 两次市级网络的组建

1977年12月，由原先的二中心成员馆为主体，成立了上海市图书馆协作委员会（以下简称“协作委员会”），其主旨是恢复“文革”前上海地区的网络协作协调活动[5]。1980年初，上海市委宣传部批准了协作委员会《关于加强上海地区各系统图书馆之间开展协作活动的意见》的报告。协作委员会沿袭过去协作网的模式与基本工作方法，将公共、高校、科学院三大系统图书馆和科技图书馆系统专业组一起，全部纳入同一网络。到1983年，成员馆达到270所，从表面看，全市图书馆“一网收尽”，颇为可嘉。但实际运作的成果却是乏善可陈，除了对上海地区主要图书馆新入藏的外文、港台地区图书、报刊等以联合目录形式进行报道，组织职工进行岗位培训外，在文献资源共建共享领域并没有实质性的进展[6]。

1993 年末，上海地区再次筹组“上海地区文献资源共享协作网”(以下简称“共享网”)。次年 3 月，19 所主要图书馆共同签署了外文书刊采购协作、资源共享馆际协作等协议，开始了新一轮的大规模协作协调活动。在以后几年中,网络成员馆增加到近 30 所[7]。在外文期刊的采购方面，以社会科学、自然科学文献为组别，形成了本地区的采购分工、合作体系；在资源共享方面，于 1994 年 5 月，推出了网络成员馆间的“一卡通用”服务方式[8]。90 年代中后期,“共享网”也向社会推出过种种资源共享的服务、宣传活动，如各种文献信息的专题咨询、发布或上门服务等。但这些活动的整体社会效益，与设计者的预期仍然有着相当的距离。

2.2 共建模式与社会环境协调的思考

八九十年代的资源共享实践，从组织结构的构想到工作目标的提出，都显得比较成熟而又周到，但实际效益却难尽人意，这就要求我们走出自身工作的局限，从不断变革的社会生活的角度，探讨资源共享受到制约的原因。

自70年代末起，社会经济制度经历了一系列变革，也自然地引发了社会生活、思维方式的转变，市场经济的处世观念、行为模式开始浸润着社会生活的方方面面，图书情报工作也不能例外。在这

种形势下，图书馆界的反思应是考虑自身的不足，即：在文献资源共享领域，是否真正跟上了社会的变革?

以协作委员会为例。这一组织囊括了“文革”前上海地区科研服务与群众文化服务两个网络，采取集中管理模式。而实际上，对于如此庞大的群体明显缺乏权威的指挥能力，与五六十年代的协作网、二中心领导构成相比，协作委员会中已经没有了教育、科研领域关心图书馆工作的专家、学者，组织的社会影响力，以及在图书馆界内各系统之间的凝聚力自然地打了折扣；同时，伴随经济体制改革的逐步深入，各种市场经济因素及其观念的萌生，也必然引发了单纯行政管理模式的功效弱化。

90年代后期建立的“共享网”应该说是比较现实的，没有追求“大而全”的体系，将本地区的骨干图书馆用“合作协议”的模式组合起来，开展文献资源的共建共享活动，在观念上有所进步，但运作效果不能乐观。如：1998年末，对加入共享网的图书馆在投入最大的外文期刊购置方面作了重点调查，发现这方面的支出占了各馆文献经费的60%左右，而对照国际期刊界主要期刊清单的覆盖率尚未及1/10；而另一方面，这些外文期刊购置的不重复率仅为28.78%，而在1993年建网时不重复率尚为55.90%[9]。

近4/5的购置重复率有多方面的原因。首先，重复购置率较高的多为自然科学期刊，特别是工业技术类期刊的不重复率仅为16.43%，说明近年来上海地区经济增长中科技含量的提高，增加了此类文献的需求。其次，市场经济模式也势必导致社会未来文献需求预期中不可测因素的增加。尽管图书馆有了计算机通信网络等技术支撑，但还停留在比较低的水平。突出的问题是，当前共享网络上能提供给用户的大多只是文献索引，极少能提供原始文献。因此，伴随上海城区的扩大和文献用户的增加，重复购置的控制问题也只能因时而异。因此，文献资源共享研究需要考虑市场经济环境下，社会需求的多样性和信息获得预期的多变等因素，在基本理念与运行模式上有所变化。同时，将图书情报服务置身于市场经济大环境中，要有投入与产出、经营与收益、服务与效益等新型社会观念的指导，寻求与新的社会机制相适应的文献资源共享组织结构及其操作方式，才会有可持续发展的未来。

3 信息技术、市场经济及与之相适应的文献资源共享理念

现代信息技术正在改变着社会生活的各个领域，人们的传统行为方式在新技术环境下，不由自主地发生着变化，同时引发认知观念也进行着潜移默化地转换；而在中国，计划经济向市场经济的体制转变，又使人们承受着更多一层环境变化带来的冲击。

3.1 网络技术不能解决文献资源共享的所有问题

随着计算机通信网络技术的快速发展，图书馆未来的潜能、社会效能的研究正受到社会更多的重视，而获得重视的主要因素之一，就是文献资源共享的社会服务。

当前上海地区图书馆事业整体的现代化技术应用，已经达到相当的水平，公共、高校、科研等系统的主要图书馆普遍在管理自动化的基础上建立、连通了各种网络；其他如重要企业图书馆、中专学校和重点中小学图书馆、基层社区图书馆等，已经连接实时控制网络或具备了联网的条件，普遍联网已经指日可待。

网络通信技术对于文献资源建设协调领域无疑是大有裨益的。首先，各种书目数据库光盘或网上的书目信息，极大地减轻了书目编制工作人员的劳动强度，提高了工作效率；其次，网络沟通了分布在不同地区的图书馆书目等文献资源储存信息，大范围地揭示了本地区文献资源存储与流通状况，给图书馆工作者与用户带来了极大的便利；再次，在若干系统与单位图书馆之间，网络技术已经应用于全文文献的传递服务[10]。

但是网络技术的强力支撑并不能自动地解决文献资源共建共享

的所有问题。各系统、单位间的资源共享阻碍仍然存在。独占某种或某些类别的文献资源以牟利是一个方面，但不是问题的根本所在，真正的问题在于我们现行的资源共建模式，是建立在传统的先期设想资源配置方案的基础上，而对于未来实际效用程度，难以作出长期的准确判断。此类政策性调控最明显的缺陷是：无法准确地预测未来社会生活进程中，哪些文献资源将成为热点，哪些文献会受到冷遇？尤其是在社会发展快速的当代，这一点就越发明显。在各图书馆经费都十分紧张的情况下，如何让各馆及时调整文献投入，使文献资源共建共享产生出实际的社会效益，改变文献资源共享的基本理念便显得十分重要 [11] 。

3.2 基于新环境下的文献资源共享理论思考

在现代科技的支撑下，文献资源共享工作的立足点需要进行转换，即从以往的文献资源建设协调分工为重点，转向以加强分散储存的文献资源信息的获取能力为重点。这里的“获取”有两层内涵，一是提供用户文献资源的线索，即获得文献的可能；二是保证用户获得其所需的各种文献，无论是通过电子媒体，或是传统的印刷文本等其他载体形式。

在增强“获取能力”的前提下，共享组织的活动重心不再是围绕着资源建设、投入分工方案的调整与实施，而是转向实施共享的各种手段及其措施的具体落实。在现代计算机通信网络环境日趋完善的前提下，通过联机编目、书目数据库（包括光盘）上网等方式将本地区的文献资源信息全面公开，进而走向资源——含文献原件的网络共享，均属于具体的、实际的、可触摸的操作方法的研究；保证市场经济环境下各馆的具体利益，也需要用各种规范给予控制，同属具体的方法研究范畴。工作重心转换后，文献资源共享组织可以专注于研究读者、用户便利地获取文献资源的方法与渠道，设想扩大资源共享的具体阶段与措施，最终达到整体的社会信息资源共享的目标。尽管这一过程也会受到各种内外因素的制约，但显然比传统的资源建设宏观调控实际得多。

这里不妨参考一下上海地区公共图书馆网络建设的实践。在建网热潮中，区县级图书馆网络设计者发现，主要服务于群众文化服务的各个公共馆中，文献重复率极高，实时控制的通信网络代价很大，但对交流各馆文献资源信息的使用却很有限。于是改为向读者提供“智能读者证（IC卡）”的方法，用户凭证即可到任何公共图书馆去获得文献资源利用服务，客观上让各个读者随身携带的IC卡起到了馆际网络沟通的作用。为科研教育服务的图书馆虽然与公共馆之间有着很大的差异，文献资源的重复率也小得多，但从中可以获得借鉴的是，重复率高低和文献资源的合理配置取决于社会客观需求的变化和用户获取的便利程度。便利程度高了，重复率会下降；但某一领域需求的变化，也会导致重复率的变化，这是客观规律使然，不能奢望人为地改变它。加强共享方法与措施的研究落实，其最终目标仍将是在宏观上达到较少的文献资源投入，获得最大的文献资源社会共享效益。

目前，活跃在电子网络上的数字化信息，已经开始进入图书馆的文献资源建设领域，将进一步扩大图书馆的资源集藏工作范畴[12，13]。电子信息资源的增长令现代图书馆有了新的业务生长点，把各种电子载体文献的集藏称之为“电子文库”的提法有着它的合理性[14]。文献资源建设已面临着网络信息的又一轮冲击波，纷繁无序的网上信息经过图书馆的整理、筛选，形成有序的各种标准版本转而提供给社会，实现电子信息资源的有效共享，正是现代化图书馆面临的新的挑战和机遇。

未来的文献资源共享工作研究，需要建立在社会大环境的充分认识、对当代高新技术的应用、对市场经济社会机制及相关的观念转变之上，以保证我们发展思考的科学与合理性。

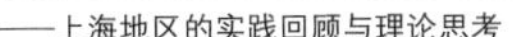

参考文献

1 上海市人民委员会文艺办公室．图书工作座谈会综合记录（1956.11.15）．上海市文化局档案，1-13-19-24

2 上海市第二次图书馆工作会议．上海图书馆事业志．上海：上海社会科学院出版社，1996

3 上海市工业科学技术图书资料协会网试行办法，1959年3月27日上海市人民委员会批准．上海市文化局档案，1-339-13

4 上海图书馆．上海市建立工业系统科技协作网的经验．图书馆（北京），1961（2）：1～6

5 上海市图书馆协作委员会组织办法．上海图书馆档案，永久#298（1977）

6 上海市图书馆协作委员会工作汇报（1984.11.9）．上海图书馆档案，#1432（1984）

7 上海地区文献资源共建共享协作网．上海图书馆事业志．上海：上海社会科学院出版社，1996

8 办一张通用阅览证，可到十九所图书馆看书．文汇报，1994-05-28

9 上海市文献资源共享协作网 华东师大信息学系联系调查组．上海地区文献信息资源共享的现状．图书馆杂志，1994（4）：21～22

10 周伟虹．利用互联网络开展医学文献全文传递服务．图书馆杂志，1998(6)

11 上海市文献资源共享协作网 华东师大信息学系联合调查组．文献资源共享的基本理念．图书馆杂志，1999（3）

12 刘家真．澳大利亚国家图书馆保存网上出版物的选择方针．图书馆杂志，1998（3）：58～59

13 刘家真．数字图书馆的生命线：数字信息归档系统．图书馆杂志，1999（4）：7～10，18

14 陈光祚，匡文波．关于Electronic library等名词译名的商榷．图书馆杂志，1998（5）：13～15，51

（原载北京《中国图书馆学报》，1999年第5期）

公共图书馆的发展
基点在于立足社会需求

——“冷静面对新世纪”丛谈之一

公共图书馆的发展基点在于立足社会需求

——“冷静面对新世纪”丛谈之一

在人类社会20世纪的最后五年里程中，全球性的计算机通信网络迅速发展，引发了社会生活方方面面出现了一系列的变化，猛烈地冲击了人们的习俗观念。目睹、传闻世界上经济、科技发达地区计算机通信网络的巨大功用，谁不为之心动。一时间，“网络”成为各行各业发展的突出话题。图书馆界自然也不例外，京、沪、粤地区部分图书馆的成功实例，也着实令人钦羡。由此，部分因为经济、技术等原因一时无法实施计算机自动化管理，更无望登上因特网络的公共图书馆工作者，不免表露出一种急燥、埋怨心理，觉得自己的工作环境太差，没有希望与前途可言。

其实，这是一种对图书馆事业现代化的误解。因为，任何一所图书馆的存在及其发展速度，其前提并不取决于它在这一行业中的地位，而是首先规定于这所图书馆的周边环境，亦即决定于“此时此地”的社会需求。这是社会发展的客观规律使然，非人力可强行改变，图书馆的发展只能是积极地适应本地社会的需求，而不是简单地照搬先进地区的样板。离开了这一条，只有两种可能，一是“揠苗助长”，二是消极应付。其结果最终都是社会在这一领域资源投入的浪费。

因此，冷静地分析各图书馆所处的周边环境，客观地了解与把握本馆的社会需求，才是公共图书馆走向21世纪首先必须弄清的问题。经济相对发达地区和经济相对落后地区的公共图书馆实际上都面临着同样的问题，只不过所参照的国际、国内坐标有所不同而已。没有不同地区、具体需求的正确了解与把握，也就难以规划有中国特色的社会主义图书馆的正确发展路向。

1 从图书馆事业发展的历史认识社会需求的作用

从近现代公共图书馆活动模式的形成发展过程中，我们不难发现，图书馆的公共开放、无偿服务，及至后来的从闭架服务到开架服务等工作形式的转换，无一不与图书馆服务对象的要求，也就是图书馆的社会需求变化密切相关。这里，我们不妨回顾一下上海地区的图书馆，在本世纪前三四十年开展公共服务的历史进程，或许会从中获得一些有益的启示。

1906年，邓实、黄节、刘师培等人，在上海首次按西方近代公共图书馆模式创办了“国学保存会藏书楼”。他们在模仿、借鉴欧美近代图书馆管理方式的基础上，制定了一系列方便读者的规章、措施，满以为能够在中国形成一个新式公共图书馆的示范。但只轰动了个把月，就“门庭冷落车马稀”，勉强支撑半年就偃旗息鼓了。事后有人将其简单归咎于缺乏政府行政支持，这实在是一种偏见。从该馆的藏书内容、集藏方针中，我们可以发现，“国学保存会藏书楼”这所公共图书馆的文献服务是以传统经籍为主，主事者有兴趣的还是“珍本秘椠”。相对于世纪初上海地区市民的整体文化水平，当时社会上能够风行的是《申报》办的“点石斋画报”一类的通俗画刊。故而这家以“传统经籍、珍本秘椠”为号召的公共图书馆不管采用多少优惠政策，都显然与社会需求有很大距离，其失败是自然的，不能怨天尤人。

进入民国初期，上海公共图书馆事业落后于全国，没有一所像样的图书馆。直到1919年新文化运动以后，情况才开始发生变化。1921年，首先出现了“上海通信图书馆”，它的突出事迹在图书馆界已耳目能详，此处不必赘述。需要提醒的只是，它的存在与发展，固然有主持者群体的热情奉献的因素，但若没有新文化运动以后，社会上众多青年知识分子对新理论、新思想的渴望所形成的社会广泛需求作为前提和支撑，很难想象它能长期坚持社会无偿服务六年之久。若不是国民党当局的干涉，它的发展还未可预期。对比前述国学保存会藏书楼的事例，同样有一批热心人办事，同样没有行政支撑，何况后者所处的政治环境相对要恶劣的多，但结果却大不相同。办馆方针的差异显示了，是否能服从、适应社会的需求，

正是它们各自成败的主要原因。

若以上事例还不足以证明社会需求的作用，那么30年代上海地区图书馆公共服务的潮流或许是一种更有力的佐证。辛亥革命以后，上海地区就陆续出现了一批不同类型社团、专业图书馆，但这些图书馆都不向社会开放。到了本世纪30年代，上海地区出现了一股专业图书馆普遍向社会敞开大门的公共服务潮流。查证当时的文献，既没有人为之登高呼吁，更没有行政命令措施。而典型的事例却比比皆是，在中国现代图书馆史上，有专业图书馆界“双璧”之誉的中国科学社明复图书馆和中华学艺社图书馆，于30年代初期先后主动向社会打开了大门。更有甚者，有着九十年历史的海关总税务司图书资料室，也于1931年迁址、易名“海关图书馆”开展社会公共服务。海关图书馆不仅提供自己数十年积累的专业资料，还专门为开放服务采购了大量相关的经济、商贸类图书，以满足读者的经济类专业文献需求，并于1935年新建了当时上海地区最为现代化的图书馆馆舍，配备了最先进的专门设施。同样，上海市总商会于20年代初集资创办的商业图书馆，此时也改变了只为商界职工服务的主旨，面向全社会服务，并正式向租界工部局提出，要求获得与西文图书为主的工部局图书馆平等对待的补贴，以满足租界内纳税华人的中文图书需求。这些专业图书馆和大量通俗图书馆，如申报流通图书馆、蚂蚁图书馆，以及中华基督教青年会图书馆等一起，形成了所有专业、社团图书馆普遍提供社会文化服务的新理念，并形成了上海地区图书馆事业的一个黄金时期。

专业图书馆纷纷向社会开放的时代背景是什么呢？当时的上海租界林立，中国当局的行政力量有限，设立的市立图书馆规模不大，且不在居民集中的地区。而上海地区经过20世纪初以来几十年的充分发展，市民整体文化素质提高和经济中心地位带来的科学、技术人才集中趋势，自然地造就了对各种科学专业文献的广泛社会

需求，也正是这种社会需求的产生，孕育并推动上海地区图书馆公共服务潮流的正式形成。

因此我们不难得出结论，不论是在何种经济、社会环境下，图书馆事业及其公共服务的发展原动力主要在于社会需求，这也是社会生活中各个领域、各项事业获得发展的共同前提。图书馆事业的管理者或是图书馆具体工作项目的设计者，都应该首先研究本地区的社会需求实际状况，实事求是地作出相应的决策，盲目跟风或无所作为的观念都是不可取的，两者都会影响社会资金投入的实际效益（包括整体的社会效益以及具体的经济核算等）。

2 根据不同地区的经济社会发展水平确定满足社会需求的标准

长期的计划经济管理模式不同程度地造成了图书馆工作者的观念呆滞，在公共图书馆发展前景的问题上，一味向发达地区看齐，认为缺少大量资金投入是事业发展的根本障碍的想法比较突出。这种观念定势对于部分经济欠发达地区的图书馆工作者，有着较大的负面影响。尽管在公开场合还有所保留，但私下对前途持消极态度的实在为数不少。而实际上，即使处于国内经济较发达地区的图书馆工作者，在耳闻目睹世界上发达地区给予图书馆事业的巨大经济支撑的事实时，不经意间一样会表露出类似的悲观情绪。

这类直观的反应，应该说是正常的。但它不是用常规的“纵向坐标”或“横向坐标”比较模式，简单作为思想问题去对待、解决的。我们需要在最基本的观念，以及认识事物的一般方法上，进行角度的转换。

固然，把握世界图书馆事业发展趋势，了解总体水平是必要而且应该的，它毕竟昭示了我们所从事的工作的未来。同时当代信息通信技术的迅速普及，计算机设备价格快速下滑等，也应是我们密切注视的对象。但是，处在不同地区、不同社会经济环境下公共图书馆，对于自身的发展预期，其基点一是不应该攀比发达地区的

图书馆工作自动化水平；二是不能简单地以为有多少钱只能办多少事，这种观念下的判断标准仍是以发达地区的办馆模式为基准的。

在规划本馆发展目标时，第一位的任务应该是真正了解、掌握所在地区对图书馆的社会需求是什么。在经济发展水平各不相同的地区，相应的社区居民整体文化素质必然存在着差异；由此，经济建设、文化发展等多方面合力形成对于图书馆事业的社会需求自然也各不相同。这些差异可以在索求文献的种类，文献科技含量的高低，文化需求的层次，及至文献信息的获得手段与方式等方面反映出来，这种差别只能因地而异，由各馆发挥主动性、创造性，研究各自的具体对策来应对。简单依赖行政力量，单纯追求投入力度，往往出现事与愿违的结果。

因此，不同地区、不同层次的公共图书馆必须注意使自己的发展预期首先定位于与所在地区的社会需求相适应。在经济文化较发达的地区，部分公共图书馆可以在满足本地区居民的传统文化需求的前提下，考虑电子网络进入普通家庭后，图书馆的各种社会、信息等服务问题；而在经济文化发展相对滞后的地区，依然必须以满足群众传统文化服务，加强科技普及等活动为中心，这些才是当地公共图书馆的真正社会需求所在。

即便是沿海发达省区的各级公共图书馆，其所处的经济社会环境差异也是相当大的，同样不宜以某种统一的标杆去确定各馆的发展指标。脱离了各个公共图书馆所在区域的社会需求水平，其社会发展效益是很难保证的。在近年为数不少的统一检查、评比中，弄虚作假的风气长期难以纠正，并且有“见惯不怪”的发展趋势，就是不去研究不同地域的不同社会需求，盲目追求发展步调一致的行政干预的必然后果。以这种行为模式为依归，自然导致社会在图书馆事业的总体投入与产生的社会整体效益两者出现越来越大的背离，继而出现社会对这一领域的投入力度削弱，造成事业发展进入非良性循环的状态。图书馆界对此需要有清醒的认识：离开了社会客观需求，追求所谓高层次、产生轰动效应的项目，固然能满足一时的兴奋，但缺乏社会需求的事物终究是没有善终的，社会没有得到投入后的有效回报，自然会以各种形式抵消原先的投入，这是社会生活的客观规律，不是任何个人意愿能够予以改变的。社会任何领域的活动者违背了这一规律，最终损害的依然是自己。

认真反思建国五十年来图书馆事业的历史轨迹，可以发现，强调经济投入不足制约了公共图书馆事业的发展是缺乏说服力的，因为国民经济发展的起伏并不与事业的发展呈同步状态。实际上，部分公共图书馆的建设与活动中，不认真研究如何贴切地服务于本地区的社会需求，造成馆员的劳动不能获得社会的承认，进而使社会逐步漠视这一领域的投入，才是部分公共图书馆发展受挫的主要原因。公共图书馆界需要有勇气承认并真正理解这一点，才能理智、清醒地面对跨世纪发展这一重大命题。

3 “橘枳现象”与适应社会需求问题的提出

90年代以来，国内一些公共图书馆经过一段时间的摸索实践，在事业的发展中闯出了自己的发展新路，取得了一定的成效，在同行中引起重视。不少地区的公共馆抱着虔诚的心情前往学习取经。但是，回到自己馆内的模仿、实践却不尽如人意，便为之感叹，“我们这里的领导不重视图书馆”，“我们这里的大环境太差，先进的经验学不了”，等等，这种情况颇近似传统文化中所归纳的“橘枳现象”。

造成这种状况的根本原因，应该是近几十年中十分猖獗的形而上学的风气没有得到根除。所有的中年人都会记得，当年轰轰烈烈学大庆、学大寨，根本不考虑各地的实际情况，将“先进经验”全盘照搬，结果是劳民伤财，还极大地损伤了群众的主动性和积极性。各级领导干部辛辛苦苦，最终结局却是弄得天怨人怒。这样的

历史教训值得经常反思。面对21世纪的挑战，各级各类公共图书馆工作者都希望能把自己的工作做好，在中国的现代化进程中出一份力。但单凭热情未必能办好事，尤其是学习改革成功的经验的时候，仅仅了解成功者的各种具体措施、做法是不够的，更重要的是必须研究这些成功措施同该图书馆相关的社会环境之间的联系。而后者，很大程度上表现为本文所强调的社会需求问题，并进一步引申出了公共图书馆的活动、变革如何与所在区域的社会需求相适应的问题。只有解决了这个问题，不同地区公共图书馆的改革发展才能找到适合的措施，获得理想的成效。

由于全国经济发展水平的不平衡状况，几千所公共图书馆，及其各自所处的地区社会条件悬殊，面对的社会需求也有极大差别。在跨向21世纪的共同前提面前，各级公共图书馆必须正视的现实是，大部分省区和大多数的基层公共图书馆，暂时还不能把考虑与国际水平“接轨”的问题。之所以这样说，并不是因为目前这些馆还无力添置计算机及相关的软件、设备。严格地说，技术装备本身并不是很大的障碍，只要有关行政领导略微关注一下，就不成为问题。真正需要思考的是，这部分图书馆是否因为拥有了这些设备，即能为所在地方的经济建设、文化教育、科技普及等发展作出有效的贡献，显示其投入的效益。

社会文化的投入与产出，及其之间的平衡运动，与经济活动中的资本投入与效益相似而不相同，它有时并不直接以数据显示出来，而是以各种其他方式表现出来。若干发展较快的图书馆，从表象看，似乎以所在地区主管领导特别重视为重要原因，若以此为据，就会发生认识的错位。历史唯物主义告诉我们，任何事物的产生与变化都有其深厚的社会背景，必须研究与事物发生有关的全面的社会联系。在图书馆工作是否能获得投入增加的问题上，行政决定的作用是有限的，我们需要明确的是它的必然性，或称为一般的

客观规律是什么：首先，应该是该地区的经济社会发展已经提出了对图书馆活动新的标准与要求；其次，是社会已经觉察（不管有无主观意识）到了图书馆活动的有效或有用性，意识到增加这一领域的投入的必要性。

对于前者，公共图书馆工作者必须冷静地面对本地区的社会经济水平实际状况，对自己目前能够作的工作、需要的技术手段等恰如其份地作出判断，不现实地追求高技术环境的浮躁心态是不可取的；至于后者，则是每一个公共图书馆都需要时时注意的问题，即你的劳动是否为周边的社会所认可？“社会认可”应该是公共图书馆立身之本，尤其是置身于市场经济大环境的社会背景中，获得社会认可实际上意味着证明了社会投入的有效性；反之，你辛苦操劳但不被社会认可，也就意味着你所作出的是“无效劳动”。在社会不能看到投入的有效性时，对公共图书馆事业冷淡就是一种历史的必然。

我国目前众多公共图书馆的困境，不客气地说，实在是自身长期非理智行为酿成的。社会从计划经济向市场经济转轨了这么多年，图书馆界没有真正认识经济领域的变革对社会生活形成的本质影响。试看成功工商企业的经济利益形成，主要并不取决于机器设备、工作人员及其产品水准，而是在于找到了“适销对路”的社会需求层面。“精品店”只能设在大都市的繁华街区，到了偏远地区，再精良的产品也形不成旺盛的需求，这是人所共知的道理。图书馆工作者多年把精力放在内部工作的精益求精，或忙于“搞三产”以保障职工水平，本身并非错误。但是在市场经济的大环境下，以为埋头“修内功”就能换来社会的承认是不切实际的幻想，也是习惯于计划经济条件下等待“恩赐”的传统惰性的一种反映；至于目前已经风行的馆舍出租、商业经营等活动，从长远说是极端有害的。短期内迫不得已做一点本无须苛责。但目前的情况是大有

经常化的势头，对于长期发展前景的损害就是必须重视的了。

首先，它从根本上破坏了公共图书馆的社会形象，也就是破坏了社会投入与产出之间的正常平衡的基本前提；其次，它从根本上腐蚀了从业人员的敬业精神，因为他们经济收入的提高或基本保障竟然不是通过本人的专业活动付出中获得的，必然从内心产生对专业工作自豪感的动摇；最后，也是最主要的一点，就是导致图书馆工作者不再关心、研究图书馆的真正社会需求，亦即公共图书馆究竟能为所在地区提供哪些有效的服务？各个公共图书馆只是按照以往的常规方式，或简单地模仿成功图书馆的模式进行活动，理所当然地不能获得真正的社会效益，得不到社会的认可。这些公共图书馆必然地失去了发展的真正动力。

各个公共图书馆真正根据不同的社会需求组织、开展工作，必须以激发起图书馆工作者的主动性为前提，采取措施，鼓励各级公共馆勇敢地面对现实，表现出工作的创造性。主动性与创造性是走中国特色社会主义道路必不可少的，对需要走出困境的我国公共图书馆工作者，说它具有关乎前途、存亡的重要意义并不为过。各个公共图书馆的社会需求把握以及相对应的图书馆活动模式的建立与发展，只有充分发挥各馆工作者的主动性与创造性才有可能，也只有把了解、掌握本地区不断发展变化的需求当作各馆制定长期与短期工作目标的依据，才能使这所公共图书馆真正充满活力。另一方面，主管行政部门也需要改变传统的单纯管理为主的职能，改为着力于协助图书馆开展社会调查，利用自己的社会工作经验，帮助公共图书馆了解、掌握当地社会需求的实际状况，并引导社会对图书馆需求的形成与发展等，这些工作不会有轰动效应，但却是为我国公共图书馆事业真正奠定基础的百年大计。政府行政部门近年倡导的“服务基层”口号，或许在这里又有了一种新的落实方式。

（原载湖南《图书馆》，2000年第1期）

文献集藏与整理是图书馆的根本职责

——"冷静面对新世纪"丛谈之二

摘　要：近年来，图书馆界讨论改革进取时，已习惯地把知识信息服务放在优先地位。但事实上，作为社会发展的分工，人类文化知识的储存——文献的集藏整理始终是图书馆的根本职责，而信息（包括文献知识）的服务则是一个不断扩展的范畴，图书馆能够承担的只能文献资源整理和基础服务这一领域。在网络通信的新技术环境下，文献资源的整理、集藏是一个极大的课题。

关键词：图书馆　文献资源　集藏　整理

20世纪后二十年，中国社会生活开始了从计划经济向市场经济转变的过程。图书馆界发现，社会在不同领域的发展投入及其力度考虑，主要在于其对社会生活的贡献程度。更为直观的是，社会的分配机制在打破“铁饭碗”之后，各个具体单位与个人的收益，均与向社会提供的商品与服务量衔接。图书馆界对于这种社会现实的直截反应，是形成了一种新的观念，即图书馆是开展社会服务的机构，必须把服务搞好，才能有立足之地。近年来的讨论中公认有着积极意义的口号——“有为才能有位”，其阐述的重心也在于如何搞好文献服务，或者说是信息服务，并期望通过搞好服务来建立社会信誉，赢得发展所需要的投入。

而事实上，公共图书馆界近十多年的变革历程中，真正依靠文献信息服务来赢得社会承认，并获得投入回报的图书馆实在是凤毛麟角。在国内不同地区，一些获得较大发展投入的图书馆，事前大多并没在社会服务上有什么突出的表现，并依此来证明是由于“有为”才获得了社会关注与重视。同时，图书馆界也不乏为提高社会服务水平而苦心孤诣，但依然难以获得良好社会回报的事例，而解答这种困惑的讨论，往往都重在改善图书馆员文化、科技素质和提高服务水平上着墨。这些议论固然不无道理，但多年来的事实已经表明，图书馆界单靠“加强服务”的效果是有限的。

因此，在研究与关注新世纪图书馆建设时，我们不得不冷静地思考，作为社会文化机构之一的图书馆，它的根本社会职能究竟是什么？在当代社会环境中，图书馆需要、并且能够承担的职责究竟在什么领域？以及网络环境下文献集藏与整理要解决的主要课题是什么？

1 关于社会分工中图书馆的根本职能

20世纪的最后十年中，高新技术的潮流冲击着社会生活的各个领域，图书馆界也不例外。作为较早应用计算机及通信技术的一个社会行业，高新技术对专业活动发展的作用直观地展现在图书馆工作者面前，促使人们去思考未来技术环境下图书馆的活动模式。改革开放以来，在知识与信息服务领域出现的激烈竞争，也使公共图书馆界感觉到了竞争的压力。“服务至上”、“读者第一”等从社会其他行业中引进或嫁接的口号成为公共图书馆改革活动的主要实施领域。如本文引言所述，这些努力与想象中的收效差距甚大。因此，反思现代社会分工中公共图书馆的根本职能，或许能够帮助我们理清发展研究的思绪。

回顾从古代的公私藏书楼和近现代公共图书馆的发展进程与社会活动，我们可以归纳出一些相同或相异的现象。可以表述的事实是：相同之处——大规模或较大规模的文献资源集藏、整理，在自古至今的不同图书馆活动形态中有着大致同样的地位；相异之处——由古及今的图书馆文献资源服务活动，是一个发展变化的范畴，从古代的宫廷贵族、渐及士大夫阶层，到近现代的社会大众，直至当代在计算机通信网络技术的支撑下，呈现出覆盖全球的趋势。它在图书馆活动中是一个广度与深度不断进化的动态进程。

根据这样的历史事实，是否可以得出这样的思考——图书馆文献资源的服务活动形态，是随着社会需求、技术手段等发展而不断变化着的；而图书馆文献资源的集藏、整理活动，则是社会分工赋予她的永恒职责。

同样，从人类社会劳动分工和社会发展的视角分析，也能得出类似的思考。文献资源的收集、整理活动，几千年来始终主要由图书馆这一文化机构承担着。尽管不同时期都会有部分文献因为人们主观意愿的安排，在一定时期秘藏于档案室或相似的封闭型管理机构，但各种文献最终的归属终究是在社会文化机构——图书馆。即

便是当今存在于似乎是虚无缥缈的网络空间，有着几乎是无限数量的电子文献信息，近年来也开始由图书馆工作者以数字化、标准化方式进行着整理、集藏的实验[1]。图书馆实现网络电子文献资源的管理，已仅仅是时间问题。

而在文献信息资源的社会服务方面，情况远比文献集藏与整理复杂，随着社会生活的发展，伴随着各个学科研究的不断深入和相关学科的交叉发展，传统的人文科学与自然科学两大板块间的渗透趋势也在日益显现，文献资源开发与服务的活动出现了多种不同形态，多种信息服务行业的出现与发展是客观的现实存在。相对各专门领域的信息服务活动，图书馆，特别是公共图书馆工作者无论主观如何努力，也无法全面超越不同专科、专业信息服务人员的水平。图书馆活动的领域是大规模信息资源集藏，产生的是有序的基础信息。社会生活不同领域中，具体的专业信息需求难以胜数，服务的深度各不相同，由此出现活跃于不同专业领域的信息、情报、咨询专业部门是社会发展的一种必然[2]。因为其他文献信息服务部门的兴盛而见异思迁，试图改变图书馆的根本社会职责，实践上已经证明是徒劳的，理论上也是荒诞的，因为谁都知道，任何改变社会发展客观规律的企图都是缺乏理智的行为。

社会上各种从事信息咨询、服务的机构，没有文献资源的大规模集藏与整理职责，很大程度上是依赖公共图书馆为主的文献资源开展信息服务活动。文献信息资源的集藏、整理活动与资源的利用、服务活动分化，呈现出社会发展的进一步分工趋势。文献信息资源的开发服务活动现状已经表明，它是一个极大的社会范畴。文献信息服务作为一个行业，其内部分工还将不断细化、重组，出现许多具体的信息服务专业行当，最终将形成一个巨大的社会化产业，图书馆不可能，也不必去包揽一切，或试图“超越”、“覆

盖”一切。

通过以上两个方面的分析，也就不难得出图书馆事业发展重心的结论：①文献资源的集藏与整理是公共图书馆与生俱来的天职，这一特性是由人类社会劳动分工的客观规律所规定的，不论社会环境有何变化，技术手段及发展水平有何突破，文献资源的集藏与整理始终是社会必要劳动的一个重要方面；②图书馆的文献资源信息服务工作的重要性固然不可忽视，但图书馆界的任何发展决策都不能使之超越文献集藏与整理在图书馆活动中的地位。需要特别注意清醒把握的是，不能以事物的表象为判断依据，用“信息服务”来替代社会分工所规定的图书馆根本职能。不应去挑战社会发展中自然形成的分工格局。

2 关于文献资源整理职能的发展

图书馆界在近十多年的讨论中，习惯地把“收藏”与“服务”作为图书馆活动的两个方面，甚至将看重某一方面作为判别思想观念是否解放的标准。而这种简单、粗疏的划分与思辩中却存在着致命的缺陷，即忽视了图书馆职能中一个极其重要的方面——文献资源的整理。

规模化文献的整理工作，是图书馆活动的重要内容之一。在传统的图书馆学领域，它也是技术含量最高的一部分。但较长一段时期里，文献整理活动一直有意无意地被界定于技术手段范畴，很少有研究者注意到这一工作的社会价值。理论认识的不足自然导致了图书馆发展模式研究的偏差，在一些图书馆中，文献资源的基础整理水平提高问题没有得到足够的重视，受青睐的是若干种类专题文献的“开发”活动，由于它可能获得直接的经济效益，对苦于经费紧张的图书馆管理者而言，这种急功近利的心态应该说也是自然的。

当代社会的知识信息资源领域有了很大的拓展，公共图书馆的

文献集藏活动对策理所当然地需要随之进行调整。随着信息资源技术网络的形成，公共图书馆的集藏职能的地位似乎将被整理职能超越，传统图书馆工作中文献资源的“集藏→整理”运行模式，在网络文献信息资源领域或将转变为“整理→集藏”的新颖态势。在飞速发展的网络环境中，信息资源的无序状态已经成为困扰信息用户的一大难题。尽管计算机专家不断地作出努力，研制了众多“搜索引擎”一类的信息查询工具，收到一定的效果。但我们必须清醒地看到，这种网上资源的利用方式，主要是服务于科学研究和各种专业领域的工作者，便于他们及时追踪最新的研究发展动态。但文献管理工作者的本能告诉我们，随机获得的各种信息达到一定的规模后，势必经过一个整理的过渡阶段，才能发挥出最大的应用效益。这一领域的问题现在已经开始出现，并成为科研机关下属图书情报机构的重要课题。而就公共图书馆而言，面对的读者、用户需求几乎是一个无穷大的范畴。更重要的是，不同类型图书馆的服务内容也有着很大的差别，社会希望公共图书馆提供的不仅仅是最新的动态信息，他们的主要需求在于“井然有序的的信息——文献型知识”。因此，把网络上的众多无序信息整理为系统有序的知识，然后提供给所有的读者、用户，包括信息服务领域中不同专业的人员，这才是图书馆工作者面临的真正课题。

在传统的社会环境下，知识、信息存在于各种书刊之中，图书馆首先要把书刊等文献采集进馆，进行分编整理，将入藏文献融入发展的馆藏系统之中，组成一个有序的文化知识体系，然后提供给读者、用户，这样的“集藏→整理→利用”运行模式在网络时代将遇到新的挑战。从近年来发达国家图书馆界应对网络信息大潮的各种实践分析，在网络环境下，图书馆必须首先对纷繁的信息来源进行分析，决定集藏哪个领域的信息，这与传统图书馆的确定集藏重

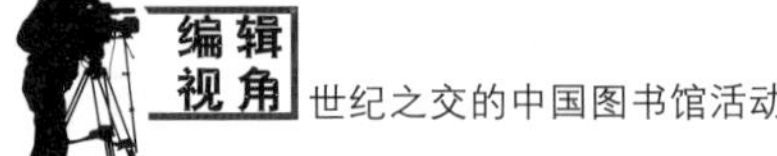

点相仿佛[3]；而接下来的第二步，就与传统的文献集藏有别了。即使在已经确定的领域里，图书馆工作者不能简单地将不同来源的各种新信息一概收入，而是首先要对显示在面前的网络资源进行分析、整理，从信息主题、文献内容、载体形态直到记录格式等，都需要进行一系列的选择、规范、整序，几乎是在对每一条信息资源作了重新记录以后，才能以某种标准方式将它列入馆藏资源系统[4]。因此，在网络文献资源领域的图书馆活动模式，将显现为“整理→集藏→利用”的新态势。由于网络文献信息资源的空前繁杂，各个图书馆的数字化文献资源集藏体系的建立与维护活动面临的挑战也是极其巨大的。

1996年底，在庆祝上海图书馆新馆建成时举行的一次图书情报理论国际报告会上，来自欧美的一些专家曾指出，“重要的是如何处理信息”[5]，或许当时还难以真正领会其深意。但到了跨向新世纪门槛时，图书馆界需要对未来的发展重心有所抉择。为了完成社会分工赋予图书馆活动的职责，图书馆工作者仍然必须把文献资源的集藏整理作为第一位的任务。在发达地区的图书馆学研究人员，迫切的任务是解决网络信息资源的“整理→集藏”问题，从集藏策略到应用技术等各个方面，都有众多具体的实际问题需要图书馆工作者优先集中精力于这一领域。

3 关于网络环境下文献资源管理的前景

在网络技术环境下，传统的图书馆工作流程及操作方式将受到挑战。过去所习惯的图书馆集藏、整理、利用认知范畴，在新技术条件下或许会显得界限模糊不清。图书馆集藏重心的确定或转移，将可能直接与利用的社会需求变化连接；整理的标准与深入的程度，既取决于文献的来源与数量，也决定于社会不同需求中所反映的各种具有共性的要求。伴随社会生活不断发展变化的文献信息需

求，要求图书馆的资源整理活动随时作出灵活的策略调整，而现代化的手段则为此提供了技术支撑。灵活应变的文献整理策略与技术，将改变图书馆传统的文献资源整理活动在工业经济时代所形成的，几乎是天经地义的统一尺度观念。

从某种意义上说，在计算机技术的支持下，图书馆满足社会文献资源服务需求的活动，应该是涵盖于文献资源的整理、集藏过程之中。用户对图书馆的各种知识、信息需求，或者说是图书馆的具体服务内容，将化解、融会于图书馆文献资源整理活动的各种技术指标。面对活跃于网络空间的电子文献潮流，“整理→集藏”与“整理→利用”等活动模式将使图书馆日常工作构成多元化的形态，多种方式的工作流程并行不悖。整理、利用分开的传统观念与工作流程，首先会在网络数字化资源领域中让位于高新技术以及由此而萌生的新的理念与工作流程，也将对未来图书馆整体活动发生重大影响。

另一方面，就我国公共图书馆事业的现状而言，除部分发达地区的大型图书馆外，大部分公共图书馆的发展投入、自动化设备、及至工作人员的能力等都与直接面对并处理网上信息，或称为管理网上信息资源的要求有一定的距离。但无论是从世界范围，还是从中国国情观察，印刷载体文献远未到退出历史舞台的时候。就全文文献而言，电子载体自身的稳定性等诸多问题等与图书馆的长期信息保存职能尚有较大的差距[6]。除了信息的高速传递之外，在文献本身的具体利用中，还没有显示其压倒印刷文本的真正可能。在实际生活中，我们可以发现，网络信息资源的利用者，主要兴趣是在于获得文献、信息的速度，而满足具体文献的使用需求，下载并转为印刷文本便是顺理成章的事。

研究这一社会现象，对图书馆工作或许能有新的启示。目前的网络技术环境解决的主要是信息的传递速度问题，对承担着社会文献集藏职能的图书馆而言，传递信息只是其工作内容的一部分。对于图书馆事业而言，记录社会文化发展轨迹，储存并系统揭示人类知识，才是它的社会责任。当前图书情报学界的现代化研究，大多是将计算机网络通信的技术手段嫁接于图书馆服务活动的实践，如当今最热门的书目、全文数据库建设、搜索引擎研究等，重心也在于解决更为便捷的利用方式。而在文献信息资源的整理、集藏领域，鲜见有重大的突破。这恐怕与图书馆学界在铺天盖地的新技术潮流冲击下，难免迷失自我不无关系。

近年来关于弱化书刊集藏、保存的议论颇多，值得慎重考虑。从人类文献载体的发展史审视，印刷文本无疑是最庞大的群体。一个世纪以来，又有诸多新型载体出现，从感光胶卷、磁性载体到当今的光盘载体等。从文献载体保存的角度看，有趣的是，越是古老的文献载体，保存却相对比较容易，如我国的古籍，只要具备防霉、防蛀的条件，就能够长期传承下去。近代工业环境下出现的机制纸张载体，则是目前保存的重大难题之一。而被视为对文献信息载体具有划时代意义的光盘载体，不仅有载体本身的寿命问题，同时还受到自身技术高速发展的挑战。计算机信息处理技术的高速发展，就信息的传递与服务而言是福音，而对于有着长期保存人类文化职责的图书馆而言，却隐含着诸多难题。试想，高额投入建立的电子化文献库，在短短几年后，由于设备、软件等出现阶段性的技术突破，就将面临着所有记录的资源必须升级换代，更新格式，重新整理建库的问题。若一步跟不上，就意味着前面的劳动成果将被废置。

因此，我们需要在计算机技术浪潮面前保持冷静头脑。电子媒体无法取代印刷文本，其原因除了前文所述以外，还有一个社会对

文献获得的索取成本问题。世界上“没有免费的午餐”，网络上固然可以获得众多关于文献的信息，在网络通信的初始阶段，全文文献的获取可能是无偿的。但随着网络试验阶段的结束，文献全文数据库建设大规模投入的增加，势必会产生投入与回报的平衡问题。

于是，网上获取全文文献将出现一个成本计算的问题，它包括多个部分，首先是网络通信本身的费用；其次是进入全文数据库内部获取文献时向数据库所有者支付的费用；最后，用户都习惯将文献全文下载并打印下来，放在手头备用，这样无意中又增加了一笔新的支出。在网络文献获取量达到一定规模以后，累积的费用帐单就会令用户发现，通过网络获取全文文献未必是最合理的选择。不难设想，当某一种（国外）期刊在图书馆只有极少用户偶尔使用时，能够通过计算机网络获取文献的确是一个快捷而又经济的选择，图书馆可以放弃该刊印刷文本的购买；而图书馆面临的另一类情况或许更多，如一些国际著名的重点核心刊物，往往有着较多的读者、用户，刊物的重复利用率比较高。众多科研人员只是为了解学科动态而浏览刊物内容。此时，成规模的刊物用户分别通过网络通信，各自支付费用进入全文文献数据库就显得不理智了，图书馆拥有该刊的印刷文本，既能随时反复提供不同读者浏览，又能够同时满足部分读者的详细阅读和复制若干篇幅的需要，其获取成本将大大低于网上获得手段。就大部分以浏览形式，随机获取参考信息的读者而言，印刷文本自然是个经济的选择。至于图书形态的文献，印刷文本的优越性更是不言而喻了。两相比较，就不难理解要求当代图书馆放弃印刷文本收藏不是理智的作法。

此外，图书馆还有印刷文本与光盘类电子文本的利用模式和成本问题。光盘文本储存的文献量极大，保存的空间小，是其优越所在，但必须通过外部设备支持才能利用，就暴露了规模利用上的难点。图书馆拥有一张“中国学术期刊光盘版”后，并不能替代印刷文本期刊的用户服务需求，试想，一张光盘中上百种期刊，面对上千个读者同时利用的要求，需要多大功率的服务器，配置多少显示终端才能获得满足？无须赘述，这里同样还有一个获取成本的问题。

因此，即将进入新世纪的图书馆，在文献资源的集藏方面，需要冷静地判断本馆用户的需求状况，确定哪些可以用通信网络替代，哪些部分仍然必须保持传统的印刷文本。就图书馆的文献资源保存职能而言，光盘文本其自身的寿命问题，至今尚无权威的认定，对于需要长期储存的文献而言，选用何种文本形态是必须慎重考虑的问题。同时，在网络通信的环境下，传统的文献集藏完整性、系统性观念也需要转换，这已为众多专家、学者反复论证，本文不再赘述。

参考文献

1 刘家真．数字图书馆的生命线：数字信息归档系统．图书馆杂志，1999（4）7-10，18

2 王宗义．信息社会条件下图书馆事业定位的思考．中国图书馆学报，1995（5）92-94

3 劳瑞勤．试论图书馆因特网络资料的收藏标准．情报资料工作，1999（4）27-28

4 同1

5 《图书馆杂志》编辑部．<新视野>编者按．图书馆杂志，1997（2）40

6 干福熹．跨世纪的信息贮存．大自然探索，1999（2）4-10

（原载湖南《图书馆》，2000年第3期）

文献信息中心≠信息咨询服务中心

——“冷静面对新世纪”丛谈之三

摘　要：图书馆承担着社会文化集藏中心的职责，也有信息服务的职能，故近年有改称为文献信息中心者。但文献信息中心与专业信息咨询机构有着许多不同点，两者在职责、功能、以及各自与社会信息用户之间的不同关系等方面有着诸多相异之处，清醒面对客观现实，把握社会文明发展的内在规律，对于图书馆的新世纪发展思考就能更理智、更实在。

关键词：文献信息中心　信息咨询服务机构　差异

20世纪后十年的中国图书馆学界，对于图书馆的未来思考中有相当一部分意见认为，图书馆的一切活动都必须围绕信息服务工作而组织、展开。由文献信息整理、开发的辅助地位走向社会化信息服务活动前台，尽快应用计算机和网络技术开展大规模的专业信息服务，以期获得类似与专业信息咨询机构的良好经济效益，图书馆界内外对信息服务寄予事业的最大发展期望者不在少数。

作为社会文化机构的图书馆事业，有着社会与历史分工所赋予的特定的职责。这个职责是在社会发展中逐步形成的。同样，图书馆事业在社会生活的各种活动，也必然地受到这一规律的调节与制约。对于这一规律的认识，宏观上表现为事业的发展方向与发展进程，具体到各个体图书馆，就直接地反映为该馆投入的成效，而这种成效对于该馆的地位与将来自然是至关重要的。因此，明确图书馆知识信息服务在社会信息服务总体活动中所处的位置，对于正在部署21世纪发展战略的图书馆工作者，也是一个需要冷静思考的问题。

1 图书馆知识信息服务的基础

图书馆承担着集藏人类创造的各种文化记录的职责，这是社会文明发展中自然形成的分工。九十年代后半期日趋成熟的的全球网络信息传递技术，使信息资源真正进入了爆炸性的生长期。当前仅因特网上飞速增长的“网页”，就是一个庞大得难以控制的电子文献资源，遑论网页下面的具体内容。颇具意味的是，1999年下半年起，我国的图书市场上已经出现了一批源于网络文献的“网话文化”、“网话文学”的印刷出版物[1][2]，并且迅速成为出版界的一个“热点”。而在另一方面，世界各地的图书馆只要经济条件许可，又正在积极地把馆藏的印刷型文献大规模地转换为电子文本，并称之为跨世纪的数字化文献资源建设。这种互相矛盾的状况意味着什么呢?

知识与信息的传播方式的多元化是社会生活进步的自然结果，各种不同方式都有着自己不可替代的长处。图书馆竭力把印刷文本变为电子文本，并认为这是赶上信息服务发展的潮流的举措；而已经惯于在市场经济大海中“弄潮”的出版社偏偏有把电子文本变为印刷文本的“反常行为”，起码证明了纸张印刷型文献仍然有着厚实的社会需求基础。同时也提示着图书馆，在实践文献资源集藏的社会文化服务功能时，面临着更多的选择，也就是选收哪种载体形态的文献，更符合本馆读者和用户的需要。冷静地面对计算机厂商和电子出版物商家的“蛊惑”，尤其是“懂得”计算机网络技术的图书馆员，特别需要抵制高技术的诱惑，需要时时注意从读者、用户对知识、信息的获得成本这一角度去设想规划图书馆文献资源建设的问题[3]。

20世纪90年代后期，计算机“搜索引擎”技术一度被计算机厂商宣传为查寻信息的最佳手段。但几年间网络资源的急速增长，就令各种“引擎”都显得捉襟见肘了。回顾一下传统图书馆印刷文本的组织、整理技术发展，便是随着文献总量的增加而不断创新、优化的过程。也就不难理解，人类的认识进程有着一个由必然性规定的过程，不同时期的认识深度必定要受到外界条件和技术环境的制约。图书馆工作者固然要及时重视、吸收最新的科学技术手段，但技术手段代替不了科学方法。网络知识信息资源达到了相当的规模以后，网络文献整理的科学组织方法，其重要性也就越来越明白地显示出来了。

在文献总量极度膨胀，多种知识、信息载体并存的时代，文献资源的整理与组织问题便是对图书馆学能否发挥专业优势的一种挑战。图书馆有效地供给有组织、有系统的知识信息的前提，必须建立在用科学的方法对文献及其内涵的信息进行组织、整理的基础上，在这一领域，计算机技术能够解决的只能是速度问题。随着信息资源的网络化、全球化，过去应用于单个图书馆书刊资料整理的文献分类法、主题法以及各种科学的知识信息组织、检索方法等，需要图书馆界强化发展研究，使之尽快适应网络化资源环境的需要[4]。

技术、方法问题之外，还有当代文献资源的总体把握问题。在以往几千年人类社会发展中，历代产生的各种文化产品有着一个自然的淘汰过程，经过时间长河的冲刷、荡涤，留存的文献总量与有效信息的供给量是大体吻合的，集藏它们的图书馆被称为知识的宝库，主要亦源于这一点。当代爆炸性增长的各种信息载体，令图书馆不能等待它们经过自然淘汰过程后，再决定集藏的取舍。因此，必须主动地对文献信息资源进行分析判断，确定是否进入集藏、整理序列[5]。

以上所述要证明的只有一点，就是图书馆希望开展信息服务前，必须完善什么样的基础，而需要解决的问题又有多么艰巨？

2 图书馆与专业机构信息服务的比较

作为文献信息中心的图书馆，自然地有着信息服务的职能，但图书馆的信息服务活动，与专业信息服务机构在服务对象、服务内容和基本形式等方面有着巨大的差异。这些差异决定了图书馆的不能如同专业信息机构一样，以提供各种专业、课题信息服务为自己的主业。

2.1 信息服务对象的差异

所有专业信息服务机构以及图书馆的信息服务活动得以存在，其前提均在于存在获得信息的社会需求。这个需求由要求获得信息的、众多的、个别的用户构成，他们也就是信息服务的对象。

对于各个专业信息服务机构，如现有的各类信息公司、各种咨询服务机构、乃至原有的大小情报研究所（或称为信息研究所等机构）而言，一般都自称开展全面的、社会化的服务，但仔细分析一下，就可以看到，这些机构与他们的服务对象之间有着某种同一性，

即信息的提供者与信息的利用者都面对着同样的一个特定范围的信息资源。专业信息机构提供的大小服务，从简单咨询到有组织地开发的信息产品，与各个不同需求者的信息获取要求都是在同一个特定的范畴内，或是某一特定学科、专业领域的发展、动态，或是在这一领域内更具体的专题、乃至一个具体问题的相关信息索取。

而对于图书馆的信息服务而言——即便排除了获得普通常识的求知者——其面对的社会需求则是个极其广阔的范畴。如一个地区的公共图书馆，面对的是本地区有着种种不同文化背景、不同学科专业的居民，他们都希望首先从图书馆无偿地，或以最低的代价获得自己所需的那部分信息。也就是说，图书馆面对的信息服务对象，是一种广泛的、全方位的公众需求。对于图书馆所在地的用户而言，图书馆就如同一本放大的百科全书，是获得知识与信息的首要选择之一。若图书馆不能满足他们中任何阶层读者、用户的基础信息需求，自然地会被认为是失职。

因此，图书馆与专业信息服务机构面对的服务对象，存在着根本性的差异，故需要从完全不同的视角去理解图书馆信息服务的内涵。同时，这种具有广泛性的社会信息需求也自然地规定了图书馆信息服务活动的主要形式。

2.2 信息服务内涵的差异

在各种专业信息机构中，集中了接受过相关专业基础训练的人员，就其主要成员的知识结构而言，专业基础知识是第一位的，获取专业信息的技术则是次要的。至于信息资源整理、组织的方法与技术及其内在规律等，是否掌握则更不重要。面对信息用户的需求，他们大多是从社会各个方面——包括图书馆——获得基础的信息来源[6]，然后将各种有效的信息经过综合的、专门的处理后供给用户。从大型科技情报所从事的某个特定领域的科学发展动态研究，到个体律师事务所的法律问题咨询，他们提供的信息服务规模大小有异，但就信息服务活动形式的本质而言，应该说其中没有多大的区别。

对于图书馆而言，作为文献资源的集藏中心，自然地承担着多学科、全方位的信息服务职责。而这种职责的特殊实现形式——与专业机构的活动相比较——在于它不是完全地显现在社会公众面前。尽管不同规模的图书馆都有各自的专门信息服务活动组织，如大小不等的咨询部、或是为某个专题信息服务专门建立的组、室等机构，但就图书馆活动整体而言，它的信息服务主要在于一个或多个部类文献信息的系统揭示。而正是这种的整体性的信息揭示，服务着社会不同领域、不同专业、乃至持有不同专题或具体问题的用户的基础信息需求。这样的文献资源整体性信息的揭示活动，自然非图书馆文献整理专业技术人员莫属。

因为图书馆基础信息服务工作以一种非直观的形态存在于社会生活中，难以产生明显的社会效益，因而在图书馆界内外往往不被重视。尤其是在直接的等价交换等市场经济观念的冲击下，更容易令人们轻视基础信息服务活动的价值。而实际上，图书馆文献基础信息的开发是所有信息服务活动的根本，离开了它，社会上各种专业机构的工作效率都会受到极大的制约[7]。

2.3 信息服务形式的差异

就专业机构而言，他们在承接任何一项信息服务课题时，一般首先要根据课题内容的难易、资料查询范围的大小，分析研究的深度等进行评估，对预计付出的投入进行测算后，提出一个服务价格，与用户商定后才开始工作。对用户而言，他把课题交给所信赖的专业机构后，对方如何运作一般无须关心，只求及早获得系统有效的信息回报，如各种咨询答复、专题报告等。

图书馆的基础信息服务则显得形式多样。尽管是基础服务，但其中从简单到复杂的程度往往有极大的不同。以形式最简单的书目

查询为例，一个对于某专业文献十分熟悉的读者，图书馆提供的书目，无论是卡片式、书本式、或是计算机联机目录，均能自如地驾驭。在他的主观意念中或许根本没有一种获得信息服务的意识，普通的图书馆读者、用户或许也是类似的感觉。读者、用户通过图书馆编制的书目、索引、数据库，方便地获得众多文献资源的基础信息时，一般不会意识到其中有着图书馆员付出的文献整理、组织的劳动。但如果图书馆工作者也附会这种看法，把除了参考咨询、专题服务以外的活动都排斥在信息服务之外，就显然是进入认识误区了。

在现代社会文献资源极大丰富的环境下，没有文献整理、组织专业知识的用户，很难自如地在知识信息的大海中及时寻找到自己需要的东西。图书馆员通过自己的专业知识与技能，以“导航者”身份迅速帮助读者、用户找到所需信息，将是衡量信息时代图书馆员是否称职的重要标志之一。以往熟悉的分类、主题、组配检索等专业知识在计算机网络环境下会有更大的用武之地，我们不能指望书目指南或数据库软盘上的简单提示，能够使用户随时掌握不断发展着的专业查询技能。

人脑与电脑的根本差别，在于人具有主动思维的能力，具有创造性。计算机工程师无法将信息查询的未来可能性事先为电脑作出安排，电脑所解决的仅是以往有效查询程序的快速重复，“搜索引擎”因此不断处于被动之中并不奇怪，因为它必然是建立在原有的认识与方法基础上的。实际上，在文献资源基础信息查询中，任何超出设定前提的查询要求便是“个性化”的要求，需要图书馆员创造性的劳动去解决。无须把“个性化需求”概念弄的高不可攀，它在基础信息服务和专业信息服务两个领域中同时存在，只不过表现形式略有差异而已。

3 图书馆界“专业信息服务”现状

当代图书馆的信息服务构成中，有着规模不等的专业信息服务活动，它的存在与规模取决于各个图书馆的主观重视程度和馆员专业工作能力。近年的研讨中，经常将主观重视程度作为思想是否解放，观念是否转变的标志。这种观点显然是立足于改变以往呆滞的工作体制，争取主动适应市场经济大环境的前提，有着一定的积极意义。但如果因此把它置于图书馆的文献整理、系统资源整体揭示这种基础信息开发服务之上，那就有本末倒置之嫌了。

首先，图书馆对于各种载体文献的基础性信息开发，是社会文化发展中自然形成的一种分工，无论在传统纸张文本载体时代，或是在当今多种文献载体并存的环境下，都是图书馆工作的基本职责之一。基础的、系统的知识信息开发，决定着社会对文献资源的整体利用效率，尽管这种效益因为种种客观原因尚未得到社会的充分重视和关注，但图书馆不能也为此失去清醒的认识。设若图书馆放弃这一领域的努力，令所有的专业信息机构都自己从基础信息开发做起，势必出现一种分散、低效、脱离基本科学规范的局面，就象今天计算机专家对于网上庞大信息资源的无奈一般。若在社会发展的整体角度上看，这便是一种倒退。回归到图书馆的单一层面上，失去了社会文献资源整理、组织这一职能，或许将是真正意味着图书馆行业最终被社会所淘汰。规模化的文献集藏中心、及其若干中心联合的网络，如不能提供系统的基础信息，那就真是一个“死库”了。因此，发展基础信息整理、组织技术，深化、拓展基础信息服务的疆域，才是改变社会轻视图书馆基础信息服务活动的根本途径。

其次，对目前各图书馆正在努力发展的专业信息服务活动，要有一个清醒的估价。在这一方面，科学的态度是至关重要的。建国以来多次“左”倾政治压力过后，令不少人一接触到所谓“新生事物”，就习惯地“掩恶扬善”，竭力肯定、宣传满足领导意志的部分，而刻意掩盖、漠视其错误或不足之处。这种歪风在当代社会中

几乎到了“见惯不怪”的地步，自然也严重影响着包括图书馆学在内的不同领域正常研究气氛。

在当代中国图书馆界的种种“专题信息服务”中，大型或专业图书馆中有一些成功的个案，因为这些图书馆确实有一定的文献资源基础和相应的专业知识人员队伍。但这些个案是否就代表了图书馆信息服务，及至图书馆整体的发展方向，至今未见科学的与客观的论证。而就图书馆事业整体而言，“专业信息服务“实际状况并不乐观。例如曾经为各地图书馆界津津乐道的“特色服务”、“特色图书馆”浪潮，应该说是专业信息服务的一种重大实践模式。十余年后，真正发展成为某个领域的信息咨询服务中心者，实在是凤毛麟角。这些图书馆的无效投入或许可以为制订新世纪图书馆的事业规划提供一个“明白”，开展专业信息服务的意愿是不错的，问题在于：①这个图书馆内是否有一支具备特定专业、学科知识的人员队伍；②专业信息服务所需的信息来源，依靠馆藏文献资源一般是难以满足的，它往往需要综合多种文献资源或其他信息来源才能解决。大部分图书馆根本无力应对，或是根本没有意识到这是关涉到多个方面的问题，只是简单地感叹馆员能力太差。应该说，问题的根子在于思考、研究时，原本对专业信息服务缺乏全面的认识，也就无法作出正确的解释。从理论上推演，这一问题今后也未必可能解决，因为这是两项有着重大功能区别的科学，图书馆学和情报学尽管有相通之处，但毕竟是两门面对不同社会需求的学问。

当然还有等而下之者，把自己手中的文献“管理权”变为“所有权”，垄断资料以牟取名、利，还大言不惭地称之为“深化信息服务”，在学术、科研人员中常以为齿冷。尽管此类实例多到不胜枚举，严重地腐蚀着图书馆员的整体素质，但图书馆学界对此竟默默无声。呼吁“以人为本”、提高馆员基本素质的论述不少，但回避了众目睽睽之下时弊的高调只能是自欺欺人。这种“专题信息服务”除了能在短期内敛取一些钱财之外，于图书馆事业整体只能构成更大的危害，终将令图书馆工作者的人格意识和社会地位更趋低落。

4 图书馆文献集藏与信息服务的局限

前面的讨论表明：首先，图书馆不能违背社会发展规律，破坏历史形成的自然分工，将工作重心转移到各种专门或专题的信息咨询服务上来；其次，图书馆人员的专业知识和技能状况，基本上不具备从事专业信息咨询的可能性。若要介入这一领域，必须另建一支区别与图书馆专业的干部队伍，就象并入上海图书馆的上海科技情报研究所，是一支成建制的、有经验的情报工作队伍，在或不在图书馆人员编制中，本身并无实质性意义。如同美国国会图书馆，其内部有一个专门为国会议员服务的情报分析咨询机构，这一机构的存在与图书馆的基本运作关系有限，因而也无须戴上“一体化”的桂冠，自然也不能成为大部分图书馆仿效的样板。

这里需要补充的是，专门或专业信息咨询机构的业务活动是建立在包括文献资源信息在内的社会综合信息基础之上的，也由此从根本上把作为文献信息中心的图书馆界别于专业信息服务机构之外。特别在我国特殊的国情环境下，有许多重要信息的传播是限制于特定领域的，等到进入媒体，进而成为图书馆工作者能够接触的各类文献信息载体，其时效性已经大大打了折扣。更有众多信息根本不可能进入图书馆信息服务人员的视野。在不具备社会多方面信息的综合取舍能力的条件下，图书馆发展成为信息咨询服务中心的可能性也就成为零。

近年来的讨论中，颇多强调如何满足用户的个性化需求。如上文所分析，“个性化”需求并不神秘，在图书馆基础信息服务领域，任何新颖的查询要求都必然是表现为一种区别于一般需求，无法重演以往模式的“个性化”需求。专业层次、要求相对较高的课题服务，首先要求服务人员具备相应的专业基础和情报信息获取分析能

力，其次要求服务人员不局限于图书馆文献资源的范围，全面获取某一课题的全面相关信息。从这个意义上说，能够承担这一任务的馆员，其工作本质已经不再是名义上的图书馆员，而是一名专业情报、信息工作者了，大型、专业图书馆可以有这么一支队伍，以满足某些特定领域的用户，但此类活动是不同图书馆根据各自情况作出的相应的局部安排，不能以此判定图书馆的整体发展的方向。

图书馆工作者的信息服务活动完全是建立在文献资源信息基础上的，这就决定了图书馆信息服务活动的基本能力和相应的适应范围都必然有一定的制约。就象各个专业信息咨询服务机构都必然限定于特定的专业范畴内，并不指望成为社会信息服务业的全能专家一样，研究图书馆的信息服务发展也不应该将图书馆员定位于服务全社会成员、满足所有个性化需求的“信息上帝”地位。

参考文献

1 邢宇皓．网络小说“登陆”纸质媒介．光明日报，1999-12-10（9）
2 第一代网话文青春实验文学．文汇读书周报，1999-12-18（6）
3 王宗义．冷静面对新世纪丛谈之二．（湖南）图书馆，2000（2）
4 邱均平．关于信息管理几个问题的探讨． 图书情报知识，1998（1）2~6，74
5 代根兴等． 信息资源属性研究．图书馆杂志，1999（9）18-19，27
6 沈固朝．今天你戴哪顶帽子？ 图书馆杂志，1994（1）36-38
7 王宗义．信息产业中图书馆定位问题的思考．中国图书馆学报，1995（5）92-94

（原载湖南《图书馆》2000年第5期）

图书馆服务网络与计算机通信网络

——“冷静面对新世纪”丛谈之四

摘　要：分析了两种信息服务网络的不同本质，描述了两种网络信息服务的不同内涵以及未来发展分野，指出了两种信息服务供给模式的区别和研究“信息重组与供给”的问题。

关键词：图书馆网络　互联网络　信息重组与供给

人类社会近二十年来高新技术的飞速发展，几乎打破了人们以往的一切预言，计算机网络通信技术或许是其中最为神奇的一项成就。由于计算机通信网络提供了信息的高速交互通道，人们的信息传递能力获得极大提高，社会的信息服务业也获得了强力的技术支撑。作为社会文献信息中心的图书馆，也在这里看到了拓展信息服务活动最新生长点的曙光。

在“丛谈”的前几篇中笔者曾经多次提到，计算机技术、网络通信技术等各种最新科技，对于图书馆业务的发展与提高，包括信息服务活动在内，终究只是一种技术手段的运用与更新，并不能以此取代图书馆专业工作和业务活动等的基础方法研究。近年来，在比较集中地应用最新科技手段的一些数字化图书馆研究中，就有一些意见认为，未来的图书馆服务网络就将是一个计算机信息服务的网络。这些论述由于有着高科技领域众多新鲜术语的支撑，加上外界，尤其是计算机厂商的蛊惑，对于急于走进社会发展前列的图书馆工作者诱惑极大。而就图书馆事业发展研究而言，这里似乎孕含着一个认识的误区。

图书馆的信息服务活动有着自身的传统领域，具备着文献资源长期集藏与开发的积累与优势，图书馆的信息服务网络也因此就有着自己独特地位。若以为图书馆工作者掌握了一些计算机通信网络上的信息资源的利用技能，就可以驾驭知识不同学科、社会不同领域的各种信息，在信息社会中处于全能的信息提供者地位，那就似乎是从对手工时代“虚无”认识之一端，转为技术崇拜之“虚妄”另一端了。

1 两种有着本质区别的信息服务网络

覆盖全球的Internet网络，是一个高度发展的信息自由交互网络，由于它在信息传递中显示出强大的能力，各行各业纷纷把它视为提高工作效率的重要手段之一。因此，它很快从最初科研活动的学术交流、动态通报等领域，向社会方方面面的不同行业扩散。而它从初始的商业信息传递，迅速地转化为信息传递领域的商业化服务，其发展速度也是人们始料未及的。因此，世界上不少人认为，“电子商务”活动将成为未来互联网络长期生存的主要支撑；而另一种观点则认为将会由“内容产业”构成未来计算机网络活动的基本内容，其持有的主要依据是，随着数字化和因特网的发展，使原先依附于各种文献载体的内容，都可以变成电子信号串，在不同的载体、不同的空间范围内迅捷地流动、显示和被利用，在很大程度上减少了以前各种载体对信息活动的局限。[1]

因特网的巨大功能自然地影响到了图书馆界，关于现代计算机网络技术影响下，图书馆的未来存在方式与它的知识、信息服务形态等研究，随着规模越来越大的文献资源数字化转换的进展，出现了许多新的认识。在从事数字化图书馆研究的同行中就有一种比较流行的意见，认为数字化图书馆建成后，图书馆不再具有原先的物理形态，数字图书馆就是一个以“虚拟形态”存在于网络世界的巨大信息资源库，向全社会提供各种相关的信息服务，这或许是近几年最为前卫的观点之一。当然也有截然不同的意见，国内图书馆学界有人指出：数字化的文献资源不过是图书馆内部的一个“电子文库”，它仅仅是图书馆文献资源集藏的一个组成部分[2]；国际上也有学者认为所谓“网络信息资源”某种程度上已经演化为一个“信息沼泽”，数字化收藏改善并扩展了传统的图书馆，却不能取代原来的图书馆，美国研究图书馆组织在文献数字化研究领域可谓是最前列者，引人注目的是，他们把自己的研究、实施项目命名为“数字化首倡”，并不像我们那样热衷于“数字化图书馆”这一时髦称号。沃尔特•克劳福特呼吁人们抛开“一切都要数字化”的概念，警

惕“数字化图书馆的危机”[3]。

国际图书馆界对图书馆文献资源数字化建设的种种不同看法，不仅提醒我们对“数字化图书馆”建设应该有一种谨慎、务实的态度；同时也促使我们在思考图书馆的现代化发展方向时，保持客观、冷静的态度，不要把图书馆的文献资源信息服务网络与计算机通信网络混为一谈，眼睛只盯住计算机网络技术的发展，而忽视了图书馆自身的职业特点、服务对象及其他们的具体需求。

在传统的图书馆活动及其知识与信息服务领域中，有着一种相对稳固的网络形态。在不同经济基础和社会环境中，它们的表现形式存在着自然的差异。一般而言，服务于公众的公共图书馆，其网点、布局大体由所在地区的经济发展程度决定，包括设置的密度，和网点内各馆的规模等。如我国的经济发达省份，基本建立了省、地、县三级图书馆网，上海地区则从1995年起将公共图书馆网络延伸到最基层的居民社区——市区的里弄和郊县的村镇，建立起第四级网络。但由于经济发展的不平衡，发达地区的三、四级公共图书馆建制尚未完全巩固；在经济欠发达地区，公共图书馆三级网络的完善还有很大的距离。即便放眼全球，其基本状况也是如此。

社会公众对于图书馆的要求，主要仍在于获取获取系统的、成型的信息——知识。即便是在欧美经济文化最为发达的国家和地区，公众的需求也主要表现为系统知识的获取，尽管这种知识的获取部分是以电子信息的形式获得的，如CD-ROM、网络文献数据库等等。图书馆提供的此类“知识—信息”服务，就其本质而言，依然在于最大限度地满足所在地区居民的基本文化需求这一范畴。计算机的信息高速存取功能及其网络交互技术的应用，为图书馆的“知识—信息”服务提供了快速、便捷的手段，加强了图书馆及其网络的服务能力。

社会现实没有印证网络神话者关于图书馆消亡的预言，其原因恐怕在于信息网络技术人员和计算机厂商忽视了一个根本的事实，即图书馆的用户要求，或抽象为图书馆社会需求的概念之中，迅速地获取最新的科研、商贸信息等并不是其主要内容。对于科研人员、企业决策人员、行政管理人员等来说，当代世界的激烈竞争氛围，最新信息的第一时间获取自然是十分重要的。但对于社会大多数成员而言，情况却未必如此，及时获得与他们工作、生活相关的动态信息固然是需要的，上网获取最新信息也是日常需要的一部分。但大部分社会成员的图书馆需求并不表现为追踪某一个方向的最新信息。社会环境及其个人生活的种种变化，随时可能要求他们涉足一个新的领域，此时他们特别需要的是这一领域整理成型的系统信息——知识，而不是该领域最新的动态和前沿信息，图书馆将是他们获取不同领域系统信息的最佳场所，图书馆传统的社会教育功能也正是在这一领域有着充分的显示。无论是手工操作时代，或是在计算机自动化时代，其本质都不会发生变化。“以人为本”的口号，并不简单地表现在殷勤的态度和舒适的环境上，而是图书馆真正意识到周边社会需求，了解自己活动的本质。

认清图书馆网络的知识服务功能和计算机信息网络的高速传递服务功能的重大区别，对于图书馆事业的未来规划十分重要。图书馆的社会服务活动需要吸收最新科技成果，以提高自身的工作效率，但不能把技术手段的改进作为图书馆业务发展研究的主攻方向。发达国家的图书馆界，并未在数字化图书馆建设或其它现代技术的开发上倾注全部的希望，这一领域主要是技术专家和计算机厂商在开掘。而就图书馆而言，要做的应该主要是向技术人员提出各种要求，目的是提高对图书馆用户的服务效率。各馆的要求因地而异，技术的标准化、规范化是计算机厂商关心的事。谁的技术成

熟、完善，自然就占领了图书馆自动化的应用市场，这本是社会经济生活中的一般规律。

我国图书馆事业似乎更应该去研究、学习发达国家的管理观念与运作方式。各个图书馆的外部环境和用户对象都有区别，寻找适应各自特定环境的技术等问题，无须行政机构管理层过多地干预，它是各馆管理者的职责。由于管理层发生错位而造成损失的事例，在五十年历史上可谓比比皆是，随着经济社会体制变革的深入，希望这种状况在图书馆现代化的过程中不再重现。

2 两种不同内涵的网络电子信息服务

对图书馆的文献资源信息服务与计算机通信网络的信息传递服务两者进行区分，并不意味着图书馆不需要电子化、网络化的信息服务，而是需要界定图书馆开展网上电子信息服务的基本范畴，以明确网络信息时代图书馆社会服务的发展方向与总体范围。

首先需要明确的是，图书馆是一个有着明确社会分工的、规模化集藏有序文献的社会文化机构。自近代以来，伴随社会的发展和自身的努力，图书馆的社会功能始终呈扩展、增强趋势，社会文明的进步对图书馆事业发展起着强力的推动作用。图书馆活动与社会生活之间关系的一个突出特点是，社会文化活动密集的地区，图书馆的活动相应活跃。学校或科研机构集中的社区，图书馆的数量与利用率自然地超出其他地区，不能仅视为自然的社会现象，而须认识其内在的图书馆事业内在规律。

由此，我们就不难理解，在未来社会中图书馆的主要职责决不会是简单的“信息传递手”或是所谓“网络导航员”。图书馆传统的集藏、整理文献资源的科学方法，以及向读者、用户提供系统学科知识信息的技能，在文献资源以电子化、数字化形式出现的新世纪，也决不会被单纯的计算机信息存取技术所取代。电子化、数字

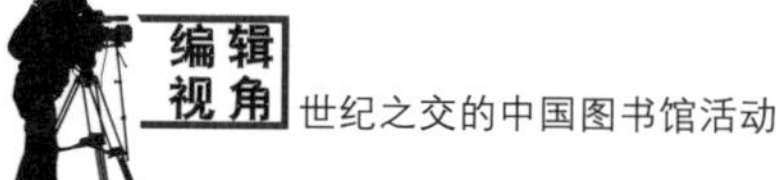

化文献的出现，网络、光盘等多种载体的涌现，是社会文明的一种进步，这种文献资源载体的发展变化，向承担着社会文献资源集藏与服务职能的机构——图书馆，提出一系列新的课题，势必推动图书馆及其图书馆网络的活动方式迈向一个更高的层次。就社会服务领域而言，需要解决的重要问题，就是在不同文献载体和新技术环境下，实现系统有序的文献信息供给服务。

其次，图书馆学面对电子化文献潮流，如何将传统的文献整理方法发展、运用于新的资源环境，形成由自动化技术支撑的服务能力，这是一个特殊的专业领域。图书馆的文献资源存取及其网络服务技术的发展方向，势必与一般计算机通信网络技术的研究、发展产生根本性的分野。

预测这种分野出现的前提在于，尽管同样是面对互联网络的用户，科研工作者或商贸从业人员，与图书馆普通读者、用户的信息获取要求是有着很大区别的，并且必然形成有着明显区别的社会需求。

前者的信息需求主要是前沿的、动态的、发展的事物信息，这些信息的来源，出自社会的不同渠道，由政府机构、工商企业、研究发展组织或机构，通过文件、报刊、广播电视、新闻发布会等渠道，以多种载体的形式出现。计算机通信网络技术使它们逐步以单一的电子化形态在互联网络载体上出现，加上目前电子信息发布的极大随意性，形成了一股令人眩目的电子信息大潮。因此，一些图书馆员出现了“消亡”的恐慌，以为图书馆将被取代，社会不再需要图书馆服务了。若我们冷静地反过来思考一下，不难发现，构成电子信息大潮中的这部分信息及其用户服务，原本并不属于图书馆社会服务范畴。看清了这一点，心态或许就能安稳的多。

图书馆需要面对并研究解决的主要是后者的庞大需求，这种需

求的特殊性在于用户对于知识信息的系统完整要求。图书馆的读者在总体上对信息本身的时效性，亦即是否前沿信息并不十分注重。他们关心的主要是知识的完整性、系统性及其获取的速度等。简而言之，图书馆应用计算机网络技术主要是解决系统知识的获取速度，而图书馆的社会文化服务性质，实际上也规定了它无须承担第一手信息发布的职能。

社会的不同成员都会有着自己的文化需求，文明程度越高，这种需求也就越发强烈。即便是科研人员和工商界人士，除了满足自己的专业信息需求外，他们同样有着对其他领域的知识、信息的获取要求，这种要求也就是社会的一般文化需求。满足这种文化需求的重要途径之一就是图书馆的公众文化服务，在以往的社会文明环境中，图书馆已经承担了这一职责，在计算机网络通信时代，图书馆需要做的是尽快应用最新技术手段去改善服务能力。

3 两种不同的网络信息供给模式

当今的电子化信息服务活动中，各种光盘文献、全文数据库上网供用户利用的情况已经相当普遍，其中有相当一部分并不是由图书馆提供的。有人即据此怀疑图书馆在未来社会是否还能继续存在，这也是引发图书馆员职业危机的一个重要因素。对于社会发展的挑战，图书馆不能麻木不仁，但也无须惊慌失措。应该对目前网上供给的各种信息资源，包括文献信息进行冷静的分析，判别优劣，找出差异，进而探索图书馆组织网上信息服务的发展方向。

当代社会的信息发布渠道十分广泛，在互联网络和新闻、广播、图书、报刊等公共信息发布途径以外，还有众多正式或非正式的信息传播路径。尽管随着Internet的进一步发展，信息的发布渠道或许会渐渐融合为一体。这个问题虽然值得我们密切关注，但似乎并不至于引发图书馆的存在危机。前面已经分析了，Internet毕竟只

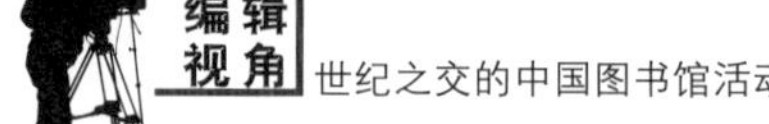

是一种高速的信息传递通道，它解决的主要是人们因为居住地域分割、通讯手段不足形成的信息传递制约，因此将Internet比喻为“信息高速公路”是相当贴切的。从这一角度进入，分析互联网络在社会信息服务活动中的地位与作用，就不难作出判断，即互联网络的信息服务功能主要应界定于信息的发布与传递范畴。

正是由于Internet的这一特点，社会利用互联网大多在于它的信息即时获取和信息实时传递等功能。如同以往社会环境下，有了图书馆这一文化机构，一般社会成员便不再考虑个人的大规模文献集藏一样，除了从事文献资源整理与开发利用的图书情报学等信息管理专业人员以外，其他互联网络的用户一般不会、也不需要去关注互联网络上电子化文献的资源稳定性和长期保存等问题。意识到这一问题并认真进行研究，寻找解决方案的，只能是社会生活中承担着文献资源整理与保存职能的特定文化机构——图书馆，这种由社会分工形成的文化机构及其职能是难以改变的客观现实。

国际图书馆界对于网络等来源的电子化文献资源储存问题，自九十年代中期起，就已经有相当深入的研究，并制定了相当明确、具体的措施[4]。我国图书馆专业研究人员在这一领域的研究成果也已经多次见诸于图书馆学专业刊物[5]。当然，就图书馆的社会信息服务功能而言，这些工作基本属于文献资源的整理、保存领域，也是图书馆开展社会服务的前提与基础。图书馆社会信息服务功能的发展，将因文献资源整理技术手段的改进而形成新的生长点。

1998年，上海有机所图书馆自动化专家王源先生与华东师大图书情报学系顾耀芳教授提出了“信息重组”的概念[6]，它或许将把高新技术环境下的图书馆信息服务活动引进一个全新领域。这一全新理念为文献资源的电子化生产、数字化传播等趋势形成后的图书馆工作者，提供了探索信息服务的新模式与新途径的方向。

在以往社会发展进程中产生的不同载体的文献，经过漫长的时

光隧道，能保存至今者大多经受了历史的检验。计算机照排技术诞生起，文献就出现急剧上升的趋势。而自计算机通信网络提供了任何人即时发布信息的可能后，文献的增长迅速呈失控的状况，铺天盖地的信息洪流令人们无所适从。“信息沼泽”的说法即缘于此，要求图书馆员成为“网络导航员”的概念也应时而出，令长期枯守于传统书刊、卡片堆中的图书馆员为之神往。一度被神化的“搜索引擎”更让部分图书馆工作者觉得传统的方法、方式似乎没有价值了，只要掌握网上信息获取技能就行了。

对于网络信息潮流和“自动搜索引擎”新技术等冲击波，同样可以进行溯源剖析。从文献信息资源发展的历史纵向观察，原先由出版商以图书、报刊等形式发布的信息，通过书店、报刊亭或邮局传递给用户，现在则可以通过电子网络快速传送，仅就此而言，它们没有进入传统图书馆的服务领域（受影响的主要是这部分文献的传统图书馆读者，若不考虑电子文献的获取成本问题，那么图书馆的读者或许真会绝迹，这是另一个问题，留待以后再议）。而图书馆的二次、三次文献编制与基础信息供给活动，则与其他机构提供的文献数据库和搜索引擎技术等，在一些领域中出现了功能的重合。面对这样的环境变化，便产生了图书馆服务的突破方向问题，是与其他机构在同一领域或同一层面上竞争？还是独辟蹊径，发挥自身文献整理开发专业特长，借助高新技术支撑，走出图书馆“信息重组与供给”服务的新路？答案无疑应该是后者。

在本文和前几篇“丛谈”中，笔者已多次强调了图书馆用户对文献信息资源获取需求的特点。明确了这一点，就不会对图书馆的存在和开展社会服务的未来产生怀疑。应用高新技术提高图书馆的文献资源整理水平，进而形成面对不同层次，灵活应对多方需求的系统信息供给能力，将是图书馆信息服务的努力方向。“信息重组与灵活供给”应该是图书馆服务为适应未来环境的一个重要观念转换。在“信息高速公路”上，图书馆不应仅起“路标”，“导航员”的作用，而应该以某种“造车者”角色出现。

这个“造车者”与一般文献信息生产、发布者有着重大的区别，它应用各种高新技术把文献资源洪流中的有用部分提取出来，并系统保存起来。在满足社会广泛文化需求的同时，还能面对一些用户的具体需求，组装相应的“知识—信息专车”，形成图书馆特有的网络信息供给模式。为此，图书馆需要研究能将网络内外有用信息、知识进行快速梳理、集藏的全新方法和专门技术，这是保证基础和若干专门信息服务的前提。同时，传统图书馆内不同学科、专业技术人员的作用越发明显，“信息重组”将对图书馆员不同学科的专业知识提出更高的要求。新的文献载体和信息获取技术构成了文献资源开发良好环境，新的资源开发方法和供给模式的成功与否，或许就是检验一所图书馆的现代化转型进程的标志。

参考文献

1 缪其浩．内容：一个大产业．文汇报，2000-01-15⑩

2 陈光柞、匡文波．关于Elctronic Library等名词译名的商榷．图书馆杂志，1998（5）13-15, 51

3 王嫦娟编译．数字图书馆的危机．图书馆杂志，2000（2）13-14，25

4 刘家真．澳大利亚国家图书馆保存网上出版物的选择方针．图书馆杂志，1998（3）58-59

5 刘家真．数字图书馆的生命线：数字信息归档系统．图书馆杂志，1999（4）7-10，18

6 王源，顾耀芳．上海文献情报现代化事业．上海科学技术情报研究所、上海市科学技术情报学会．上海市科学技术情报事业上海科学技术情报研究所40周年文集．上海科学技术文献出版社．19-24

（原载湖南《图书馆》，2001年第1期）

数字化环境下
图书馆地位与职能的思考
——从历史与社会的视角探索图书馆事业的未来

摘　要：反思文献生产方式的发展与图书馆活动出现之间的关系，分析了在文献的社会传播过程中，图书馆工作所处的位置以及它的社会、经济功能，寻找这种活动的社会内在发展规律。并以此为基础，思考数字化环境下图书馆在文献资源管理领域的基本定位，以及必须履行的职能。

关键词：数字化环境　文献生产方式　文献管理职能　图书馆地位

数字图书馆是当今全球性的话题。事实上，作为信息的电子化生产、网络化传递等资源共享目标，“Digital Library”这一概念已经超出了传统图书馆文献信息整理服务的观念范畴。社会的不同领域都有着各自的电子信息生产与储存和网络化的信息传递与应用，当代社会生活的现实发展表明，未来的数字化图书馆，其内涵并不仅仅是传统图书馆的未来。

图书馆工作者正在思考的问题是，数字化环境下图书馆将走向何方？图书馆是否会被计算机自动化信息技术所取代？若能够继续存在，未来图书馆的位置何在？职责是什么？对这些问题的求解，从技术、服务、人员等角度切入者较多，但从历史的、社会的视角进行观察、分析则略嫌不足，本文谨作一尝试，并以此求教于同行与方家。

1 文献生产方式的发展与图书馆活动模式的形成

从古代各种的藏书形式到近现代图书馆的历史发展进程中，我们可以看到这样的规律：文献生产方式的发展，对于文献——包括其内涵的信息资源——的处理模式及其相关专业活动有着重要影响。

查诸东西方文明的历史记录，黄河文明有殷墟的甲骨文献集藏，地中海文明也有泥板图书的集藏，它们都是人类早期的文献集藏实例。由此以后的几千年中，东方有各种皇室、官府、书院、私家等藏书事例，西方同样有宫廷、教堂、修道院等形式的藏书。图书馆学研究者在追溯历史渊源时总喜欢提到它们，并各各引以为自豪。但事实上，它们与近代以来的“图书馆”之间，除了在文献集藏的现象上有相似之处，更有许多本质的差别。

世界近代社会出现的公共图书馆与古代各种文献集藏的最大区别，在于近现代图书馆是一种社会性的文化机构，它的社会功能或公开宣布的宗旨，是向全社会所有成员平等地提供集藏的文献。勿

庸置疑，这是现代社会文明、进步的成果，在这里需要进一步推究的是，这一文明进步的前提有哪些？弄清这一点，对于探索未来数字化环境下的图书馆的地位与功能，将有着极为重要的参考意义。

回顾近代图书馆的出现与社会服务，可以发现图书馆这一社会文化机构的产生有一个极其重要的物质前提，那就是书刊等文献的机械化大规模印刷。这一重要的文献生产技术进步，从根本上改变了人们对文献使用的态度。以往仅能小心翼翼地归少数人使用的书籍，自此开始无所顾忌走向了社会大众。机械化大规模印刷技术的进一步发展，也从一个侧面推动了图书、报刊等印刷型文献出版的急剧增加，人们记忆犹新的是，20世纪七八十年代，随着计算机激光照排技术的出现，印刷文献周期大大缩短，就曾经引发过“知识爆炸”的不小轰动。由此，我们是否可以得到这样一个结论，由于社会文献的大规模生产，形成了文献总量的巨大增长，原先以个人意愿为主的小型文献集藏活动，其地位便逐渐地被社会化的文献管理服务机构——图书馆所取代。同时，社会化的文献的集藏、整理与供给、利用等活动，使图书馆成为成为一门社会分工、一种社会职业。这种社会专业活动总结与理论提升，就逐步发展为专门的学科——图书馆学。

回顾中国文明的历史，我们也可以看到，中国古代藏书活动尽管有着数千年的历史，但专业内容始终囿于书籍整理、内容校勘等狭窄的领域，与现代图书馆学专业的丰富内涵不可同日而语，其发展速度受到制约的社会原因可能找到许多，但最根本的原因之一，或许还在于当时极其有限的文献生产总量。

当代文献的电子化生产的出现与发展，是文献机械化印刷以后的又一次技术进步，同样也出现了改变人们文献使用方式的趋势，多种形式的电子文本大有取代传统印刷文本之势。对于这一点，目前见仁见智，各有其说。而作为图书馆工作者，关注的似乎应该是另一方面，即文献资源的整理与供给活动，将如何面对数字化、网络化的环境：是调整或改变活动方式，以适应新的环境而继续发展；还是随着文献生产新技术的出现，导致这一社会分工及其职业活动被计算机自动化技术所淘汰？

以下，试从图书馆活动在以往社会生活中历史地位与社会功能，分析它未来的存在可能性，或探索它的发展前景。

2 文献社会传播过程中图书馆的位置与功能

自有文献出版活动以后，知识信息的文献传播途径，大体为“作者——出版-发行者—读者”，而近现代图书馆的位置，则主要跻身于出版发行者与读者之间。研究图书馆如何获得这一社会地位， 探索图书馆在文献传播途径中的特定功能，或许能证明图书馆作为一种社会文化机构得以存在的价值。

首先梳理一下近代以来图书馆的活动模式。第一步，每一所图书馆都是从多个、互不隶属的出版-发行者中，采集若干专门、特定领域的文献，经过集中组织整理，使文献按一定标准序列化以后，再纳入本馆规模化的文献集藏之中；第二步，图书馆通过书目、索引等检索工具，以多种方式对规模化集藏文献进行公开揭示，向社会所有读者和用户报道、提供集藏文献的有序信息；第三步，图书馆以阅览、外借等多种形式将馆藏文献的提供给有着不同文献需求的所有读者。尽管当代图书馆对于集藏文献提供利用的方式与手段极其多样，但宗旨则是唯一的，就是尽可能地将文献及其内涵的知识、信息供给社会各界的用户。

仔细分析、探索图书馆活动在社会文献传播过程中的存在合理性，亦可理解为图书馆的社会存在价值。

2.1 文献规模化系统集藏的内涵增值意义

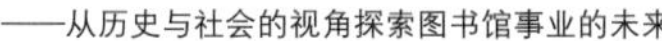

文献集藏是图书馆的立身之本。近年来突出强调“信息服务”在图书馆活动中为“第一位”者颇多。但换个角度思考，或许会发现，若图书馆没有规模化文献集藏，就如同一群赤手空拳的壮丁不能称之为军队一样，一切信息服务都无从谈起。社会上的各种信息咨询服务机构与图书馆之间，有无规模化的系统文献集藏，则是一种本质的差异。

前面已经提到，图书馆以社会文化机构形式进行的文献集藏与组织，建立在文献大规模生产的社会前提上。而这种社会化活动的意义，首先是在很大程度上替代了以往社会个别成员为主的集藏行为；

其次，图书馆在大规模文献采集之后，对源于出版—发行者的庞大的、分散的文献资源，进行了系统的整理并使之序列化，图书馆向社会读者和用户提供的，已经是一种有序的系统文献集藏；

第三，或许是最重要的，是系统有序的大规模文献集藏事实本身，就蕴藏着集群文献内部知识价值提升的特殊内涵。借鉴物理学中的概念，“任何有序的东西都含有能量。”因此不难理解，系统有序的图书馆文献集藏，与自然地分散于社会各处的文献，在社会保有量相等时，前者的社会效用将大大高于后者。更重要的是，我们目前的认识尚限于图书馆集藏文献的公众反复使用效用，而对于集藏文献系统化后的效能增值还缺乏深入的探讨，提升出规律性的内涵表述。

2.2 文献规模化系统集藏的社会经济意义

面对大量而且不断产生的文献，社会化的文献集藏机构出现，是社会运动中的内在经济规律决定的，它是一种历史的必然。其经济意义至少从以下两个方面显示出来：

一是社会个别成员基本上不再需要建立个人的文献集藏，而是根据文献使用的需要，随时到文献集藏机构去获取相关的文献。处于图书馆集藏系统中的各个文献单元因此具备了供不同社会成员反复使用的可能，较之社会成员各自购买、各自利用，进入图书馆的文献，其使用价值显然要高于社会成员个人的收藏。

二是用户面对出版-发行市场时，得到的是庞杂、分散的文献信息，但进入图书馆的规模系统集藏以后，获得的与文献相关的信息量即大大增加。因此，图书市场上的文献一旦进入图书馆系统集藏，其获得社会利用的机率也自然大大增加。这样，从社会在文献的出版、集藏的整体投入，与社会成员具体使用的频度两者之间的实际效益思考，图书馆活动应该是社会文献生产与利用过程中最为经济的一个自然选择。

因此，近代图书馆模式的出现，在严格意义上并不是人们主观意愿指导下的产物，而是近现代社会文化生活中的一种自然发展过程。这个过程实际上是由近现代社会生活的内在规律——一只看不见的手——无形地调节着的，问题在于，我们什么时候开始认识并理解这一点，并在将来有意识地运用它。

2.3 文献规模化系统集藏的供给服务

当代图书馆群体中，各馆规模、内涵差异甚大，服务方式也各有千秋。最基层的图书馆，开展一般的文献流通服务；而规模较大、专业性较强的图书馆，服务形式也就比较多。从较为普遍的参考咨询、近年呼声甚高的“信息服务”、到针对性最强的课题跟踪服务、及至最前卫的网上资源采集与供给服务研究等等。各图书馆所处地位的不同，服务对象的各异，每一种服务方式都适应于相应的特定社会需求。因此，不应该从技术水平的单一角度，判定某一种服务方式是先进的，抑或是落后的。不同环境下的图书馆提供着各自相应的文献服务，而所有服务均立足于文献集藏这一共同基点。

决定图书馆服务能力与水平的主要因素，一是集藏的规模，二是序化的水平。当前各个不同图书馆的多种文献整理、开发活动，实际上也可以解读为“序化”的不同形式。图书馆的文献集藏离开了“规模、序化”，就谈不上提高服务水平。没有“规模、序化”的“提高”，实际上只是在解决服务态度问题。

至此，或许可以将图书馆的地位与功能，作一个简单的归纳：①现代社会中的图书馆活动，是社会文化投入在文献集藏与利用领域中，内在地自然形成的一种经济运作方式。它的存在，内涵着现代社会生活发展的一般规律；②图书馆是处于文献生产者与使用者之间的社会文化机构，它的职责是从不同来源搜集文献，并使之有序化，系统有序的规模化文献集藏不能简单地理解为一般的文献集合，文献集群的知识内涵在规模、序化过程中得到了有机的提升；③图书馆各种社会服务，建立在文献的规模化有序集藏基础之上，图书馆向社会不同成员提供文献及其内涵信息服务的能力或效率，主要取决于文献集藏的规模大小与序化水平。

3 数字化环境下图书馆的社会定位与专业职能

当代的电子出版技术，使文献生产增添了新的方式；计算机通信网络的大规模覆盖，使文献的传播出现了新的途径。在新技术成果的不断冲击和计算机厂商的反复渲染下，似乎有这么一种概念，计算机信息处理技术和网络通信技术的结合，将最终解决社会成员的信息（包括文献信息资源）获取问题。这一理念出于工程技术人员并不令人惊诧，因为社会不同成员都有各自的特定局限性。但图书馆学界能否正确应对，则对于事业的未来有着极大影响。

从图书馆地位与职能的社会、历史分析这一基点出发，探索新技术环境下的发展前景，以下提出若干问题，希望能够引发深入的探讨。

3.1“信息资源”与文献单元的关系

文献单元应该是一种“知识（信息）综合载体”，不管它是一部专著，或是一篇论文，甚至是一种文学创作（如小说、诗歌等）；也不论它是一个印刷文本，一个电子光盘，抑或是互联网上的某个网页。对于使用者而言，每一个文献单元都是个相对稳定的一个知识系统，也可以认定它是传递知识（信息）的载体形态之一。当代人们将文献归之于“信息资源”之中，或许是因为文献单元中含有一定量的信息，并且能够供给他人利用。设若因此把不同的单元文献一概解读为单一的、简单的“信息”，或许就把原先简单、清晰的事物范畴弄得模糊不清，难以理解了。

图书馆员以编制书目、索引等形式，将单元文献的信息，以及单元文献的内涵信息等整理、揭示出来，这种形式的“信息”与一般的“事物信息”概念才比较吻合。在中国文字表达中，普通人可能将“情报”与“信息”等同，但决不会被专业情报工作者认可。在他们的理解中，只有将多方收集的信息经过综合处理后，才能成为有用的情报。情报是一种文献单元，也可归之于信息资源，但和“信息”不能简单划等号。图书馆工作者在面对各种文献单元时，也不应简单地将其框入单一的“信息”概念范畴。

目前比较通行的理解中，计算机信息处理技术相对于文献处理活动，似乎是一个可覆盖的概念。理由是，文献信息及其内涵的知识-信息等，均为社会信息资源的一个部分。由此推理，当然可能进一步推理出计算机信息处理技术将替代“传统图书馆”的文献工作这一结论。但真正面对庞杂的“信息资源”时，社会实践决没有如此简单。

首先，图书馆的信息服务并不局限于向用户提供关于文献单元的信息。这样的服务，出版商由于的利益驱动，在互联网上可能会

做得比图书馆更好。而在传统图书馆的文献服务领域，获得社会最高认可的，主要是按某文献集群单元内容——知识（信息）—就各种特定角度所作的整体性宏观揭示。这种“信息供给”形式的价值，在于对集藏文献内涵的“知识-信息”进行了系统组合。这种“系统组合”是图书馆依照具体的用户需求，结合图书馆员自身的知识基础、根据可利用文献范围等条件，通过人的创造性劳动产生的。在这里，馆员的知识基础及其信息取舍、分析能力起着决定性的作用，计算机技术可以帮助馆员提高工作效率，但无法替代馆员的智力活动。

其次，“信息资源”这一概念何等庞杂，其内涵至今尚未有科学、完整的定义。虽然可以说文献资源是信息资源的构成之一，但在“信息资源”这个整体中，文献及其内涵的知识（信息）处于何种地位，这一部分与其他部分的差异是什么？如何将它与其他部分进行界定？都不是计算机工程技术人员的课题，由于社会分工的历史传承，这些问题也只能由图书馆文献管理专业的研究人员才能给出科学的回答。

3.2 用户获取文献内容的方式、成本与图书馆活动的联系

互联网络显示的优势是信息传输速度。文献实现数字化生产后，进一步就能在网上全文传递给读者、用户，由此就出现了是否还需要图书馆的问题。当今的网上文献出版，期刊占主要部分，图书出版近来出现了某种上升趋势。但现实中并没有因为出版商直接面对读者、用户，而省略了所有中间环节的事实。已经在网上出版发行的众多科学专业期刊，最大的读者群还是在图书馆。书籍形式的斯蒂芬 · 金《时间骑士》在网络上出版“热销”，只是人们在某种新颖出版方式出现时，满足好奇心理的特例而已。

人们日常的文献内容获取需求，因为环境等具体条件的不同而

表现为各种不同的形式。首先，目前的电子文献阅读方式远未达到替代纸张印刷文本，为读者普遍所接受的水平。笔者作为专业期刊编辑，于2000年5月对部分从事高校图情专业教育人士的一次问卷调查表明，尽管绝大多数人希望看到刊物的电子网络版问世，但所有的答卷，对于真正用于阅读的形式，无一例外地选择了印刷文本，说明电子网络主要是满足着人们对信息的快速了解需求，而对于获取文献内容的需求，还是以印刷文本为首选。

其次，图书馆大部分读者、用户并不需要学科前沿信息的网络快速服务，满足他们知识（信息）需求的，主要是图书馆对某一学科、领域系统集藏文献的内容。他们的需求大多表现为快速获得相关文献单元的（存放位置）信息，而对于文献内容中的知识（信息）获取则完全是因人而异的。即便是图书馆员对文献内容作了许多深入的开发，但不同的读者因为各自的知识基础差异，在同样的图书馆员或工具的指引下，他们的知识或信息收获也各自不同。此时，网络电子文本与印刷文本两者之间并无高低、优劣之分，而在目前的阅读方式上，印刷文本的实用性应该是远高于电子文本。

最后，并不是所有情况下网络数字文献获得成本都能够低于印刷文本。图书馆遵照与电子期刊出版商订立的协议，让读者通过互联网络从大型数据库中查找、阅读相关论文，若仅是一些单篇论文的阅览，自然内容获取成本将明显低于购买印刷文本。但一些专业馆的读者群，虽然是分别上网，实际上却是集中浏览若干种本学科、专业的核心期刊，结果形成对某些期刊经常反复网上调阅。与传统模式不同的是，热门期刊的反复借阅过程中图书馆几乎没有新的成本投入，而反复进入同一数据库往往就得在通信、利用等多方面一次次地支付相关费用。此时，网络的内容获取方式成本就可能超出单本印刷期刊的一次性投入。同时，众多读者选择通过图书

馆，而不是用家庭、个人电脑进入网络出版商的期刊数据库，也从一个侧面证明了前文提到近现代图书馆活动中内在的社会经济运动规律。

3.3 数字化文献生产商的数据库与图书馆文献集藏

计算机工程技术人员在网络上自由地游弋于各大网络文献出版商的资源数据库时，出现今后不再需要图书馆的想法并不奇怪。但承担着社会文献集藏分工职责的图书馆工作者，对此应该有不同的思考。

首先，数字文献出版商拥有巨大的文献资源数据库，并依此开展商业性服务。这并不意味着他们将承担起文献资源的长期保存职责。原因最少有两条：一是商业社会的竞争规律，必然会在某些新的出版商崛起时，淘汰部分原有的出版者。届时，倒闭出版商的数据库由谁来管理，以及内存的文献资源如何继续提供社会服务，就是一个现实的问题。美国俄亥俄州的大学图书馆组织采取的对策是，与出版商在购买使用权时就达成相关协议，若出版商一旦停业，就必须把它的数据库全部转交给图书馆。这个事例可以使我们清醒地意识到，网络文献资源的社会化集藏已经开始萌芽了。

二是随着网络文献出版量的增加，出版商是否有可能无限制地扩充自己的数据库？出于商业利益，当数据库内一部分文献的网上收入不足以维持数据库自身的运行费用，或者说是不能为出版商带来利益时，指望他们长期保存是不现实的。如同机械化印刷使文献产量大增，成为近代图书馆的重要物质基础一般，电子版文献的数量达到相当规模以后，产生了社会化储存的问题应该是一种必然现象。有希望承担这一任务的社会性文化机构——图书馆，在印刷文献出现大规模生产的近代时期便已经产生了，在电子出版环境下，是发展的图书馆，还是新产生的机构来履行这一职责，尚难逆料。

但文献资源的社会化集藏将是社会发展的一个客观自然规律，电子文本出版随着文献总量达到相应的规模，出版商终将无法承受长期保存与维护的费用，最终只有社会化的专门机构才能承担起这一职责。问题是，图书馆有这样的意识了吗?

3.4 商业化的文献数据库与图书馆的规模化文献有序集藏

当代的文献数据库应用了现代计算机管理技术，它的文献信息检索功能明显超越了传统图书馆的手工服务，这也是技术人员否定图书馆未来存在可能性的主要依据。

必须指出，计算机信息处理技术的神奇之处主要它的高速工作能力，如同它在其他领域一样，真正处理具体问题的方法则是分属于各个专业领域的。原先在文献资源领域中的分类法，主题法、索引法等被计算机信息处理技术吸收以后，应用于各种行业一般信息处理。不料在图书馆工作——这个传统的信息行业中反倒显得特别神奇起来，似乎成为君临一切的高级技术了。而实际上，社会各行各业应用计算机信息技术，都是把它当作一种高效的技术工具，惟有图书馆界反倒把它视为“取代”自己的可能，这似乎是个“黑色幽默”。“不识庐山真面目，只缘身在此山中”，难道是图书馆专业活动与计算机的信息处理技术血缘太近，反倒使图书馆工作者看不到其中属于自己的专业方法了。

现在的网上数据库大多是按照商业服务的需求编制的，计算机信息处理技术的开发与应用自然以此为前提。技术手段的领先，使得它在人们的观念中几乎是美仑美奂、无可比拟。技术开发商在相互市场竞争中不断推出新的方法与技术，而身为信息管理活动前驱的图书馆员很少能有异议。究其原因：首先或许是图书馆员自身的技术水平制约，难以发现当前技术中的不足。而更主要的原因，恐怕是被新技术光环炫耀得失去了方向，已经成为精神俘虏，对于出

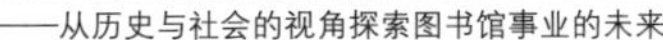

版商和计算机厂商推出的任何技术产品和宣传广告，简直到了迷信的程度。例如对于各个不同文献数据库的检索平台不一致问题，所有的讨论都是从技术角度探讨，鲜见从基础方法上的思考，就是一例。实际上，当前的各种计算机信息检索程序的基本思路，无不建立在传统文献查找方法的基础上。真正要在广袤的网络文献信息资源管理与查寻中走出一条便捷的新路，前提就是传统的图书馆文献资源管理方法能够出现创新，计算机程序和技术不会产生出新的管理方法。

网络文献出版和网上文献商业服务数据库的增加，已经显示了渐次加快的大趋势。如同印刷文献的机械化大规模印刷，导引了传统图书馆的文献整序方法的发展。网络文献出版的规模化趋势，也应该是文献管理科学与实践领域新的业务生长点，那就是网络文献的有序管理方法研究。如前所述，这不是单一的计算机处理技术问题，而是历史、社会赋予图书馆学家的任务或机遇，图书馆学若能够承担或解决这一任务，就能以新颖的姿态进入数字化时代；若不能面对并在这一挑战中赢得成功，社会自然会衍生出新的行业来承担这一职责。

（原载北京《图书情报工作》，2002年第1期）

图书馆管理变革的研究导向

——“新世纪图书馆管理变革的散思”之一

摘　要：十多年的图书馆管理变革有着很大的时代局限，在当代社会进程中依然处于落伍的思维之中。“知识管理”是管理科学发展的新阶段，但不能以此替代图书馆学本身“管理知识”活动的专业学科发展。图书馆管理研究需要借鉴知识管理研究成果，寻找管理变革和事业发展的空间。

关键词：图书馆管理　管理研究　知识管理

0 绪言

我国图书馆事业的管理改革起始于20世纪80年代中后期，当时社会正从单一计划经济的格局向市场经济模式开始最初的转型，各种举措都有着浓厚的试验、探索色彩。在这样的社会大环境下，图书馆的改革也无可避免地留下了特定的时代烙印。各馆的改革具体方法不一，但基本原则和社会其他领域是非常相似的，不外乎机构管理职能下放，放开个体（群体）性的自主经营，个人分配与经济收益增量直接挂钩等。这些管理变革措施在鼓励图书馆员的工作主动性方面产生了一定的成效，包括岗位工作责任感的增强，面对读者、用户的服务态度改善，以及主动走出图书馆大门，进入社会的信息服务市场，以获取图书馆信息服务的市场收益，等等。

改革开放二十多年以后，全国的社会主义市场经济体制开始呈现新的规范、有序环境，同时，伴随WTO以后的经济、社会活动的全球化趋势加速，市场经济探索初期的一些活动模式，已经逐渐淡化，或者失去了社会活动的主流地位。社会活动中各种组织主体的有序状态和市场运作的规范模式，推动着社会各领域的专业化变革发展趋势，以及新一轮的组织、结构调适过程。新的社会发展环境，对于图书馆事业和各项业务活动形成了又一次的挑战或机遇。

为此，探索新社会条件下图书馆知识管理的实现，研究新社会环境中图书馆核心竞争力形成，并为核心竞争力的形成提供发展的环境与机制的保证，等等。将是图书馆管理在新世纪变革中的重要领域，笔者不揣简陋，写下几篇文字，希望为图书馆管理变革的深化提供一点新的思路和方法。

1 图书馆管理变革的社会背景和历史局限

20世纪80年代后期，最初的经济体制变革浪潮形成了剧烈的社会震荡，长期习惯于在封闭环境下埋头工作，关注于机构内部工作完善的图书馆工作者，突然发现自己变得十分尴尬："读者浪潮消退，购书经费短缺，工资福利微薄，社会地位下降。”由此必然地产生了员工人心涣散，专业人才流失的普遍现象，一时间，关于图书馆事业的“低谷论”获得了广泛的共鸣。实际上，不止是在图书馆领域，原先长期依靠国家行政拨款运行的各类文化、艺术等事业单位，也一同面临同样的窘境。为解决燃眉之急，“以文养文”的作为一种整体性的因应对策应运而生，图书馆管理变革也从此开始了一条艰难的探索道路。

源于经济困境时期的图书馆管理变革，烙下了很深的时代印记，那就是各种变革措施与经济收益直接地联系在一起，与个人或团体（承包组织）的经济利益紧密结合。迫于当时沉重的经济压力，转型时期的管理变革举措往往有着很急切的功利目的，只是由于它能为图书馆员工带来直接的经济利益，受到上下一致的欢迎也是自然的。但是当代社会的快速发展很快就显示了这些变革举措的时代局限。

1.1 “以文养文”政策及其“创收”模式的效益分析

回顾十多年前开始的图书馆管理改革，在当时特定的社会、经济环境下，各馆的口号、做法可能有所差异，但各馆管理变革的首要任务则是明确而一致的，那就是努力获得行政投入以外的其他经济收入，以获得稳定图书馆员工人心的基本物质条件，保证图书馆能够维持下去，并希望能够获得更好的事业发展机遇。为此，各图书馆“以文养文”的基本做法一般有以下几种：①出租部分馆舍、场地，以获得房屋租金收入；②选取部分热门图书，转为“快借”形式，籍此获取租书收入；③限制部分特藏文献用户的使用，借以形成“利用保护”收入；④组织专人进行文献深度开发，以提供专题信息的方式获得服务收入；⑤依托图书馆资源的市场经济活动，如图书经营、文献类信息产品的开发与销售、及至为数甚少的信息技术产品市场服务；等等。

总结图书馆十多年“以文养文”的实践，可以发现：上述的1~3类创收活动，确实在一段时间给大部分图书馆提供了稳定的经济收入，有效地缓和了许多图书馆员的离心倾向。但同时也应该看到，此类经济活动的效益上升空间极其有限，不仅难以为图书馆事业提供发展投入，而且可能随着社会经济环境的变化而有形或无形地使图书馆的收入“缩水”。

再看4、5类活动，由于从事这两类活动需要依托具有较高专业技能或市场开发能力的员工群体，而大部分图书馆中现有成员的知识、技能与此有着较大的差距，所以图书馆界真正成功的事例可谓凤毛麟角。即便是在某些刚刚取得一些成效的领域，却常常出现更值得担忧的情景。即一个略有经济收益的活动领域开发出来以后，同一系统、或同一地区的图书馆，甚至同一所图书馆内，各类“经济承包”的个人、组织便趋之若鹜，争相进入同一领域以求获得自己的利益，引发着图书馆内部，或是图书馆之间的不良竞争。

实事求是地评价历史事实，“创收”应该是图书馆管理变革中成效最大的一项举措，它在一定程度上缓解了图书馆员工的低收入状况，而且在全社会日益严峻的就业大环境形势下，使图书馆有了稳定队伍的喘息机会；同时，在这十多年的实践过程中，图书馆内部保守的传统观念开始受到了冲击，市场经济意识、现代经营理念等开始自然地进入图书馆工作范畴，这或许是比直接的经济收益更有意义的效果。

与此同时，有关专业调查表明，公共图书馆通过“创收”获取的经济效益毕竟是十分有限的，与图书馆事业发展的投入需要之间，依然有着无法吻合的差距[1]。对比社会文化活动中其他领域的整体性改革举措和根本性的机制转换，图书馆界不知是否应该意识到，在这十多年社会变革中，众多原先与图书馆同时获得“以文养文”政策“恩惠”的文化艺术界同行们，他们的管理变革已经走过了简单“创收”的过渡阶段，建立起了全新的组织管理机制；而目前大多图书馆的管理变革“创新”设想，却依然在陈旧的“创收”思维中徘徊。从这一角度去观察，或许可以发现，图书馆管理变革并没有更多可以展示的创新内容，它的实际效益也自然是相当有限的。

1.2 内部管理变革的一般模式和效果分析

十多年中，在图书馆的内部管理领域，各个图书馆也不同程度地进行过一系列变革。大部分图书馆在形式上已经不同程度地进行了多个轮次的人事管理改革，如专业技术职称评定，专业技术岗位聘任等等。但是，由于管理变革进程中强烈的习惯性思维，以及实际操作中机械的习惯性模式，所以当代大部分图书馆中，前计划经济时代的“大锅饭”模式依然在传统的惯性作用下顽强地保留着。再加上外在的经济大环境也不允许图书馆将部分富余的人员、或不称职的员工真正推向社会劳动力市场。这些问题的客观存在，相当程度上抵消着图书馆内部管理改革举措的理论效用。

由于社会经济效益的总体提升和图书馆的自身努力，图书馆员工的收入水平近年来大体脱离了低收入阶层。在各地区、各类型图书馆之间，员工的分配方式有着一定的差异。大部分图书馆是将行政拨款中用于职工工资的一块，与图书馆“创收”服务的收入统合于一体，按照员工的不同职级、岗位，以确定相应的个人收入提高数额。同时，还对直接参与“创收”活动的人员通过宏观政策倾斜、具体物质奖励等方式，保证这一群体的收入有较大幅度的提高。有些图书馆则是将部分业务机构分离开来，鼓励这些机构的员工直接面向社会，通过各种形式的市场化服务获得经济收益，首先确保提高直接经营者、经营机构或组织的个人收入水平，而图书馆则处于某种资产所有者的地位，从各经营个人、组织或机构的经济收入中提取一定比例，作为管理收益，并以此补充图书馆职能、管理部门员工的收入。

内部管理和分配的方式的不同，本身无可争议，这是探索过程中必然的过程，即使是在未来的事业发展中，地情、馆情的差异，依然决定着管理变革的差异将长期存在。而真正的问题在于，若就此类变革和成效作本质上的思考，可以发现，大部分图书馆的创收活动，以及此类活动为员工带来的经济收益，都不是建立在图书馆员工的专业工作能力提升这一社会发展的自然基础之上。笔者在几年前就曾经指出这一点，过分依赖此类管理变革，事实上不能真正提高员工的职业自豪感，更谈不上培养图书馆人的敬业精神[2]。如果不是近年来愈发严峻的社会就业大环境等外在因素制约，图书馆专业人才流失的状况未必能够真正遏止。而目前图书馆员工敬业精神的淡薄，专业技能提高的氛围难以形成等状况，都应该与过分强调经济收益等追求直接功利目的的变革举措联系起来，进行认真的反思。

因此，近年来在一些图书馆界的有识之士，发出了图书馆管理变革需要“第二推动力”呼声。[3] 表明图书馆的管理改革过程中，以往一些措施的局限性，已经成为影响着事业进一步健康发展。

2 “知识管理”研究与图书馆活动

知识管理是近年来社会上的热门话题之一，在图书馆界，知识管理研究更是理论工作和实践层面共同的热点。“知识管理”研究热的出现有着多方面的原因，大体为两个方面：一是近期图书馆专业学术研究领域，纯技术的研究占了很大的比重，“知识经济”、“知识管理”等带有较多人文科学色彩的新颖观念一旦被引进，自然地受到不同层面工作者的共同关注；二是图书馆管理变革确实需要新的理念，新的思想方法介入，为构建新的事业、机构管理模式提供理论支撑。

“知识管理”理论与图书馆活动的结合部在哪里？图书馆的“知识管理”如何实现，与以往的“管理知识”活动如何区分和衔接，应该是关系图书馆管理变革发展方向的重要问题，对此也需要保持清醒的思考。

2.1 “知识管理”是管理科学的阶段性产物

“知识管理”是源于企业管理，属于管理科学衍生的一种新型理念，它在企业的信息管理模式和成熟经验的基础上逐渐萌发与生成。20世纪七八十年代逐步成熟的以计算机技术为基础的现代信息处理技术，在企业管理中逐步形成了“信息管理”理论与一整套有效的管理方法。在生产企业或销售公司的运作过程中，先进的信息处理技术可以帮助企业或公司的管理层能够以最快的速度了解企业的发展变化，随时掌握机构的运作动态。在机构处于正常运作时，一切调度安排都按既定的方案自动化控制操作，获得了最佳的工作效果。一旦发生意外，信息管理系统即能从各种预案中，迅速选择和提供专家们早先预备的各种的处理建议和方法，只要是以往曾经发生过的问题，或事先已经设想到的各种问题，信息管理系统能够为决策层快速提供处理建议，包括最佳的解决方案和方案实现的最佳途径。但在实践中，人们也发现了信息管理技术的不足，即计算机不能为以往未曾发生过的事件，或事先未能设想到的问题提供针对性的解决方案。

作为管理科学的发展，人们认识到计算机信息管理技术有着重大局限，对于发展变化频率越来越快的社会需求，建立在将人的经验计算机化基础上的信息管理系统，事实上是无法应对的。因此，管理科学开始研究如何把各种处理各种意外、突发事件所需要的各种个别的专家知识、技能，纳入科学管理系统。在20世纪90年代后期开始的“知识经济”研究中，曾经将知识分解为两大类：可编码知识（各种具体事物、方法及其原理的记录）和不可编码知识（专家个人的经验以及各种专业技能的拥有者）。与此同步，信息管理系统中“专家系统建设”一时成为新的热点。以后随着管理科学的

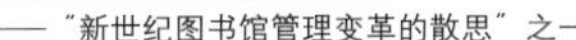

发展，认识的深化，研究者意识到计算机技术尽管进展神速，出现了智能化趋势，但是要替代人类的思维，达到创造、革新的境界几乎是遥不可及的。在这样的社会环境下，管理科学开始扬弃信息技术崇拜，重新思考在社会实践中的“人——专家个人技能”的效用，并努力设法把这一因素纳入未来的管理科学系统中，这一系统的创新之处聚焦于“专家的个人技能”等不可编码知识的管理，因而就有了“知识管理”的说法。目前阐释这一新理念的文章铺天盖地，大多强调为“人”的发展创造良好的环境，这些作者的良好心愿无可厚非，但与“知识管理”的本意还是有着一定的差异。

应该说，“知识管理”理念的产生，在本质上是管理科学从技术崇拜向人性回归的一种进步。但是，它毕竟属于管理科学的发展与理想境界。这种进步与社会发展研究中的“以人为本”理念，更多地属于词语上的接近，表达形式上的相似，而在本质上有着极大的差异，不能简单地相提并论。随着管理科学的发展，很难说现在的“知识管理”不会在新的发展阶段被新的概念所替代。图书馆管理、图书情报科学与管理科学有相通之处，但毕竟是两个不同的学科，对此也需要有清醒的认识。

2.2 知识管理与图书馆“管理知识”活动的差异

从知识经济研究到知识管理理论的提出的发展过程中，可以发现知识管理的重心主要在于具有“Know how（知能）”的人，以通俗的语言表述，就是具有特定技能的专业人员。因为，传统经验，即已经被知识化的技能，都可能成为系统化的可编码信息，现有的信息处理技术完全能够将它们转换，并进入可自动应对的计算机线性信息管理程序，而未能进入信息管理程序的个人特有技能，就成为知识管理的主要对象。

反观图书馆的文献管理活动，其对象包括文献记录的载体，文献单元的管理，并逐渐深入到文献记录的内容。在图书馆活动领域，对于文献载体或文献单元的管理，现有的书目管理，文献检索等技术，应该是属于对已编码信息的管理。当前正在研究开发的深入文献内部的“内容管理”，在本质上依然属于对已编码信息的的管理。若再放大一些，扩大到因特网的庞大信息资源的管理范畴，我们会发现管理的对象，依然是已编码信息。即便是面对非文字形态的音乐、影视文献，在科学意义上，此类文献同样是按照人们制定的规则对客观事物进行的一种记录，依然应该归之于已编码信息的范畴。因此，图书馆的基础工作领域之一的文献管理活动，或是众多学者主张定义的“信息资源管理”活动，本质上始终属于可编码信息的管理。据此，是否可以这样认定：目前图书情报学界的大量文献、信息资源管理研究与实践，它们很大程度上属于信息管理系统深化。与其把图书馆的文献、信息资源管理等活动归之于“知识管理”范畴，不如称之为“管理知识”的活动更为妥贴。

在这里，必须注意一种认识方法的偏差，似乎有了“知识管理”这一新概念,此前的管理理论或方式就陈旧、落后了。在某种意义上，知识管理、信息管理等新的管理理论，如同不断升级的计算机应用软件一样，都有着“向下兼容”的内涵。已经成熟并经过社会实践检验信息管理理论与当代信息处理技术，并不排斥传统的经验管理，而是努力把经验管理的内容分解成多个信息单元、并在量化的基础上转化为计算机的自动化处理程序。同时，信息管理也从未宣称能包打天下，取代所有社会领域的传统的、或经验的管理。因此，研究知识管理在图书馆领域的应用，并不意味着需要将信息管理深化范畴的内容——可编码知识（文献管理或信息资源管理）的管理，简单地标上新的标签。这种“贴标签”的学术风气在当代中国社会科学领域造成的破坏应该是人所共知的，无须赘述。图书馆界的知识管理研究应该避免重蹈覆辙。

对于具体的图书馆管理工作而言，图书馆的不同岗位及其诸多

活动方式，相互之间有着很大的区别，哪些适合传统管理方式，哪些属于信息管理深化范畴，哪些是管理创新的实践领域，都需要以求实的态度一一加以区分。新的管理理念在有些领域可能不适应，有些领域可能有所借鉴，有些领域则或许是获得了全新的发展导向，这是实际工作中必须清醒面对的客观现实。所谓“知识革命”的高调，创造全新的图书馆管理理论云云，只不过是书斋中的痛快宣泄，若真正应用于实践，只能是留下诸多后遗症的尴尬，此类教训在当代中国社会生活中难道还少吗！

3 图书馆“知识管理”理念的实践

对于图书馆实践领域而言，“知识管理”作为一种新颖的企业、机构管理理论，为图书馆管理的提升创造了新的空间。但当代图书馆界的现实是，知识管理理论在信息管理深化的范畴内，有着诸多高深莫测的阐释；而在它的原始范畴——机构管理领域内，各种研究论述对于知识管理的认识，则一直停留在“转变观念”、“人的主观能动性发挥”、“形成个性发挥、创新发展的环境”等抽象的语境中，与传统的思想教育模式之间实在难以找出清晰的界线；最后，在图书馆管理实践中，如前所述，陈旧的“创收”思维与传统的行政管理模式，依然在客观现实中表现为主流形态。如果说图书馆学理论存在着与具体实践的脱节、背离现象，这无疑也是一个具体的例证。

对于图书馆管理实践而言，目前急需的是确定管理变革的路向，探索“知识管理”一类先进理念在图书馆活动中的主要应用领域。

前面已经提到，在“管理知识”的范畴，现代信息处理技术与图书馆的文献整序活动，已经有了良好的整合，这一领域内在的深化发展，包括庞大的信息资源管理研究和深入的文献内容管理研究等，依然是信息管理科学的研究范畴。

而在图书馆的社会服务活动范畴，或许有着“知识管理”实践与应用的广阔空间。对于图书馆的读者、用户而言，他们面对图书馆提供的庞大文献信息资源时，可以发现图书馆专家在文献信息资源的整序过程中，已经创造并提供了大量的手工的，或电子化的文献、信息检索手段。各种有效的信息检索手段，无不建立在文献整序的基础上。读者、用户若期望有效地利用各种专业检索技术，就必须具备文献整序的知识基础。要求读者、用户掌握文献整序知识之不合情理，应该是不言而喻，无须论证了。

由此，图书馆或许可以看到自身活动的提升领域了。图书馆文献管理专家的专业技能，随着社会文献信息资源的快速膨胀，文献信息检索技术的日益专业化，逐渐显示出这一领域内越来越大的“信息不对称”状态。这种不对称状态的出现，既有社会发展的环境因素，也在于文献管理技术的自身强化。对于图书馆员而言，这是一个应该予以重视的发展趋势，并且应该将其作为巩固专业地位的一个良好机遇来认识。

在图书馆服务实践中，所有提供公众服务的文献管理与检索技术都必然地具备通用性，这是社会服务的特性所决定的。同时也就自然地构成了读者、用户各自的个性化知识、信息需求满足的制约因素。在多种通用型检索技术与读者个性化信息需求之间，就出现了一种需要：即能够根据用户的需求，熟练地运用不同的检索方法，以最便捷的途径找出满足用户需求的文献或相关内容。能够做到这一点的，只能是具备文献整序科学知识，并掌握专业检索技能的图书馆专业人员。

因此，随着图书馆文献管理的内容深化和社会服务的专业强化，图书馆专业技能施展的空间可能会越来越大。在这个范畴里可能会进一步发现，“拥有专业技能的人”，将超出文献资源和管理技术的作用，承担越来越重要的角色。

如果说，图书馆的“知识管理”实践需要有一个落脚点，有一

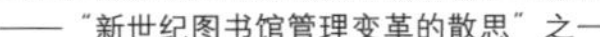

个接口。那么，“专业技能”，以及“拥有专业技能的人”，可能就是当代图书馆管理变革的基点。图书馆服务水平的提升，图书馆社会形象的改变，图书馆职业地位的形成，惟有通过专业化、专家型的社会服务才能逐步实现。为此，知识管理实践的重点，应该在于把具有专业技能的“人”，整合、转化为图书馆的重要生产力，或称为核心竞争力。最终让图书馆在与社会的关系中，逐渐摆脱目前被动、依附的窘境。

“知识管理”可能是图书馆管理变革的一把有效钥匙，问题在于我们如何认识它，利用它。限于篇幅，本节提出的若干问题将在后几篇短文中分别叙述。

参考文献

1 王素芳．省级公共图书馆有偿服务活动的调查分析．图书馆杂志，2002（6）p16-20

2 王宗义．社会需求——公共图书馆发展的立足点．图书馆，2000（1）30-33

3 上海图书馆．上海图书馆“服务、资源、营销”三项整合调研报告．2002.6

（原载黑龙江《图书馆建设》，2003年第1期）

图书馆“知识管理”的实践探索

——“新世纪图书馆管理变革的散思”之二

摘　要：让读者在图书馆平等地获得文献是一种理想境界，但即便实现了也不等于平等地获取了知识。当代信息资源的高速增长，为有效地获取文献信息的专业技能形成了发展环境。这一专业技能将构成图书馆专家与读者、用户在“有效获取文献”范畴内“信息不对称”的加强趋势，由此也为图书馆专业技能的发展带来了切实的机遇。图书馆“知识管理”实施的领域也在这里有了真正的切入口，管理变革的重心与措施需要围绕“专业技能”及其“专业技能拥有者”，而不是泛泛的“以人为本”空谈。

关键词：知识管理　专业技能　图书馆管理

图书馆“知识管理”的实践探索

——“新世纪图书馆管理变革的散思”之二

“知识管理”，是当今图书馆学理论探讨中最为热门的一个话题。由于“知识”这一概念特有的宽泛性，“知识管理”这一理念表面的非技术性等原因。一时间，除了部分专门领域的学者仍在自己的固有领地深入挖掘外，其他人几乎一夜之间都成了管理学研究者。图书馆学界的这样的场景，已经在几年前的“知识经济热”时出现过一次，但这次势头似乎更猛，持续的时间也比预料的更长一些。

现在很难评估如此热潮对于图书馆事业以及图书馆学的发展将产生什么影响，而图书馆管理者直接面对的问题在于，“知识管理”讨论了两年之久，却始终没有一个具体实在的“知识管理”操作实例，可以供各图书馆管理人员参照、借鉴，及至作进一步的发展研究。由此需要引起研究者的反思，“知识管理”理念到底给图书馆带来了什么，图书馆管理又能够从中获得哪些科学营养？如果这些问题没有一个比较清晰、具体的答案，就需要反省众多研究论述的实际意义了。

1 “知识获取”与图书馆的“知识管理”

在本系列“之一”（《图书馆管理变革的研究导向——“新世纪图书馆管理变革的散思”之一》，载《图书馆建设》2003年第1期）中已经讨论了源于企业从信息管理走向知识管理的一般过程。“知识”在当代生活中已经成为一个新的图腾，几乎成了社会发展的唯一依靠与动力。如此偏激的“研究热”只能视为一种鼓动形式，而难以真正获得科学的认可。

作为社会分工中承担着“管理知识”职能的图书馆工作者，应该比社会其他领域的人更加了解知识的科学含义，并对知识的管理和利用有比较客观、清醒的认识。

1.1 平等获取的是“文献”而不是“知识”

图书馆管理首先面对的是这样的事实：图书馆集藏了大量文

献，文献记录着人类认识世界过程中形成的大量知识。这些知识或以文字、图象、声音、动画等直接方式，或通过数字化转化方式，以编码信息的形式保存在相关的载体上。图书馆对这些信息记录及其载体进行规模集藏、科学管理，并向社会各界的读者、用户提供利用。我们通常习惯于从这一角度来阐释“知识”概念的内涵。在这个意义上，我们也可以得出图书馆活动就是人类当代社会分工中“管理知识”部门的结论。

设若换一个角度，从读者、用户利用图书馆的实际效益来解析“知识”，又能得到什么样的阐释呢。图书馆向社会敞开大门，不同社会阶层、不同文化背景的读者都可以自由地进入图书馆的阅览室，获得自己需要的文献，这是世界图书馆学界追求多年的理想境界。但是，即便是达到了文献获取上的平等，是否就意味着“知识获取”上的平等呢?

进入图书馆的读者来自社会的四面八方，有着各自的生活背景，自然地有着自身的文化基础差异。因而任何两个读者，面对同一本书籍，在文献利用过程中真正获得知识的效益决不会是相等的，原因在于他们在文献中汲取有效信息的能力有着客观的差异。

作为任何一个具体的、现实的读者，获取知识的过程，是其个人真正独立于社会其他成员的一种经历。个人的天赋有着先天的差异，生长的环境各有不同，由此决定了每一个社会成员文化基础的独特性。在独特个性的客观前提上，每个人在社会活动中会形成自己的想法，或称为个人的世界观，并以此作为不断地接收外界信息并转化为个人知识的基础。

每个人接受接收外界信息的途径，不外乎直接从生活实践中获取，以及通过文献、传媒等间接的渠道获取。原本无差异的外界信息，进入不同的人脑中，会面对领悟能力的自然差异，存在着领悟

的时间过程差异，并在转化为个人知识时形成种种具体的差异。即便是同一位读者，面对同一文献，也经常会有多次阅读，逐渐领悟，渐次深化认识的过程。所谓“温故而知新”，就是在文献的反复阅读中，个人知识建构逐渐完善的一种传统说法。

至此，我们可以发现，读者、用户进入图书馆，通过各种文献载体直接获取的只是信息而已。至于通过这些信息的领悟，转化为多少知识的个人获取，那就完全取决于不同读者、用户原先的文化基础了。由此，“平等地获得文献”可以解释为一种权利或理想，而“平等地获取知识”则是不能成立的概念。

“知识”是一个抽象的概念，在不同的范畴，不同的相关条件下，可以有许多阐释方式。对于“知识”理解的正确与否，不在于解释文字上的唯一性，而在于在特定的范畴中阐释方式的科学合理性。理解了这一点，就不至于一看到新鲜词语的出现，就赶快“联系实际”，匆忙地进行“理论革命”了。

1.2 图书馆“知识管理”的实施范畴

在“之一”中笔者曾经指出，源于知识经济研究的知识管理理念，它的研究重点在于组织管理运作中，关注有独立思维的“人”，及其作用的发挥。因为“人”的能力存在客观差异，知识管理研究的真正重点，实际上也就在于具有“Know How（知能）的人”。以通俗的语言表述，就是具有特定专业技能的人员。因此，简单地把“知识管理”研究中关注的“人”，与当代社会发展研究中的“以人为本”理念进行对接，只是考虑它们在语意关系上的部分相通之处，而不去仔细辨析这两个理念中关于“人”的具体内涵差异，就不可能作出科学的分析，也无法获得严谨的答案。

研究图书馆“知识管理”的实施，需要关注的领域首先应该在于“Know how（知能）”，并以关于它的支撑范畴，以它们为研

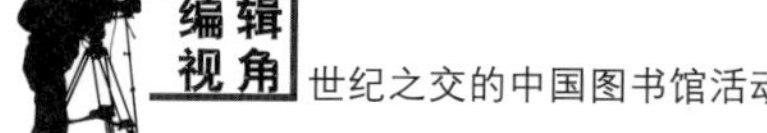

究对象。具体而言，就是在图书馆的管理知识与社会服务活动中，“知识管理”的实现目标应该首先着眼于具有专业技能的“Know how（知能）”者群体，以及对于这个群体的培育、发展研究。现代图书馆活动的发展与水平提升，也将在很大程度上将决定于图书馆是否形成了适应具有专业技能的“Know how（知能）”员工群体的现代管理制度和相应的文化氛围。

在作为社会传统分工的图书馆“管理知识”范畴，只要具备了具有专业技能的“Know how（知能）”者群体，就有可能在计算机信息处理技术的应用中，切实地建立起当代图书馆专业活动独立范式，形成图书馆信息工作的专业特色和社会地位；而在图书馆社会服务范畴，则更迫切需要具有专业技能的“Know how（知能）”者群体，以成为建构适应现代社会形态的专业化服务基础力量。

在“之一”中曾经提出，社会文献信息资源的高速膨胀，以及信息检索技术的快速发展，使得图书馆的文献管理专家与社会公众在如何有效地获得信息这一问题上，逐渐显示出“信息不对称”状况，这是巩固图书馆专业地位的一个发展机遇。

文献信息资源总量的高速增长，是社会生活的客观存在，无论社会公众还是文献管理专家都必须面对，而无法改变它。如何在庞大的文献信息资源中迅速获取有效的信息，对公众是个难题，而对图书馆活动则是一个发展机遇。传统的文献检索方法，其内涵的技术含量相对比较低，社会公众只要有一定的文化基础，大多比较容易掌握。由此，图书馆员与公众在文献信息检索专业技能领域的“信息不对称”差异就十分有限，这也就是图书馆专业人员为何难以受到社会对其他专业人员，如医生、律师工作者一般尊重的最根本原因。

医生、律师所利用的医学文献、法律文献，公众同样可以从所

有公开的信息传播渠道中获得，但是遇到具体的医疗、诉讼需求，仍必须向专业工作者寻求专业服务，这就是普通知识与其内涵的专业技能的差异，医生、律师等专业人员与公众的“信息不对称”差异的重心，就在于专业技能领域。名医、名律师与普通医生、一般律师的差异，根源同样在于专业技能方面的差异。

新世纪的图书馆服务变革不能依旧停留在微笑服务，一般文献指引的层面上。要根本改变图书馆在公众中的简单借还，阅览室管理等低层次服务形象，惟有通过具备丰富专业技能内涵的公众服务才能真正促进现代图书馆职业地位的形成。图书馆“知识管理”实践的目标，就必须确定在培养、建立具有文献信息检索与利用高级专业技能的员工群体上。“知识管理”的具体实现形态，也应该是摸索、建立一系列的措施、制度，将目前少数专家的文献检索利用个人专业技能，提升、转化为图书馆专业服务的应用方法，将传统图书馆的一般文献供给服务，逐步转移到依靠文献利用专业技能，实现公众服务的层面。文献信息资源的高速增长为图书馆活动的变革提供了时代机遇，研究“知识管理”就应该从抓住这个机遇起步。

形成专业化的社会服务能力，不仅需要从应对时代挑战的角度认识，更需要放到当代激烈的社会发展竞争环境中思考。在这个意义上，把图书馆“知识管理”的目标定位于专业技能和专业化服务人才群体的建设，决不仅仅在于社会服务能力或水平的提升，而更应该作为图书馆的重要生产力，或称为核心竞争力建设的战略思考。

“知识管理”是个先进的理念，应用于图书馆管理也必须有一个具体的落脚点。把起步时的范围确定的相对狭义一些，努力的目标相对简单一些，或许更可能取得成效。图书馆管理者面对着活生生的现实，浪漫不属于他们，理论研究活动需要较多地了解、理解操作层面的可行性问题。

2 图书馆“知识管理”的实现形态思考

当今图书馆界的“知识管理”研究论述，大多强调需要形成一个创新发展的环境。而进入具体设计范畴，则基本停留在传统宣传教育的思想模式，把环境建设理解为通过管理手段的改变，以形成宽松和谐的、鼓励个性发展的人际氛围。也有一些研究论述，则有意无意地将“知识管理”引入纯技术的“管理知识”方法的讨论，以绕开现时困难的管理体制改革，呆板的人事管理机制等敏感而实际的问题。

任何创新变革都必须在原有的环境中起步，希望凭空建立一个新的环境，是一种脱离实际的幻想；而企图回避对原有环境的改造，则只能说是一种内在的怯懦。环境是一种客观存在，形成一个新的环境则是建立一种新的观念形态的开始，也就意味着必须对客观存在进行改变。这种改变方式可能是一次性的，根本性的，也可能是渐进的、阶段性的，而关键在于什么是最合适的。

2.1 填补图书馆服务专业研究的学科空白

多年来，图书馆社会服务活动中，出现过一批又一批文献参考服务、专题咨询服务等领域专家，受到社会的赞扬。但是，他们的专门技能和工作经验，大多是随着专家本人的退休、去世，最终成为人们不绝怀念中的反复感叹。

这种现象周而复始地发生而始终未能改变的原因，就在于图书馆服务缺乏科学的、专业化的管理体制。图书馆“管理知识”的活动有一整套系统的方法、体系，而在图书馆的社会服务活动方面，尽管有人提出过“读者学”、“读者心理学”等，但这些“学说”始终将目标放在服务对象的揣测上，却丢失了“图书馆服务”这一本体，没有能够将“图书馆服务”作为一门专业开展深入的学科研究。图书馆服务在理论研究领域的空白，在实际工作中基本沿袭于

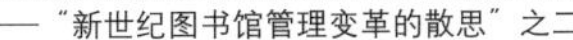

传统的宣教式空谈，是图书馆服务在整体上滞留于“态度层面”的重要原因。

当代图书馆管理变革的一个重要内容，应该着力于图书馆服务内涵的科学提升。需要把“社会服务”定义为一门专业活动。在这一领域，或许还没有现成的、系统的理论、经验，以及规范的模式。但图书馆管理完全可以借鉴其他社会活动领域的专业管理科学方法，重点研究如何将图书馆文献参考服务、专业课题咨询领域中，服务专家的个人技能、操作经验进行原始积累，进行科学整理，逐步转化为系统的服务知识，向图书馆的社会服务人员提供“知识共享”，最终提升到专业服务的管理科学理论层面。

2.2 运用知识产权保护推动图书馆服务的科学化与专业化

当代图书馆学研究的热点还有“知识产权保护”问题，但几乎所有研究课题的指向，都是如何规避知识产权保护法规中影响图书馆文献提供服务的条款，始终囿于社会文献提供的合理使用领域，与同样是讨论热点的图书馆知识管理研究，没有形成任何内在的沟联。这是图书馆学缺乏真正理性思维的必然结果，知识创新环境的形成与建立，最有效的方法应该是知识产权保护制度。

知识产权保护理论，在一般词语的领会上，其重心似乎在于对知识创新成果所有者利益的法律“保护”。但仔细分析、了解这些法规，及其产生的社会发展过程，就应该发现，这些保护创新者利益的法律、法规都只是一种操作手段，其真正的、根本的管理效应，则在于加快创新知识、创新成果在社会的普及与利用。

知识产权管理机制的关键，在于鼓励创新者把自己的科研成果充分地向社会展示，让全社会享受最新科技成就带来的经济社会发展利益；社会则通过有关法律法规，保证反馈于创新者一定的经济利益。而这一机制的最值得称道之处则在于：创新者利益的最佳保护方式在于更多地推广与应用，社会应用越广，则创新者利益越多。

由此，可以发现图书馆服务的专业化管理，有必要引进知识产权保护的先进理念，建立一个全新的服务管理机制。这个机制的重点在于图书馆服务领域，建立一个鼓励参考、咨询工作者把个人的技能、经验加以整理，使之成为系统化的方法。在知识产权保护的前提下，提供所有图书馆工作者“知识共享”。作为“知识管理”的一个操作领域，需要实践的内容应该有：建立专家咨询服务档案，经过系统加工、科学整理，形成个人专业服务技能的物化形态——文献利用专业技能（方法）“知识库”。这样的“知识库”可以提供图书馆社会服务人员共享，成为具体服务过程中的重要工具；将来也可以进入互联网，向全社会具有文献检索、利用的需求者提供“知识共享”。

此类社会应用性极强的知识成果，若能够有效援用知识产权保护原理，进入市场化的操作程序，文献管理利用专家有可能获得经济利益，而图书馆的社会服务的专业化地位也将逐步获得社会的认可。只有通过“创新知识”的科学管理提升图书馆自身的专业技能，图书馆服务才能从目前的经验层面，逐步走向科学化、系统化，图书馆学研究也才能在“管理知识”与“社会服务”两个领域比翼齐飞。

2.3 “知识管理”的实施空间分析

“知识管理”的实施需要有一个理想的环境,或称之为实施空间。建设这样的空间,不能简单依靠管理层面的观念转换。传统的“人治”管理，必然是因人而异的，健康的空间和理想的环境，随时可能因为管理层的变动而彻底破碎。因此必须依靠有效的机制来保证“知识管理”的稳定运行。这样的管理机制需要在对“人”的管理变革、资源配置方法变革、工作组织体制变革等多个领域，全方位地作出

安排，以保证图书馆管理变革进程的稳定和不可逆转性。

首先，对具有专业技能的“人”管理，要彻底打开“单位人”的枷锁，允许和鼓励具有专业技能者以“社会人”的身份，自由地流动于图书馆之间、图书馆行业内外。图书馆管理层必须彻底丢弃以往事实上的“员工所有者”特殊地位，以消除管理者由于地位异化形成的居高临下风气。管理者应该是以专家的后勤、资源保障者身份，在图书馆服务中以协助、配合的角色出现。彻底改变封闭式的传统人事管理制度，是“健康环境”建设的必由之路。

对于具有专业技能者，管理层必须学会有较大的宽容度。作为一个特定领域的专门人才，在个性上往往有其独特方面。这种独特的个性几乎是所有“专门人才”的必然伴生物，也是他们创新发展能力的重要内在因素。根深蒂固的“大一统”文化传统，形成了不能容忍具有独特个性者存在的社会心态，是我们这个历史悠久的民族进入现代社会的极大障碍。“知识管理”实践过程中，必须对这种民族劣根性进行深入的揭露、批判。图书馆管理层无不希望提高图书馆的社会地位，若没有真正认清并理解图书馆活动中从事专业活动的专家地位，分清专业技能者与管理操作者的主次，那么所有的管理变革、“知识管理”云云，只能是一句空话。

第二，切实地进行鼓励创新的图书馆工作组织变革。实现“知识管理”必须有与之相适应的工作机制。在社会服务领域，必须以客观的、具体的服务成效，作为图书馆的发展导向。用现代管理的语言表述，就是必须以得到社会认可的“服务产品”为中心，以确保“中心”活动的发展为前提，重新考虑图书馆服务的组织建构、制度建立。任何一种具体措施的制订，都需要以具备专业服务技能的“人”为中心，以相关服务专家的活动范畴、专业领域为重心。

长期以来，在“文化事业单位”模式下的图书馆，很大程度上如同一个衙门。管理层面的主观意志决定着图书馆服务，乃至图书馆一切活动的方向与进程，这是图书馆事业变革滞后的重要原因之一。改变衙门式的工作组织，是“知识管理”实践必须作出突破的一个重要关口。只有改变了图书馆服务的基本工作组织模式，才能为图书馆各种服务资源的合理配置创造基本的前提，为专家型、学术型服务，乃至市场开发型服务提供有效的保障。没有这样的保障措施，任何服务创新都无法持久。事业发展需要以科学的体制来激发、鼓励员工的创新精神，简单地宣传“奉献精神”的做法，在当代社会生活中少有实效，同时往往鼓励了一些趋奉、投机心理，也应该是有目共睹的事实。

第三，也是最后才能讨论创造一个和谐的人际关系和创新发展氛围的问题。“知识管理”要解决的不是简单的干部与群众等人际和谐关系问题，此处的发展氛围在本质上是寻求一个自由思想的空间。这种思想空间主要是一种自由讨论与争鸣的知识场所、自由讨论与学术争鸣的学术氛围。[1]因此，只有在人事管理制度变革、图书馆工作组织的变革逐步成为现实后，才有可能真正关注健康向上的人际氛围建设课题。原因很简单，当具备独特个性的专业技能者被排斥，文献专家需要为自己的工作环境、服务资源而奔波、烦心时，还在讨论和谐的人际氛围的建设，那只能是管理者的一相情愿，或是研究者脱离实践的天真幻想。

“知识管理”强调需要有一个和谐的人际氛围，不是简单地靠“营造”能够建立起来的。图书馆的良好创新氛围，需要图书馆管理的具体变革措施，为其提供一个环境前提。只有在图书馆建立起让具有专业技能的“人”平等交流、公平竞争的体制，使图书馆的工作组织真正围绕着专家及其“服务产品”来进行运作。员工群体在这样的环境下才会自然地把注意力集中到图书馆服务能力的提

高，服务成果的优劣比较中去。而传统体制下的保守循旧心态，也只有在现状变化的过程中逐渐被清除。

3 “知识管理”与新的生产力培育

图书馆“知识管理”的应用，起始目的自然在于提高图书馆活动的专业水平与社会效益。在当代社会活动的基本模式走向一体化，行为方式全球趋同化的时代，图书馆活动面对的外界挑战越来越明显。当代研究者提出的对策，主要有两个方面。一是主张图书馆可以借助现代信息网络、电子商务等技术环境的变化时机，抓紧学习、武装自己，通过向信息、资源的市场化服务方向发展，创出未来图书馆的生存模式；二是强调图书馆作为社会文化机构的传统，要求图书馆工作尽量面向社会，提供除了文献资源服务以外更多的社会文化服务，荷兰图书馆管理专家舒茨先生的“第二起居室”表述，即为一种形象的提法[2]。

面对科技和社会发展速度突然加快的现实世界，图书馆管理要作出清晰的对策判断并不容易。但这并不意味着图书馆可以静观待变，等到未来世界的形态清楚显现以后，再考虑图书馆的发展方向设计和相关对策制定。等待的结果必然是陷入被动，图书馆事业曾经在上个世纪八九十年代的一轮社会变革浪潮中陷入过极大的困窘，近年来的社会经济整体提升给大部分图书馆有了喘息的机会，若继续在长期发展对策上持等待观望的心态，再一次跌入困境的可能性几乎是必然会发生的。

笔者在“之一”中曾经指出，当“文化事业单位”的其他领域在完成整体性体制转换时，图书馆管理还在“创收”思维中徘徊，对于图书馆事业实在不是一件幸事。图书馆管理需要抓住“知识管理”应用的契机，为本行业的长远发展作好准备。在本篇中讨论的图书馆服务专业化、学科化建设问题，在实践中应该会出现专业化服务的群体，进而成为新的队伍、行业的可能。从这个意义上思考，图书馆服务专业化发展，将导引图书馆行业内新的生产力出现，新的生产力将在未来社会中为图书馆活动提供一种主动出击的竞争力量。

尽管未来社会的发展形态难以断定，但图书馆事业应该吸取十年前的教训，未雨绸缪，提前加强、积蓄自己的活动能力，才能有从容应对新的挑战与机遇的动力，这一问题将在下一篇文字中仔细讨论。

参考文献

1 胡伟希．提倡和加强大学中的人文教育．探索与争鸣，2002（6）14~15

2 吴建中，（荷兰）舒茨．公共图书馆应该成为社区文化中心．图书馆杂志，1995（4）29~31

（原载黑龙江《图书馆建设》，2003年第2期）

图书馆“核心能力”建设的思考

——“新世纪图书馆管理变革的散思”之三

摘　要：图书馆的“核心能力”建设可以划分为多元载体文献的复合整序能力、多元载体环境下的文献获取能力，以及面向市场竞争的信息（情报）服务能力。具体的图书馆管理变革目标目前只能是前两种能力，真正的“社会竞争力”的形成，尚缺乏基本的智力资源，并需要明确具体的竞争对象和专业领域。

关键词：图书馆管理　基础能力　核心能力　社会竞争力

在当前诸多关于图书馆知识管理研究，进而设计“核心能力”的论述中，对“竞争力”认识有着各自的解释。一般而言，认为未来图书馆的竞争力，主要将产生于图书馆活动的新领域，或称之为新的业务生长点[1]。也有学者分析了图书馆核心能力的构成，并注意到了“知识组织”、“知识管理”等口号，并不是图书馆活动领域所特有的创新旗帜[2]。对于图书馆管理活动而言，当前如何理解和阐述核心能力或竞争力的内涵，是图书馆管理变革实践的重要前提。只有在这一领域有了比较清晰的理解，才能有效地将发展投入真正放在合适的位置，保证事业的健康发展。

1“核心能力”理念产生的环境分析

关于图书馆能力、核心能力、核心竞争力的各种论述，名称各异，但讨论的基本目标一致，就是要求图书馆具备，并加强在社会信息服务领域的竞争能力。这一理念产生的前提，在于当前图书馆活动遇到的各种现实挑战。

1.1 传统活动领域出现的挑战

在当代社会生活中，图书馆传统的文献服务领地，正在受到社会其他信息生产机构或服务组织的蚕食。在新兴的电子传媒领域，各种大型商业化服务的电子文献出版商依托自身的资源数据库拓开了网络信息服务的疆域；各种教育、科研机构出于学术交流的需要或一些特定的需求，以各自的学科专业网站为基础，建构起了一大批虚拟图书馆。这些商业、学术机构或组织建立之初，或许并没有以传统图书馆为竞争对手的意愿，但他们的商业性或非盈利性服务，却令图书馆工作者感觉到，社会生活中图书馆传统文献提供活动的领地正在受到侵蚀。与此同时，在传统的印刷传媒领域，也有一些新的文献供给方式与商业服务组织或机构不断地产生着，例如商业化的图书租借活动，依托于爱书者群体的互助读书组织等，他

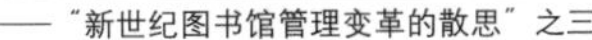

们或是以快速便捷的文献服务方式，或是以文献阅读中的同声相求情感交通，在不同程度上吸引着大小城市中青少年学子的关注。

相对于社会不同领域中一些文献服务的新形式，图书馆的文献服务变革显得比较迟缓，服务方式古板陈旧并显得缺乏生气。至于图书馆与专业学术界已经讨论了较长时期的“信息服务”，尽管论者言之凿凿，唱和者也甚为众多，但在大部分图书馆的实际操作中，却少有明显的改观。二十年来的实践中，改革的具体成效与主观愿望有着很大的距离。

关于“核心能力”的研究的背景大体如此，设若因此把图书馆能力的发展思考，完全对应于外界的相关竞争领域，可能是有失偏颇。因为，图书馆作为人类社会发展进程中形成的专业分工，始终有着文献集藏整理与社会公共服务两个基本活动领域，而真正的挑战只是来自其中一个领域的若干方面。

1.2 图书馆能力及其范畴的界定

近年来，图书馆在实际遭遇各种服务组织或机构挑战的态势下，事业发展的研究自然地较多地着重于社会公共服务领域，是不难理解的。但众多研究论述因此认为，必须由社会公共服务来决定文献集藏整理，并将进一步提升为理论层面，最典型者则干脆将图书馆活动的社会存在必然性，直截地归纳为“文献的可获得性”[3]。这样的观念产生，与当今社会中普遍的急功近利心态可能有着必然联系。对于当代图书馆管理层而言，图书馆面临的生存的压力等，也使他们自然地容易接受这一观念的影响。

为此，需要对图书馆活动的内涵进行仔细地剖析，分清哪些是图书馆传统的自然分工领域，哪些是与社会其他机构、组织有着竞争的领域，从而确定图书馆立足于社会的客观基础。若不弄清这些基本问题，简单化地将一些表面现象罗列起来，归纳成为所谓“规律”。面对并不清晰的竞争对象和领域，匆忙地作出未来能力发展的对策，结果很可能是既没有形成与他人竞争的能力，又丧失了自己基本的社会立足能力。对于任何一个图书馆实体的管理者而言，能够用于投入的具体资源始终是有限的，在发展投入上的任何盲目性，最终只能由管理者自己品尝结出的苦果。

图书馆能力包含的内容需要从不同侧面、多个层面的理解与把握。从专业活动应对社会需求的角度认识，图书馆能力可以从文献收集能力，资源整理能力，知识供给能力，信息服务能力等角度思考。从专业工作的内涵分析，图书馆的文献收集能力可以进一步归纳为文献资源的梳理、判断、取舍等能力；资源整理能力可以进一步分解为文献的内容分析、信息标引、知识组合等能力；知识供给能力可以进一步分解为文献提供、专题服务、系统检索等能力；信息服务能力可以进一步分解为网络导航、知识导引、专业咨询等能力，等等。

完整地对图书馆能力作出分析，可能需要很大篇幅的专著才能完成。简单列举上述基本功能，只是希望专业领域的研究者不必妄自菲薄，轻易地否定原先的科学专业，匆忙地开发新学科。作为实际管理者，更需要对图书馆活动的社会地位及其当前的功能发挥等有全面的基础认识：社会其他分工领域的若干新颖活动形式，或许已经对图书馆活动的若干领域形成挑战，对图书馆的传统服务活动领地构成了压力。但实际上，至今并没有替代图书馆这一社会分工的新组织形式产生。图书馆管理者需要清醒地正视现实，既不能面对外界创新形式的挑战视若无睹，也无须惊慌失措，轻视与否定图书馆在现有活动领域的独特专业能力。

1.3 立足于社会分工的专业能力发展对策

图书馆专业能力的发展对策，不能从服务能力提升的单一角度

去思考，这样的决策思路很可能导致图书馆专业能力发展方向的迷失，长久地趋步于其他领域的成熟技术与服务技能之后，势必将自己置于一个极度被动的地位。

自近代图书馆诞生的几百年来，它承担的社会文献集藏管理分工职能，从来没有因为文献载体形态的增加而转变。从19世纪后期胶卷、胶片进入文献载体领域起，图书馆的文献集藏就开始出现了载体多元化趋势；20世纪中期起，大量音像文献进入普通图书馆，使得图书馆的文献集藏与管理全面走向多元化；当文献记录与载体方式出现了电子形态、数字化文献记录等技术后，图书馆文献集藏中增加电子文献载体，应该是很自然的事。当然，数字化文献的生产、储存和利用方式与以往的文献载体在形式上有着重大的区别，事实上也将对图书馆的传统工作方式产生革命性的影响。但是，随着电子形态、数字文献的大量增加，社会文献管理集藏、整序课题的重要性，正越来越迫切地展示在世人面前，除了传统的图书馆，并没有谁站出来承担这一社会分工。前些年一直有议论，称图书馆的文献集藏功能将转变为为博物馆的文物保护职能。似乎有了网络这个“信息资源载体”以后，人们只需要具备网上的资源“存取”能力就行了，图书馆将随着网络的普及而被淘汰，或变为印刷文献的博物馆。应该说，此类关于图书馆整体社会功能全然无知的，耸人听闻的议论，出之于非图书馆专业研究者口中不足为奇，但可悲的是图书馆学界竟会有如此众多的唱和，怎能不令图书馆管理者茫然？

事实上，只要是真正具有知识传承价值的数字化文献，都需要有一个实在的物理记录载体，才能为人类社会提供反复利用的可能，而Internet（因特网）只是将数字化的文献传递到用户面前的快速通道之一。从这个意义上去理解文献，古代的金石，后来的纸张，现代的光盘，当代大型数据库的磁盘阵列，对于人类社会的管理知识活动而言，都可以视为物理记录载体的嬗变。图书馆的社会文献管理职能需要从纸本文献为主，转向多种物理载体并存的新领域。在这个扩大的新领域中，有管理对象的形态变化和管理技术的创新，但没有社会文献管理职能的替代者。

因此，新世纪图书馆能力的发展对策，依然需要将社会文献集藏、整序能力放在首位，巩固自身的优势能力是任何一个阶层、群体立足社会的根本。尽管在当代网络通讯的环境中，图书馆此类能力的体现，将很大程度上不再表现于各个独立图书馆的工作内容，尤其是中小型图书馆的这一职能，可能在原先单薄的基础上进一步淡化。但观察当代社会的发展趋势，特别是在欧美发达国家，一些如大学图书馆联盟、区域性图书馆组织、机构等，正在承担起新文献载体环境下的社会文献集藏管理职能。这些图书馆联合组织、机构的应对数字化文献、网络化传递等环境的基本工作方法，大多源于传统的文献管理活动；在“浩瀚的网络资源”面前，这些图书馆组织的读者服务，或为用户提供有效知识的基础，依然立足于图书馆学、情报学的基本方法，如文献的分类管理与查检，主题的标引与查寻，以及各种检索技巧的组合应用，等等。

数字文献与网络资源的社会服务离不开图书馆学的基本技能，这是客观的事实。要真正提高图书馆的服务能力，管理者首先要面对的是，数字文献资源在网络环境中的管理——集藏与整序能力的提升。提升了这一领域的能力，文献资源的社会服务能力才能具备基本的物质前提。传统图书馆时代是这样，数字化时代，图书馆的能力提升的基础依然没有本质的变化。近年来，国内图书馆，尤其公共图书馆界加强社会服务领域的工作，往往简单地直接致力于图书馆的具体服务部门，而收到的效果往往也就只是态度改善的低层

次效益，其根本原因或许就在这里。

2 核心能力的建设必须立足于基础领域拓展

当代的图书馆核心能力建设重点，依然存在着文献管理与社会服务两个领域。原先的基础积累，现在的服务对象，都将决定各个馆具体发展计划的可能性与可行性，“跃进”只能存在于纸面，高科技幻想也不会给图书馆管理变革带来真正的物质力量。

在文献资源网络传递的发展环境中，社会文献资源的管理与利用活动方式将出现与以往印刷文献环境的重大区别。各个图书馆适应这一变化的活动方式更新，关键在于认识自己的真正地位，选择好与环境相适应的专业能力发展重心。处于不同环境中的大部分图书馆，若都把“数字化、网络化”当作发展重心是十分危险的。在当代技术环境下此类能力将日益普及，决不会成为任何文化机构的专业能力。图书馆核心能力建设的管理变革，必须牢牢地扎根于自己的专业技能，只有在巩固提高基础能力的前提下，才能真正形成创新的“核心能力”，或相对于社会其他领域的“竞争力”。

2.1 基础能力的提升——多元载体文献的复合整序能力

在因特网上信息量及其流动性几乎是没有任何制约的，试图把此类无制约的信息，变为图书馆的资源，或作为管理的对象，可能只是一种幻想。技术上可行性姑且不论，更关键的是，社会是否需要这样的管理者？社会是否真正对图书馆形成了这样的需求？或原本只是图书馆学情报学研究者自封的“历史使命”而已。在图书馆学情报学之前，人类社会活动中各种信息管理科学门类并不少见，他们之间的关系或亲或疏，但都有明确的学科范围，从未见过一门学科试图将无特定范畴的社会信息作为本学科的处理对象。图书馆学研究者有必要反省当前学科研究的范畴和基点，是否契合社会生活的实际。

图书馆管理者的工作对象是明确而具体的，那就是在传统的文献载体之外，数字化、多媒体的文献正在大量地进入图书馆文献服务的领地。在这个新的环境中，以不同方式记录于各种物理载体，并通过多重形式发布的信息，都可能构成图书馆学视角中的文献，成为图书馆文献管理活动的基本对象。

当代各种形态、载体的文献并存，一边是关于数字信息交流形态将成为主流的舆论颇为热门，另一边是全球印刷型文献生产的总量顽强地攀升不已。在这样的文献环境中，图书馆服务的内涵依然是帮助读者及时地获得最适合的文献。以往的图书馆服务，以把有用的书刊及时地传递到读者手中作为自己的目标；当代的图书馆服务，则是要在多种文献形态并存的环境中，将不同形态的、有用的文献及时地传递给每一个读者、用户。在这个意义上，图书馆服务活动的本质并没有根本变化。

在这样的认识前提下，图书馆管理的变革就要求文献管理方法与技术必须适应载体多元化的现实。为了保证能够将多种不同形态下的文献，及时地传递给读者、用户，图书馆就需要将采集、整序单一印刷文献的能力，提升为综合处理多元化载体文献的能力。或者表述为面对多元文献载体的复合整序能力。图书馆具备了这样的基础能力，才有可能为有着各种不同文献信息需要的读者提供全面的、有效的服务。从图书馆自身而言，这是当前图书馆能力提升的关键所在，也是图书馆能否继续在现代社会存在的重要前提。社会、读者不会关心图书馆的“型式”或文献的“形态”，他们需要的只是提供合乎需求的文献，而且越快越好。

或许由此可以得出这样的思考，多元化载体文献的复合整序能力，是当代图书馆能力发展的基础。在这样的基础上，图书馆的服务能力提升与社会功能延伸等，才能有一个坚实的立足点。

2.2 专业能力的发展——多元载体环境下的文献获取能力

当代图书馆的重要任务之一，是解决读者、用户面对庞大社会文献资源时，快速获取各自所需要的文献信息及其内容。从纯理论的角度思考，这是一个无限大的课题。而实际上，学术研究的理想境界与实际操作的实践标准虽有相互联系，但却是两个不同的范畴。具体的公共或高校、科研院所图书馆服务，都必然地起点于本馆的主要读者群，将满足这一用户群体的需求为第一目标。管理者在规划本馆业务能力时，也自然需要以特定的读者范畴为基础。作为一个图书馆管理者，面对的是读者、用户服务的直接要求，工作效果是否为外界承认，不能对照书本理论，而是读者与用户的实际认可。

互联网络发展到今天，社会新的共识是，可供选择的信息数量一味增加，就变成了“信息沼泽”。用于信息资源判断与选择的大量时间耗费，将导致文献获得的社会成本增加。这一点，与大量书刊文献未经图书馆工作者科学整序前十分相似。即便是追踪学科前沿的科研人员，他们的知识结构一般也限于特定专业文献资源的判断与选择，能够随心所欲地在广阔的文献海洋中自如选择的通才只是极少数。同时，网上文献流通的渠道不断增加，文献信息检索方式的创新等，更是惟有图书馆专业人员才会予以充分关注的领域。随着资源生产、知识重组、检索技术的快速发展，读者、用户与图书馆专业人员在“快速获取有用的文献”这一领域的“信息不对称”将会清晰地显示出来。以往图书馆服务的口号是“为读者找书”，今天这一工作的本质同样未出现根本的转变，那就是在书刊、电子文献、网上数据库、专业网站（页）等多元载体构成的当代文献环境中，向读者、用户提供准确的文献服务。这样的专业技能基础，必须建立在学科基础知识，专业资源动态把握，以及专业网站、数据库检索技能等综合一体的前提上。

在多元载体的文献资源环境中，及时供给读者所需的文献，这是良好社会服务的前提。形成快速、准确地选择和获取文献的专业能力，也是当前图书馆业务发展中亟待提高、强化的核心能力之一。

2.3 社会竞争力的培育——面向市场的信息（情报）服务能力

在传统图书馆的参考服务中，存在着某些与社会专业咨询机构业务交叉的领域，主要是课题跟踪服务等专业信息供给服务。随着网络数据库和专业网站等信息服务方式的出现，专业技术含量比较低的图书馆参考服务就显得落伍了。众多图书馆正在竭力加强这一领域的业务能力。从这一角度观察，在图书馆核心能力的发展思考中，面向社会市场的信息（严格地说是情报）服务才是真正具有社会竞争对象的领域。

笔者两年前曾在一篇论文中分析了图书馆信息服务与专业咨询机构的差异[4]，指出图书馆的信息服务基本立足于集藏整序后的文献资源，而专业咨询机构的信息来源相对要宽泛得多。因此，图书馆的信息（情报）服务就需要审时度势，确定自己的服务对象与范畴，具体的图书馆，不能简单地将社会的整体需求作为自己的职责。崇高而空洞的使命观，只会让图书馆管理者无所适从。

社会上林林总总的咨询组织或机构，任何一个单位的服务范畴、对象都是非常具体的。在法律服务行业，不同的律师、事务所都有自己的特定领域，如对外贸易、房地产交易，家庭婚姻等。若有律师声称什么类型都能代理，一家事务所宣布包打天下，反会招致社会对其真正能力的怀疑。同样，乡村卫生院面向本地区所有各种病人，大城市的专科医院只服务一类病人，但谁都不会认为前者的专业能力强于后者。因此，任何一所具体的图书馆试图建立专业信息开发与情报服务能力，都必须对专业基础有彻底的评估，了解

自身的专业信息服务能力发展的可行性，任何冲动都会导致资源投入的浪费。

图书馆有着自身的文献资源集藏优势、文献整序和资源检索等技能的优势，但这依然不足以进入专业咨询服务的市场竞争。在这一领域，图书馆普遍缺乏的是具备专业咨询服务的智力资源。智力资源至少应该有三方面的内容：a.特定学科领域的基础知识；b.学科资源的价值判断、动态分析能力；c.社会需求的科学预期与市场服务的应对能力。缺少了这样的智力资源，依托文献资源开展的社会信息服务就无法形成自己的特色，难以构建相应的信息服务市场。说到底，就是不能形成“竞争力”。

图书馆内部资源中的这一重要缺憾是社会发展历史造成的，这与国内其他行业发展遇到的“人才瓶颈”一样，属于发展中国家希望直接进入现代社会进程中的共同难题之一。惟一的解决办法就是逐步培育、构建这一资源，具体想法在“之二”中已经有所叙述，此处不再赘述。以上要表明的仅仅是，图书馆的“竞争力”建设，需要明确特定的专业领域；而图书馆“社会竞争力”的形成，还必须面对智力资源短缺这一致命弱点。

3 “核心能力”建设研究的现实意义

网络传媒兴起的环境，让图书馆在传统活动领域感受到了一定的压力，对于图书馆自身职能的完善与工作机制的创新，无疑是有益的。它要求图书馆在资源集藏领域，面向更广阔的空间；在文献整序领域，进入更纵深的境界；在文献服务领域，有效文献的获取与提供能力有根本的提升。从这个意义上思考，“核心能力”建设要求，主要在于巩固图书馆传统领域的优势地位。这与当代网络环境下的社会需求——在广袤的信息资源海洋中提供精准的文献服务——是一致的。对于大多数图书馆而言，这是具体而明确的任

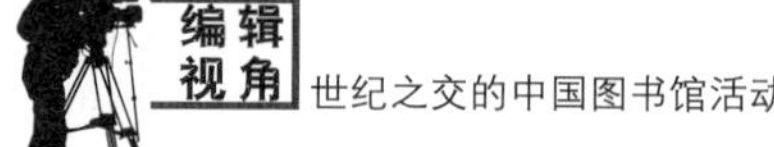

务，加强这一能力的现实意义十分清晰。

将核心能力建设的一部分，即“社会竞争力”单独区分出来，在理论研究看来或许不合理。但对于各个图书馆管理的实践而言，却是必要的。因为，对于大部分图书馆而言，构建起市场信息服务所必须的“人力（智力）资源”是很困难的。作为图书馆管理者，需要分清现实可行与未来可能两种不同的境界，同时还要对图书馆活动进入信息服务领域的方式等有比较清晰的认识。

重点高校图书馆拥有的智力资源，在行业中应该是最为雄厚的。清华大学图书馆1998年起开始的“学科馆员”制度实践，经过几年的探索，工作内容大体归纳为：a.试用、评价对口院系学科的参考工具和电子资源；b.编写读者参考资料，如图书馆的主题指南，新资源使用方法；c.为对口院系教师、研究生提供图书馆利用的指导或培训；d.征求对口院系对图书馆资源、服务内容的意见、要求；e.搜集、鉴别、整理对口学科的网络信息资源，在图书馆主页上提供网页链接；f.协助教师进行课题文献检索，逐步发展到为教学、科研提供定题服务或决策参考服务。其他如北京大学图书馆等学科馆员制度的具体实践，略有差异但尚未见有整体超越者。[5]

在智力资源相对雄厚的重点高校图书馆，服务领域的提升尚在这一层面。其他类型图书馆管理者更需要认真思考本馆的核心能力发展、建设需要有一个什么样的定位？上海市黄浦区图书馆，位于超大型城市中心地带，有着进入市场“信息服务”理论上的最佳机遇。该馆的社会信息服务有许多种，如“重大信息”、“城区信息”、“社区信息”、“生活信息”和“经济信息”等，仔细观察其内涵，可以发现他们的所有工作基础，始终依托文献集藏与整理的基础。[6]

或许只有极少数超大型图书馆，才存在着建立社会化专业信息

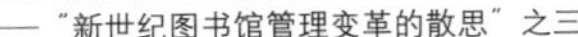

服务"竞争力"的理论可能性。但实际操作同样需要通过科学的论证。超大型图书馆即便具备了一定的专业信息服务能力，但若与社会其他专业咨询组织没有差异，就依然不是真正图书馆专业活动的"核心能力"，只不过是用了图书馆的旗帜而已。因此，在图书馆管理者的发展思考中，"社会竞争力"的培育必须立足自身专业能力的拓展，还必须有具体的竞争对象，确定的专业领域，才能真正构成名副其实的图书馆创新服务能力。

参考文献

1 张晓林. 走向知识服务：寻找新世纪图书情报工作的生长点. 中国图书馆学报，2000（5）

2 范并思. 从数字图书馆热看图书馆的核心能力. 图书馆杂志，理论学术年刊（2001）

3 梁灿兴. 可获得性论的文献及相关概念. 图书馆，2002（1）

4 王宗义. 文献信息中心≠信息服务中心. 图书馆，2000（5）

5 杜也力. 谈大学图书馆"学科馆员"制度. 大学图书馆学报，2002（1）

6 沈中茵. 城区信息需求与信息服务分析. 图书馆杂志，2003（1）

（原载黑龙江《图书馆建设》，2003年第3期）

“公共图书馆精神”的科学解读

摘　要：“公共图书馆精神”是近代图书馆活动中提炼出来的职业道德基础之一，对于规范图书馆员的行为具有重要的意义。机械地移植外来的社会文化制度，字面地理解公共图书馆精神，是导致当代公共图书馆活动缺少社会认同的主要原因。需要把公共图书馆活动和相应的社会文化制度放到相关的社会环境中去考察，认识这一社会文化活动的原始运作模式，进而科学地解读“公共图书馆精神”和社会文化制度，才能为图书馆活动与科学研究提供一个理性的基础。

关键词：社会文化体制　图书馆活动　公共图书馆事业　公共图书馆精神　科学解读

当代中国的公共图书馆事业，有着整体前行的良好趋势，也有着不容忽视的事业内部差异扩大的隐忧。随着社会经济大环境的改善，公共图书馆界——尤其是经济发达地区——呈现了又一次馆舍建设浪潮的新趋势，高标准殿堂式建筑的“图书馆硬件”，在诸多城市中已经成为一道重要的文化景观。但是，作为社会服务能力核心的“图书馆软件”——图书馆内外普遍存在提升不足的疑虑，以及各个地区基层公共图书馆大多窘迫如故的状况，依然是公共图书馆事业的两大软肋。面对现实的巨大反差，重提“公共图书馆精神”成为一种新的发展思考。一般的理解是，已经是殿堂式图书馆的服务能力提升，需要图书馆员发扬公共图书馆精神搞好社会公益服务；依然在简陋环境中的图书馆工作者，也需要继承传统的公共图书馆精神，坚守社会公共服务的道德底线。

“公共图书馆精神”的呼吁时时见于专业报章，行政管理文件中也常常反复强调。但事实是当代中国图书馆界很少能够认真付诸实践。更有一些论述则着力分析、阐述当代社会的技术、环境、服务手段等变化对图书馆活动的影响，其真正目的则是力图证明“公共图书馆精神”已经不合时宜。

这样的现实促使思考走向深入，“公共图书馆精神”之理想与实践背离的社会原因究竟是什么？公共图书馆精神到底是什么？它如何与公共图书馆实践联系？为此，笔者写下一些文字，供科研、实践工作者参考。

1 现状：公共图书馆精神与实践的背离

1.1 崇高的精神

范并思先生在曼彻斯特公共图书馆创建 150 周年的纪念论述中 [1]，回顾了世界公共图书馆事业的发展历程，并从法理角度为公共图书馆这一社会文化机构，及其对应的社会文化制度的合理性进行系统的“辩护”。强调了现代社会中的公共图书馆不仅仅是一个文化教育、科技普及、生活娱乐的机构或设施，更重要的是它代表着一种维护社会公正的制度。因为，公共图书馆精神已经赋予了一种让社会知识得到公平利用，保障社会弱者平等获得竞争资源的社会正义内涵。

对于公共图书馆事业而言，这样的注解应该是给予公共图书馆工作的最高精神激励。日常平凡的图书借阅工作也关系着维护社会公正的崇高职责，公共图书馆员的职业自豪感应该为之显著提升。

公共图书馆的传统理想教育，一般无法提升到这一层面。通常表现为“为社会大众贡献精神食粮”、“为科技进步甘当好二传”、“发扬先人后己的人梯精神”等等，但都曾经让一代代公共图书馆工作者洒下了无尽的汗水。这一层次的精神境界，至今依然支撑着全国大部分清贫的公共图书馆员，继续默默地奉献着青春和智慧。

问题是：专家和管理高层津津乐道、极力倡导的“公共图书馆精神”社会效益如何？近五十年来，公共图书馆馆员在这样的精神鼓励下，所作的大量付出，其价值是否得到社会的共同认可？否则，如何解释当代公共图书馆活动的困窘。

1.2 难言的认同

当代公共图书馆工作者的地位十分微妙。尽管图书馆管理高层为公共图书馆员的工作涂上了神圣的色彩，诸多图书馆学专业论述也为图书馆活动提炼了崇高的使命。然而，不无遗憾的是，所有这些赞颂大多仅仅来自于图书馆和图书馆学界自身。公共图书馆员不难发现，所有一切美好的词语，一旦走出公共图书馆大门就迅速贬值了，现实社会对图书馆员及其活动的认同程度，绝对难以令图书馆员自豪起来。笔者无须作任何具体描述，只要是公共图书馆工作者，无论他跻身于宫殿式的发达城市图书馆，或是坚守在冷街陋巷

的乡镇、街道图书馆，对此自然都会有切身的体会。

信息时代、知识经济等社会新潮在公共图书馆活动与发展研究中，曾经卷起过一阵阵波澜，公共图书馆活动也在适应社会发展口号下作了大量改革实验，图书馆员在发扬公共图书馆精神，改善图书馆服务方面付出了巨大的努力。但是这一切，在改善公共图书馆的社会地位，增加对图书馆活动的社会认同等方面，并没有产生显著的效果。

上个世纪90年代以来，图书馆理论界经常有一些论述，对图书馆学研究领域中的盲目拓展、自我拔高等倾向表示不满，但是面对“公共图书馆精神”这一眩目的理想光环，却未见有人对现实的“背离”提出过质疑。而公共图书馆员则清楚地看到了社会认同与自身认定之间的巨大差异，在社会舆论中常见的表述是：科学研究工作者指引着“社会的未来”，学校的教授老师应该是“人类灵魂的工程师”，医生护士是“生命的守护神”或“白衣天使”，只有法官律师才代表着“社会的公正”。而绝大部分公共图书馆工作者，在国内未充分发展的市场经济环境中，在很大程度上还是属于被同情的社会弱势群体成员。承认这样的社会认同或许有点难堪，但不敢直面现实，就只能作鸵鸟式的思维。

崇高的精神与苦涩的认同，形成了公共图书馆活动难以解释的“背离”。为此，继续复诵“公共图书馆精神”，继续期望以苦修内功、加强服务以赢得社会的尊重，提升公共图书馆的地位，显然只能是脱离现实的无效说教而已。

任何一种社会活动及其发展都有着自身的内在规律，人们能够做的只能是不断摸索，逐步深化规律的认识。解决“公共图书馆精神”与“实践的社会认同”背离，不能简单地要求公共图书馆员精神的净化或专业能力的提升，而需要把更多的注意力放在社会现实中相互关系的梳理与分析，从实践过程本身探寻问题的根源。

2 解析：公共图书馆精神与环境的梳理

2.1 经济环境的考察

50年代中期以来，公共图书馆事业的建设始终是各级行政投入的一个基本组成。若暂时撇开投入数量的多少，或投入是否充足等问题，公共图书馆事业是近五十年来社会各领域中，能够持续不断地获得行政投入的少数部门之一，这是不争的事实。

但现实是，公共图书馆事业似乎永远处于“饥饿状态”之中，即使在改革开放后80年代的大规模新馆舍建设浪潮中，经费不足的呼吁也未曾停歇过，更别说“低谷时期”的“悲愤呐喊”了。应该引起公共图书馆界重视和反省的是，社会对图书馆经费呼吁的回应正在逐渐淡漠，自上个世纪的五六十年代、八九十年代，到新世纪初，社会各界对于公共图书馆要求增加投入的“声援”越来越弱，为公共图书馆“大声疾呼”的声音近年来几乎听不到了。对此，当代公共图书馆界需要认真地自我反省，问题究竟出在哪里？

回顾近五十年中国公共图书馆的发展，可以发现，公共图书馆事业的发展始终处于“铺与补”交替过程中，形成了一种奇特的运作态势：当社会经济形势良好时，公共图书馆把争取到的经费投入，大量投向各种类型、不同层面的新馆建设，迅速地“铺摊子”；接踵而来的往往就是维持经费的不足的苦恼，于是千方百计地“补”足维持经费成为各个图书馆管理者的日常难题；而一旦社会经济环境出现异常，大量守不住的“摊子”就只好抛弃。何况，如此恶性循环在某些地区已经不止一、二次了。

公共图书馆活动五十年所走的曲折道路，表明以往的发展选择中，存在着明显的思考误区。众多“摊子”的反复“铺”与“补”，直至相当部分无可奈何的“弃”，客观证实了公共图书馆

发展决策的失误，必然地导致了社会发展投入的空耗。正是因为公共图书馆活动一再浪费了社会发展资源，才会令社会各界对图书馆活动日渐冷漠，这是客观规律对于公共图书馆活动的惩罚。公共图书馆怨天怨地，就是不反省自身，自然是一误再误。

近五十年来，公共图书馆一次次大规模“铺摊子”时，总是举着“满足广大人民的精神文化需求”旗帜。90年代中期以后，更与“国际化”、“公共图书馆精神”等联系起来，阐释为“公平地提供社会服务”等等。但是，在这些良好的主观意愿后面，几乎没有一份科学的调查研究资料，用以解释各个地区，不同城镇，多种层面的公共图书馆服务具体需求到底是什么！而在没有把握具体的需求之前，所谓“广大人民的精神文化需求”就只能是决策层的主观臆定，由此作出的公共图书馆发展决策也必然是盲目的。任何发展投入若缺乏事先的科学认证，得到只能是苦涩的结果，公共图书馆活动不幸正在其中。

2.2 人文环境的思考

中国公共图书馆事业发展过程的特点之一，表现为与社会活动的功利性诉求联系特别紧密。每当社会发展需要具有激励效果的事物时，公共图书馆建设或许就因此获得了一个发展投入的机遇。

例如，在首都和少数国际性大都市建立一些标志性的文化建筑，包括公共图书馆，原本是可以理解。但在近年来的文化建设中，“标志性文化建筑——城市公共图书馆大厦”在各个大中城市成为一种潮流，似乎只有这样一种方式，才能使地方文化“上台阶”，达到“一流”，树立“文化大省”、“文化大市”的形象。

在这些“标志性文化建筑”建设的决策中，很少有人基于本地区经济的可持续发展能力，对高标准、殿堂式文化设施的未来维护投入进行认真的思考，更谈不上本地区的具体社会需求的研究与把握。于是，社会用于公共文化发展的投入，被集中于一幢幢现代化图书馆大厦。也许用不了多久，中国就能成为世界上公共图书馆大楼最多的国家之一。

在有限的公共文化发展投入被高楼大厦鲸吞的背后，大量城镇、街区的基层公共图书馆依然长期处于苟延残喘的困境。即使是在经济相对发达的地区、城市，能够稳定获得经费的基层公共馆也是极少数。特别需要指出的是，就是在经济环境相对比较宽裕地区的基层图书馆，其发展投入的非理性状况也是十分严重的。往往是平日捉襟见肘地勉强应付，直到考核、评估的“临战时期”，才可能争取一笔“意外之财”。若是该地区主管领导“要面子”，钱就可能更多一些，赶紧添置设备，补充书刊。殊不知，公共图书馆活动有其内在的规律，突击投入“铺”出来的“摊子”，事后大多没有相应的持续投入来维持其日常运作，结果只能是投入的空耗，部分甚至全部被丢弃。“突击整改（铺摊子）”时期的资金投入就白白流失了，只剩下一批毫无真正社会价值的“匾、牌”。更遗憾的是这种规律性的投入浪费在公共图书馆界已经见惯不怪，习惯成自然了。

如果对此缺乏清醒的认识，必然导致客观规律给公共图书馆活动以更大的报复，只是事先谁也无法预测其形式和规模而已。

2.3 精神境界的分析

长期生存于畸形的经济、人文氛围中，公共图书馆活动的精神境界必然出现各种“异化”，这也是自然规律。在改革的旗帜下，众多诡异的发展思维充斥于公共图书馆活动的研究领域。从荒诞的“变图书馆为租书馆”设想，到时髦的“数字化、网络化”的技术替代理论，直至虚幻的知识元素等研究，一波波没有科学根底的“新论”不断涌来，又很快随着更新的技术出现、社会环境的急速

变化而被迅速淹没。

如前所述，近五十年的公共图书馆活动发展规划中，从来没有关于具体社会需求的科学调研成果支撑。在公共图书馆精神的宣传中，也同样只有崇高理想的鼓动，而缺少严肃的实践运作研究。几十年来，图书馆学研究人员对于谢拉关于公共图书馆理论基础的“社会文化制度——社会文化机构”学说，都表示由衷的信奉，并由此作了大量解释性的阐述，但是对于公共图书馆形式的诞生地——欧美地区，这种“社会文化制度”何以形成，却没有认真地深入探索。

任何一种社会制度的形成，都有其内在的社会发展动力，有着相关的社会发展环境。人们对任何一种制度的认识和抽象表述，都只是对客观社会现象的理性归纳。在欧美地区形成的社会文化制度，及其公共图书馆活动理念，不应该象文献整理的具体技术与方法一样，直接简单地移植，更不应该作为实践工作的指导原则，或图解为事业的目标。不同社会环境中形成的文化制度，不可能在社会文化背景有着重大差异的环境中机械地嫁接成功，中国公共图书馆活动的曲折发展历程，已经证明了这一点。

必须深入剖析欧美公共文化制度得以形成的内在经济动因，深入探析这一制度的社会人文内涵，才能科学地解读“公共图书馆精神”，并为中国当代公共图书馆活动提供科学、健康的发展参考。

3 探索：公共图书馆精神与科学的解读

3.1 市场经济与规律

东西方公共图书馆活动的诞生与发展环境，有着先天的差异。萌发于欧美的公共图书馆活动，其背景是19世纪欧美国家工业化高潮，市场经济活动趋向完善的时代。而位于东亚地区的中国公共图书馆活动则是在学习近现代世界科学技术的同时，通过“移植”，甚至是“辗转嫁接”方式，引进的一种社会文化制度。将一种社会经济环境下自然生长出来的文化制度，直接“嫁接”到另一种社会经济环境中，产生“水土不服”是必然的。

欧美地区的公共图书馆制度植根于规范的市场经济土壤，公共图书馆活动的内在经济动因，可以归之为社会在文献集藏领域的最小投入，获得最大的社会利用效益。这是现代社会经济条件下图书馆活动的一种内在的必然规律[2]。所谓“看不见的手”，就是这样规定着公共图书馆的活动。而所谓“公共图书馆精神”，则仅仅应该是公共图书馆员道德规范层面或领域的事物。设若把一种“精神”当作相关社会文化制度的建立的前提，那就已经脱离了唯物主义认识论的基础。

当一个世纪前的社会改革家把公共图书馆模式引进中国时，他们注意到了这一文化制度在普及现代文化，提高公民素质中能够发挥的作用。但对于这一文化制度的基本运作规则及其环境条件等，尚未来得及仔细研究，就因为各种外部因素的干扰所打断了。先是二十世纪三十年代日本侵华战争开始的战乱，中断了城市民间公共图书馆事业的自然发展进程；接着是五十年代的所谓“一边倒”，禁锢了图书馆乃至社会文化界的正常思维辨析能力；八十年代改革开放后的经济体制变革及其波折、信息科学技术的突破性进展等一系列因素，竟然最终使长期缺乏严肃社会科学理论素养的中国图书馆界，把市场经济的社会环境与公共图书馆活动，与公益性文化事业的发展对立起来，于是出现了诸多令人啼笑皆非的议论。

现代社会的公益性文化服务制度，包括公共图书馆活动，原本是随着欧美社会市场经济的规范而逐步健全、发展起来的，并通过这些活动的优越效应成为世界其他地区仿效的样式。为何在当代中国却是因为社会环境向市场经济体制的转换，使得很多地方的公共

图书馆到了“危及生存”的地步？其原因之一，就在于思维方式的偏差，把发达国家图书馆员从业精神的文字概括，或鼓动口号等，生吞活剥地拿来，当作图书馆活动的准则或工作的目标。进一步指导行为方式，自然会引向盲目决策，出现非理性举措，最后导致难堪的社会效益。

为此，需要观察欧美地区公共图书馆活动的具体运作方式，以及在市场经济环境中，居民及其社会活动中行为模式。

3.2 公民义务与权益

欧美地区极为普及的公共图书馆设置，自然使我们羡慕。但在学习、模仿欧美公共图书馆的专业技术、服务方式时，往往很少注意分析背后支撑图书馆活动的社会运作机制，这或许就是公共图书馆制度在东西方出现“橘枳现象”的根本原因所在。

在商品经济环境下，“等价交换”是维持社会不同分工领域之间正常关系的最基本法则。市场经济社会的公平、公正原则，及其影响到上层建筑的种种严肃的规范，高深的理论，本质上都源于此。改革开放二十五年后，中国人对于“谁投入，谁得益”的市场经济规则，开始已经有了基本的认同。对于“没有免费的午餐”等现代社会的经济观念也有了切身体会。但是一旦离开经济领域，传统思维方式依然在不自主地制约着人们的认知模式，对于公共图书馆精神机械、呆板的理解就是典型的例证之一。

欧美公共图书馆立足于城市或居民社区，对于任何一个具体图书馆的建设或发展投入，决策者一般是本市的居民代表——市议会或区议会。他们既清楚地了解本地区居民的基础文化需求是什么，也清楚地了解本地区经济社会水平能够维持怎样规模的图书馆。只有在了解具体需求与实现可能这两个基本前提的情况下，他们才得以自然地设计一条合理地维持公共图书馆发展的途径，既能最大限度地满足本地区居民的文化需求，又能保证为图书馆提供稳定的行政拨款等物质支持。

反观机械移植到东方的公共图书馆制度，认识大多停留公共图书馆是通过行政拨款举办的表层上，于是，公共图书馆制度便成为政府向公民提供的一种文化福利事业，政府大包大揽地操办，一些地区的公共图书馆甚至成为政府机构的一部分，图书馆员也进入了行政公务员的编制。这一文化福利事业模式，在社会经济发展上升阶段一般有着比较正面的效应；但一旦社会经济活动进程中出现波折，公共图书馆活动必然大受冲击，东邻日本图书馆活动自二十世纪七十年代以来的波折就是一个典型例证[3]。中国公共图书馆活动及其相关文化制度受日本影响很深，所以各个时期的具体举措或许有所差异，但基本思维方式则是大体一致的。于是，当代公共图书馆活动客观上成为政府的一个负担，继续投入是个无底洞，不增加投入则可能受到不重视文化事业的指责。

另一个例证，或许也可以说明我们对“公共图书馆精神”的理解偏颇。法兰克福的德意志图书馆是德国三所国家图书馆之一，具有全新的馆舍和现代化的设施，面积与上海图书馆相仿，达八万平方米左右，但它只向社会提供1000张读者证，用户必须具有硕士研究生以上资格，日常接待读者在百余人。反观我国的国家图书馆、上海图书馆等，在“公共图书馆精神”的旗帜下，向全社会开放，日接待读者数千甚至上万人次，工作人员为此终年紧张忙碌，还需时时担心外界的不良反馈，神经十分紧张。值得深思的是，我们似乎从来没有听到关于德意志图书馆“未能公平地向公众提供社会文化服务”一类的指责。

事实上，“公平”是个抽象的一般概念，任何具体的“社会公平”都有相对限定的范畴。当上海图书馆向所有市民和来沪的国内

外人士敞开大门时，形式上是再公平不过了。但事实上，真正获得比较充分文献服务的读者，仅仅是居住在上海图书馆周边的部分居民[4]。

若就一般经济学的角度分析，可以得出一个“另类的”结论：上海图书馆的发展投入来自于全市居民的经济贡献，但能够获得日常文化服务保证的只是周边居民。因此，对于大多数市民而言，存在的却是“事实上的不公平”。以此推论国家图书馆的社会服务，结论就无须赘述了。

因此，法兰克福德意志图书馆的工作目标非常明确，他们作为一所有着良好现代化技术装备的国家图书馆，其工作目标主要是为全德国的图书馆提供优质、标准的书目数据服务，为高校师生、科研人员提供文献和信息等直接的社会服务则是第二位的。对于中国同行关于社会公众文化服务的询问，他们感到困惑，这是国家图书馆的职责吗？分析至此，大概就不会得出德意志图书馆缺乏“公共图书馆精神”的结论了。

回到本节的开始，我们可以进一步领会西方市民社会的价值观，及其基本社会活动理念。城市、社区公共图书馆的发展投入，直接取之于本地区居民，按照“谁投入，谁得益”的原则，必然需要向本地区的居民提供最充分的服务。至于通过其他各种形式，向外来人员开放图书馆，或向社会的困难、弱势群体提供文献服务支援等，则完全是一种慈善性质的服务，属于富裕社会中人们的道德境界的提升，与“公共图书馆精神”只有抽象的联系，而不是规范的义务。也正是在这样的价值观支配下，法兰克福的市民绝不会向德意志图书馆提出抗议，因为他们清楚地知道，国家图书馆的发展投入来源于国家的全体公民，他们也不会去要求得到德国其他城市居民不能享受的服务。

这样分析之后，我们或许可以对市场经济环境下的社会公平有比较深入的理解，对“精神”与“现实”有一个具体的认识，为科学地解读“公共图书馆精神”奠定思想基础。

3.3 行政法规与运作

有了以上分析，对于通过国家立法保障公共图书馆活动的理论，就可以有新的认识。欧美地区的国家图书馆法，是对于各个城市、地区的行政管理机构，不管它是政府还是议会的一种原则性普遍要求，就是必须维护公共图书馆制度。

欧美地区的图书馆法规，一般都着重于公共图书馆组织机构、活动模式、运行方式等基础领域的规范，地方的行政管理机构依此作为公共图书馆活动的评价基础。各个具体公共图书馆活动的社会服务效益，则需要通过本地区居民直接的感受，才能反映出来。一所公共图书馆的发展投入，组织管理等决策，自然地由代表这一地区居民的行政组织来决定，国家及政府文化行政部门根本无须花费大量精力进行干预。

相形之下，国内图书馆界诸多研究热点，始终停留在通过国家立法，保障公共图书馆发展投入的层面上，并把市场经济体制转化当作公共图书馆事业发展的阻碍，就显得比较幼稚。事实上，图书馆学研究者已经面对着一大堆由国家行政机关制定的，严密细致到繁复程度的各级公共图书馆标准，还有着十多年来的一次次全面“评估”的总结报告。但是，此类研究的结果又是什么呢，除了掩盖公共图书馆整体发展窘境，粉饰事业发展障碍的空洞宣传语言，就是一味要求图书馆员加强自身修炼，提高思想情操的陈词滥调，再等而下之的就是对欧美文化制度的盲目崇拜和对现实充满哀怨的牢骚文字。

在这样的理论与实践环境中，原本朴实的“公共图书馆精神”

被抬高到至高无上的地位，成为文化制度建设的理想、图书馆法规制定的前提，变成图书馆员操守的基础。但是当这些制度、法规和守则等，脱离了公共图书馆及其社会环境，脱离了现实生活的需求和经济支撑的可能，就只能剩下几本装帧漂亮的书籍和一摞“红头文件”，而没有任何实际价值。

总之，当代公共图书馆活动结出的果实之所以是尴尬的“枳”，而不是甜蜜的“橘”。很重要原因之一就在于机械地解读公共图书馆精神，脱离了公共图书馆活动所需要的社会生存环境。理论研究和实践操作没有了正确的前提，再多的努力亦是枉然。

参考文献

1　范并思．维护公共图书馆的基础体制与核心能力——纪念曼彻斯特公共图书馆创建150周年．图书馆杂志，2002（11），3~8

2　王宗义．数字环境下图书馆地位与职能的思考．图书情报工作，2002（1）

3　鲍延明．东瀛图书馆界的变革与争论．图书馆杂志，2003，（12）

4　王宗义，张丽芳．研究发展需求，创造服务市场．图书馆杂志，2001，（4）

（原载《中国图书馆学报》2004年第5期）

从图书协调到机构合作

——上海地区图书馆服务合作的历史及其当代探索

摘　要：上海地区图书馆的服务合作可以追溯到二十世纪五十年代中期。在近五十年实践中，服务合作形式从初期的文献馆际互借，逐渐演变为多系统各类型的馆际文献服务合作组织，组成了能够提供多元文献支撑的工作网络。进入新世纪以来，上海地区图书馆合作出现了机构合作的新型理念。正在建设中的上海市中心图书馆，在当代信息处理和通信技术的支持下，把馆际合作扩大到了文献资源的合理布局，文献管理的统一规范，服务设施的科学配置和服务资源的深度开发等各个领域。

关键词：上海图书馆　合作服务　图书协调　机构合作

20世纪50年代中期起，上海地区的图书馆界在社会服务领域开始了各种形式的馆际合作，最初称为图书协作协调活动，并建立了相应的纵横联系的图书馆、室图书互借网络。到八九十年代，先后有多种区域性或跨系统的图书馆服务合作形式的探索，以及至今尚存的全市主要图书馆的文献资源共建共享协作网。这一合作形式的特征，是让书刊文献与图书馆机构分离。归属于各个行政管理体系不同的图书馆机构形式不变，但各图书馆集藏的文献可以通过多种馆际互借形式分离出来，实现全市性图书服务合作。

进入新世纪以后，上海地区的图书馆合作出现了新的走向。2000年末，建设城市中心图书馆体系，以提升当代图书馆服务水平成为市政府的社会发展议题。2001年6月，首批四所图书馆加盟以上海图书馆为总馆的中心图书馆体系，昭示着上海地区图书馆服务组织模式开始了重大转变，不同系统、多种类型的图书馆，以工作内容一体化的机构合作形式开始了新一轮探索。至2003年12月，上海市中心图书馆体系中已经有了32所分馆。其中区县公共图书馆21所，高等院校图书馆9所，科研院所图书馆2所。

上海市中心图书馆建设标志着新世纪上海地区图书馆的合作，正在走向机构管理、资源组织、社会服务的一体化进程。这一合作模式的重大转变，反映了图书馆应对社会服务需求的理念出现突破，体现了当代信息技术引发的图书馆服务模式重大变革。建立在当代通信网络和人文理念上的上海市中心图书馆发展模式，是上海地区图书馆工作者适应现代社会进步的一个重要实践。

1 近五十年的探索历程

1.1 五六十年代的图书协调形式

上海地区图书馆的服务合作有着悠久的历史。1956年末，在上海市的图书工作座谈会上，各界专家学者对分别隶属于不同系统、机构的图书馆的书刊服务工作提出了批评，要求为社会提供文献利用的方便[1]。随后举行的上海市第二次图书馆工作会议，形成了多项改进工作的决议，其基本思路就是让书刊文献走出各个图书馆的藩篱，提供给分布于全市不同地区、系统、单位的图书馆读者、用户[2] 。

为此，以上海图书馆为中心，建立了多个业务协作组织。图书馆工作者从大规模揭示馆藏资源开始，主要为编制各种书刊联合目录，散发到全市各地区、各系统的图书馆和企业的图书资料室。对于报道世界科学发展、生产技术最新进展的国外科技期刊，均以月刊形式，进行长期系统的题录报道，受到专家、学者，乃至企业一线科技人员的欢迎。

在书刊的实际利用领域，上海市图书馆界的作法是通过完善的馆际互借组织，实现书刊的传递。当时上海地区有全国第二中心图书馆委员会，由上海图书馆、中国科学院上海图书馆和复旦、交大等六所主要高等院校的图书馆组成，构成一个图书资源的保障体系。以下，高校系统和科学院系统的都有完善的系统馆际互借制度，一旦读者在本馆无法获得所需文献，就由图书馆通过系统网络和“二中心”在本地或全国范围内，通过馆际互借途径帮助读者索取文献。

对于全市的大中型企业和中小型科研机构，则建立了上海市科技图书馆协作网[3]。协作网内部分为冶金、机电、仪表、化工、纺织、建筑、医药、农业水产等12个专业图书馆协作组。1958年协作网成立时，有成员馆85所，至1962年扩展到160余所，几乎覆盖了上海市各个科研生产领域。当某图书馆（室）的读者需求无法满足时，图书馆员首先在专业组相关图书馆、室范围内寻求协作，若专业组无法满足，则向市协作网提出要求，上海图书馆作为协作网的

中心馆即在全科技网图书馆、“二中心”及其下属高校、科学院系统图书馆查找。若确定某文献上海地区缺藏，则由上海图书馆向在北京的全国第一中心图书馆求助。如60年代初，上海第三制药厂的科研人员，就是利用 “厂资料室→上海医药工业研究所图书馆→上海图书馆→（北京）解放军医学科学院图书馆”的馆际协作渠道，通过多层、交叉的互借组织，获得了德文的“光波治疗”文献。

以图书馆之间的书刊馆际互借形式，开展图书馆服务的合作，在文献以印刷文本为主体，图书馆服务以手工操作为中心的年代，是卓有成效的一种模式。这种合作服务方式的成功，很大程度上依托于图书馆员的社会责任感。向社会大规模揭示馆藏资源，通过纵横繁复的渠道为读者寻找各种需求的文献，图书馆员要付出大量的劳动，当时，上海图书馆界大力鼓励与提倡的“甘为人梯”精神，无疑是公共图书馆精神的重要表现方式之一。

1.2 八九十年代的资源共享体制

20世纪八九十年代，在社会经济体制变革的大环境中，上海地区图书馆出现过多种文献服务合作的尝试。首先是仿效五六十年代协作网形式的“上海市图书馆协作委员会”。由上海图书馆和主要高校、科学院图书馆，以及上海外文书店等10个单位与1977年12月筹备发起。到1980年，在全市12个系统中建立了协作组，覆盖了全市的大小图书馆（室），1983年末一度高达270所。但是社会经济体制变革等给图书馆活动带来的种种震荡，使得早期合作模式的实际效应大大削弱。除了外文文献集中揭示的各种书目编制活动以外，其他馆际合作项目能够有效开展的十分有限。至80年代中期，主要的社会服务合作活动处于半停滞状态[4]。

在全市图书馆服务合作步履维艰的时候，基层图书馆工作者继续着各自的合作服务探索。90年代初期，在城市西南角的华东理工大学、上海师范大学、上海农学院等高校图书馆和上海县等七所图书馆建立了西南地区图书馆网络，在馆际书刊流通服务领域展开合作，凡持有七所馆任何一馆证件的读者，即被允许在任何一馆借阅书刊。七所图书馆共同制定了图书流通车协议，每月定期归还、调整各馆文献。以后，位于城市东北角的复旦、同济大学等高校图书馆也曾经有过类似的合作服务尝试，力图为读者提供更多的方便。但是，图书馆工作者的理想化探索，在实践中遇到了众多体制内外的实施障碍，维持了一段时间后就逐渐中止了。

1993-1994年，上海图书馆在原协作委员会的基础上，发起、汇集全市高校、科研系统的近20所主要图书馆，建立了“上海市文献资源共享协作网”。协作网的重心在于两个领域，一是对于耗用大量外汇购买的外文期刊进行采购协调；另一个就是建立“馆际文献服务协调组”，拓展图书馆服务的合作途径。1994年5月，协作网推出了“通用阅览证”服务，持证读者可以前往市内19所大型图书馆中的任何一所随意阅览[5]。这是上海地区图书馆合作服务历史上的一个重大突破，标志着上海地区图书馆的服务理念，开始迈出了从“书本位”向“人本位”转变的第一步。但是，在“共享协作网”环境下，用户的书刊跨馆外借需求，依然需要通过馆际互借的渠道才能实施。“协作网”服务得到高校、科研机构用户的广泛欢迎，协作网覆盖的成员馆也逐步扩大，至20世纪末达到35所，囊括了本地区的大中型主要图书馆，为全市的文教、科研读者群体提供了书刊文献服务的基础保障[6]。

1.3 新世纪的中心图书馆模式

20世纪90年代世界信息技术发展的快速突破，形成了对传统图书馆活动模式一次次巨大冲击，在文献载体、文献制作、直到文献传递，数字化、网络化的信息处理技术进步，推动全社会的

文献管理和利用方式开始出现重大的转变。作为社会文献管理组织的图书馆活动，由此获得了新的发展机遇。新世纪初，上海地区图书馆的合作活动在当代信息网络技术的支撑下开始了新一轮的探索。2000年末，市政府作出了增强图书馆服务功能，推进城市信息化，将上海图书馆的优质服务辐射到高校、区县的决定，活动模式即为上海图书馆与各系统图书馆馆联手，共同建设“上海市中心图书馆”[7]。

上海市中心图书馆建设充分利用了当代信息技术进步所提供的物质条件。上海图书馆作为总馆，在与相关学校、地区图书馆合作建设分馆的过程中，逐步对上海地区的文献资源布局进行了特色化完善，对加盟中心图书馆系统各馆的信息基础设施作了科学的配置。根据加盟各馆的基础和发展需求，形成了多种类型的分馆运行模式。

对于以公众服务为主的区县图书馆，上海图书馆通过文献资源、技术装备、网络管理给予全方位的支撑，大幅度改变了基层公共图书馆的社会服务形象。对于图书馆用户而言，最大的益处是中心馆总馆与加盟分馆实现了书目数据的统一检索，以及书刊借还的“一卡通”制度。读者可以在任何一个分馆的计算机用户终端，检索到系统内各馆的入藏文献，并能在任何一个馆办理书刊的外借与归还。在互联网络技术的支持下，图书馆合作服务的水平得到了极大的提升。总馆还根据各加盟馆的读者、用户地域特点，针对性地优化文献资源配置，如为地处市中心商业金融地带的黄浦区图书馆配置了涉外经济信息文献特藏，为有着影视文献基础的虹口区图书馆完善了文化名人、影视资料的特色，为大上海城市之根的松江区图书馆加强了地方、乡土文献的采集，等等[8]。

对于服务高校教育和科学研究，有着良好专业基础和较高管理水平的高校、科研机构图书馆，中心图书馆的工作重心则在于提高服务的效率。总馆与分馆强化了原先协作网基础上的合作。特别是在文献资源建设领域，建立了在互联网络支持下的书刊联合采购、联合编目等合作。实现了书目数据的实时传送，建立了全市图书馆入藏新书的联合数据库，为文献资源的社会共享奠定了基础。依托总馆和这一领域图书馆分馆的人力资源基础，中心图书馆建立了网上知识导航站，多个图书馆不同学科的文献专家合作，共同开始了网络参考咨询服务的实践探索。同时，总馆与这些分馆在网络资源采集、馆际文献网上传递等领域，都正在开展合作实践[9]。

此外，上海图书馆与中科院上海生命科学院合作创办了生命科学图书馆，则是又一种总/分馆合作模式。在这一模式中，双方在经费投入、资源建设、社会服务、机构管理上进行了全面的合作，最大限度地发挥各自的优势，以获取最佳的图书馆服务效益。

上海市中心图书馆合作模式的突出特点是走出了以往文献互助合作的思维定势，在当代信息技术网络的支持下，总馆的优势服务技能通过参加合作各馆进行广泛辐射，提升了中心图书馆系统内所有加盟图书馆的社会服务能力。这一模式的探索，对于特大型城市图书馆事业的发展有着重要意义。

2 图书馆合作形式的内涵变化

上海地区图书馆合作的数十年实践和合作方式的发展变化，既是上海图书馆工作者在社会服务领域中的主动进取理念的具体展示，但更多地是社会周边环境推动着图书馆必然地实现了行为模式的转换，以适应不断变化的社会发展需求。目前的合作模式，依然有相当的局限，还需要持久深入地继续探索。

2.1 文献出版利用方式变化的推动

促使图书馆服务合作模式转换的因素很多，其中最根本的因素

在于信息技术的发展，正在大幅度地改变社会的文献出版和利用方式。图书馆作为文献集藏与提供利用的社会机构，对于文献利用方式的变化自然是最敏感的社会群体之一。

如前所述，上海地区关于图书馆合作的发展思考与实践探索多年，但是由于不同系统、单位的个体差异，迟迟难以全面深入。直到20世纪90年代后期，因特网络上大量商业化服务的文献资源数据库出现，彻底冲破了图书馆以往把馆藏文献数量作为工作评价主要依据的传统理念。社会文献的网络出版和信息资源的网上存取，逐渐成为当代社会文献，尤其是科技文献的用户利用主要方式，客观社会现实迫使大部分图书馆必然地转向寻求深化合作的发展途径。

文献投入等资金制约，长期影响着上海地区大部分基层图书馆服务水平的提升，而一旦与上海图书馆建立了联网合作关系，立即在文献资源获取上得到直接支撑，并迅速改变了图书馆服务的陈旧面貌，在公众服务中得到社会的好评。这或许就是上海中心图书馆组织能够在三年内覆盖全市各区县的最根本物质动因。

中心图书馆还应用最新的网络信息处理与传递技术，积极开拓网上文献传递服务的新领域。就印刷文本的利用而言，这一领域的突破有着重大的意义。一方面，它可能彻底改变社会各界读者对于文献利用的基本方式；另一方面，它预计将能为图书馆获得一个全新的业务增长点。

2.2 多种资源综合利用优势的促进

在信息化时代的社会大环境中，上海中心图书馆的设计与规划汲取了世界上各种图书馆合作的成功经验，探索了一种囊括多类型图书馆，具有复合式功能的组织模式。

上海地区有着大量高等学校和科研机构的图书馆，在文献信息和专业人才等领域有着各自不同的资源优势，当这些资源局限于一个单位时，这种优势就很难为社会所认识。在中心图书馆建设过程中，首先设计建立了公共的网络平台，通过共同组建网上联合知识导航站，把各个图书馆数十名文献专家的信息服务，直接推到了公众服务的前台，极大地改变了社会对图书馆工作的认识[10]。

目前，上海中心图书馆正在把各种全市性的联合书目数据库和多个主题的数字图书馆项目，在中心图书馆的网络平台上逐步推出，所有系统内图书馆都能将中心馆范围内可存取资源，应用于各自面对的读者、用户服务。

同时，这一合作服务系统也推动了各个图书馆文献管理领域的工作变革，由于书目数据实时传递网络的建立，文献资源的联合采购、文献的联合编目等都行之有效地开展起来，文献管理的规范，自然地支撑了用户服务标准的统一，悄然推动着全市图书馆内部的科学管理走向了高度规范化。

2.3 机构合作模式的局限与思考

上海市中心图书馆的合作服务模式已经运作了近三年，有着一些成功的实践，但也有不少需要继续探索的发展局限。

首先，不同类型的图书馆，有着服务目标的差异。而这些差异更来自于不同图书馆的投入渠道和承担义务的限定，自然地成为影响图书馆合作深化的因素。例如，对于一所高校图书馆而言，学校行政投入的目的，只能是保证学校师生的文献资源需求，图书馆能够从图书馆界的馆际合作获得支援，自然是受师生欢迎的；设若反过来要求学校支持其图书馆泽惠于社会大众，就有相当难度。即便校长个人具备高度的社会理性，但并不能代替实际的资金投入增长，因为用于社会公共服务的投入，与为本校师生服务的投入，事实上是完全不同的两个概念。

其次，同属于社会文化事业范畴的公共图书馆，尚未具备系统

的行业管理体制。当前公共图书馆之间的合作模式，上海图书馆颇似一个火车头，尽力通过资源、技术的各种扶持手段，拉动全行业图书馆一体前行。但由于没有行业体制约束和相关的法规保证，分散于不同行政区域的图书馆，各自的发展投入往往缺少稳定的发展保障。在这种情形下，要求进一步提高并保持全行业的合作服务水平，就必须由上海图书馆来增加和控制投入，以维持一种平衡的发展，这是一个公益文化单位难以长期维持的。

此外，社会对于图书馆功用的理解与图书馆员的自身认定的一致性，将是中心图书馆合作服务持续优化的重要前提。随着公民文化水平的提升，新一代图书馆员对于自身地位的理解与社会对图书馆活动的认同，有着相当大的差异。例如，“网络时代的知识导航员”是图书馆工作者希冀的自身发展目标，而当代社会对于图书馆的认知，和实际需求依然停留在文献供给层面。要改变这一认知差异，不能单一依托于图书馆员服务能力的提高，更多的努力必须在于增加和改变图书馆的活动模式，扩展文献供给以外的服务。上海中心图书馆已经作了初步的尝试，但真正实现科学知识的导航服务，背后需要极大的发展投入支撑。用通俗的语言表达，就是图书馆必须投入相当的财力，保持一支具备文献信息高级检索和信息资源分析等专业技能的馆员队伍。也只有当他们向社会提供优质稳定的服务以后，图书馆及其馆员的社会地位才能有理想的提升。

参考文献

1 上海市人民委员会文艺办公室．图书工作座谈会综合记录（1956.11.15）．上海市文化局档案，1-13-19-24

2 上海市第二次图书馆工作会议．上海图书馆事业志．上海：上海社会科学出版社，1996

3 上海图书馆．上海市建立工业系统科技协作网的经验．图书馆（北

京），1961（2）：1~6
4 上海市图书馆协作委员会工作汇报（1984.11.9）．上海图书馆档案，1432号（1984）
5 办一张通用阅览证，可到十九所图书馆看书．文汇报（上海），1994-05-28
6 华东师大信息学系调查组．文献资源共享的基本理念——上海市文献资源共享协作网．图书馆杂志，1999（3）
7 上海图书馆上海科学技术情报研究所．上海市中心图书馆发展蓝皮书（2002.12），1
8 上海图书馆上海科学技术情报研究所．上海市中心图书馆发展蓝皮书（2002.12），7
9 上海图书馆上海科学技术情报研究所．上海市中心图书馆发展蓝皮书（2002.12），6
10 让“书海”流动起来——上海市推进中心图书馆建设记实．人民日报，2002-08-20

（原载《台北市立图书馆馆讯》，2004年第21卷第2期）

“文献资源共享”理念的科学解读

摘　要：文献资源共享是图书馆活动中的一个特定概念，将它的应用内涵无限放大，自然会导致实践中的迷惘。需要将这一理念的应用，界定在图书馆服务资源共同利用的框架内，并正确认识社会文献运动过程中读者/用户的地位，从而为图书馆文献资源共享活动提供科学的发展思考，营造文献资源共享工作的健康社会氛围。

关键词：社会文献运动过程　文献资源共享　图书馆服务资源共享　读者/用户分享

社会资源的充分利用是关系社会可持续发展的重大课题之一，在当代社会实践中正为越来越多的人所重视。让有限的资源为更多的社会领域或人群得到利用，已经成为全社会的发展共识。由此，“共享”这一概念在众多场合反复地被应用。

图书馆界是使用“共享”概念较早的一个社会领域。伴随着互联网络的普及，文献及其相关信息的获取越来越便利，从文献共享到信息资源共享，再升级为知识共享，语词使用的频率越来越高，概念覆盖的范畴越来越广。是否认可“资源共享”，已经作为判断思想创新，观念转换的重要标准之一。

在中国图书馆实践中，各级各类的文献资源共享活动已经有着近半个世纪的历史。从上个世纪50年代中期开始的全国图书协调活动，到当代网络环境下的文献编目信息共享、数字文献资源共建、网上信息资源传递等，成功的事例举不胜举。尽管各个地区之间还有一定程度的不平衡，但在图书馆整体服务能力提升方面的实际成效是有目共睹的。这一过程中虽然并将有种种波折或矛盾，但都在实践探索中逐步获得解决，稳步地推动着文献资源共建共享活动的前行。

但是，在社会公众中逐渐普及的“文献资源共享”观念，屡屡与图书馆管理活动发生冲撞，引发了社会舆论的抨击。在高调语词的压力下，始终尽心尽责地实践这一理念的图书馆管理者，显示出了一些无所适从姿态。图书馆是社会生活中最先应用“资源共享”理念的领域之一，如今却屡屡遭到行业内外同一理念持有者的杯葛，这样的悖反似乎不可思议。

究其原因，笔者认为：首先，图书馆界自身对“资源共享”这一现代理念未能保持理性的态度，未曾坚持科学的界定，也未有清晰明了的社会宣示；于是，“文献资源共享”理念的科学内涵被善

意地曲解并悄然放大，在某种程度上形成了一种泛社会性的集体误读；最终，非理性解读的理念内涵广泛流播，必然导致实践工作者面临本来不应有的尴尬。

因此，必须厘清"文献资源共享"理念的基本内涵，界定科学理念的应用范畴，并向社会提供科学的阐释，从而在最大程度上消减社会与公众的误解，使图书馆活动得到一个健康的社会环境。

1 "文献资源共享"理念的学术解读

关于"文献资源共享"理念的一些权威解读，在当今中国图书馆界内外的一片高调声中，已经渐渐地淡出了主流话语体系。笔者认为，在这里作一点沟沉，或许将帮助我们的认识回归理性氛围。

在国际图联和联合国教科文组织共同主持制订的《公共图书馆服务指南》中，这样表述："每个图书馆的藏书都有其独特性。但是，没有任何一个图书馆能收藏公众所需要的一切资料。因此，图书馆应该通过为读者提供其他图书馆的资源来大力加强服务工作。图书馆应当参加所有层次的资源共享计划，包括地方、地区、全国和国际性的计划，与拥有信息资源的各类图书馆合作。"[1]

在此之前，黄宗忠教授曾经这样给出阐释："书刊资源共享一直是图书馆网络追求的最重要的目标。馆际互借工作是图书馆网络最经常的活动。通过互借既能更广泛地满足读者的需求，提供书刊的利用率，又能减轻图书馆的采购、库存和管理上的压力。"[2]

吴建中博士在《21世纪图书馆新论》中转述了澳大利亚学者戈曼教授（G. E.Gorman）的见解。戈曼教授将资源共享的优势归纳为四点，即扩大资源、系统收集、确保专藏、节省经费。[3]

于良芝博士2003年出版的《图书馆学导论》中，没有将"资源共享"作为一个正式的科学概念。认为："图书馆合作指两个或两个以上的图书馆，为了改进服务及/或减少成本，本着互利原则而开

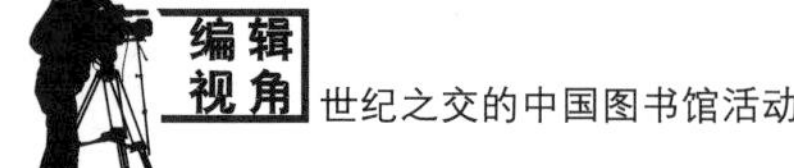

展的文献、书目、人员、服务、发展规划等的交换与安排，有时也称为‘资源共享’”。[4]

以上摘引的部分专业描述，大致可以归纳出这样的结论：在图书馆活动领域的资源共享，主要是指图书馆在文献资源建设与服务领域的馆际合作，这种合作的目标，是让众多的图书馆各自的文献收藏，逐渐形成一个整体性文献资源体系。由此，参加合作的各个图书馆都有了一个提供广泛、深入社会服务的资源保障。

上个世纪80年代起，随着电子文献和网络通讯技术的发展，图书馆界对“资源共享”的解释出现了多样性。肖希明教授的《文献资源共享理论与实践研究》是一本专题研讨的重要著述，他将国际专业界的各种观点作了系统梳理以后，提出了两点见解。一是不能把图书馆文献资源以外的其他功能也作为共享资源；二是在现代社会条件下，文献生产、保存和文献信息交流的形式等等，随着网络环境的形成而有了重大变化，社会用户（包括图书馆文献的读者）获取文献的途径大大拓宽。所以，有必要用“文献资源共享”来替代“图书馆资源共享”。[5]

肖希明教授的分析无疑是正确的，在以后的各种专业研讨与宣传中，“文献资源共享”概念，逐渐成为中国图书馆界主流话语体系中的标志性语词。

图书馆界始料未及的是，当社会普遍接受这个概念，各种图书馆用户开始把获得图书馆优质的服务作为“资源共享”的实践时，种种不和谐就开始出现了，由此引发的关于图书馆服务缺失的舆论批评，也大多以“文献资源共享”作为理论依据。为此，图书馆学界不得不开始寻找维护自身利益的理由，由范并思教授在2004年在中国图书馆学会“青年论坛”上率先提出，并在一些专业刊物上开始了“图书馆权利”问题讨论[6]。至今已经形成了比较一致的意

见，即维护“图书馆权利”，是为了避免“来自社会的、团体的、组织的、个人的对图书馆完成社会职责的干扰”[7]

笔者以为，这样的“权利研究”应该属于一种被动的无奈应对，问题的症结或许不在“图书馆权利”，而在于“文献资源共享”理念在当代实践领域中的非理性阐释。

2“文献资源共享”理念的实践解读

肖希明教授主张的“文献资源共享”有一个比较明确的实践范畴，具体的指向是：“文献的出版、印刷、发行部门、图书馆、情报机构、政府信息机构、档案机构等文献资源子系统之间展开的广泛合作和文献信息交流。”[8]

从这个意义上理解，“文献资源共享”替代“图书馆资源共享”是完全正确的，图书馆实践的目标，就是开展更广泛的合作，将更多的不同来源和不同载体形态的文献，最大限度地转化为自身开展社会服务的资源。戈曼教授在1996年回答吴建中的访谈的时候，也曾经有过类似的预测，她从学术交流结构、电子技术对传统模式的冲击等方面，已经预示了图书馆资源共享活动将要发生的变化。[9]

在当代中国图书馆活动中，文献信息资源共享工作正在从初期共建共享，走向面对用户的资源全面整合。在上个世纪的八九十年代，文献资源共建共享活动从系统内图书馆的文献资源的协调建设与服务共享，逐步实现了跨系统、跨地区的服务组织建立，各种图书馆组织（尽管没有正式的联盟名称）共同建设的庞大文献资源系统，极大地加强了各级各系统图书馆的读者/用户服务能力，也为图书馆服务的良好氛围创造了基础前提。进入新世纪以来，一些系统或地区的图书馆网络，开始与科技、教育、经济等网络连通，试图在更大范围内进行文献、信息资源的整合，探索图书馆与各种专业性信息服务机构建立共同的社会服务平台[10]。中国图书馆事业在这

样的道路坚定地走下去，前景绝无悲观可言。

至此，我们不难发现，“文献资源共享”原本是图书馆活动中一个适应的社会环境变化而形成的科学理念，也为图书馆活动描画了科学的发展前景：就是通过科学整合当代文献生产、流通、提供社会服务的各个相关环节，形成更全面可靠的文献资源保障体系，为更好地开展社会文献信息服务奠定基础。

可是，在近年来的中国图书馆学的一些研究与宣传论述中，这个理念的实践范畴被无限放大了。在信息经济、知识社会等语词环境的烘托下，在争取知识平等，维护社会公平等大众舆论的氛围中，“文献资源共享”理念的既定内涵，已经悄然演化为“让全社会获得文献/知识资源普遍共享”。我们并不怀疑理念扩展者的良苦用心，以及他们对当代图书馆活动前景的理想描绘。真正的问题在于，“知识平等”、“社会公平”等社会发展目标是一个庞大的概念，图书馆可以，也必须在其中承担一部分社会责任。但是，这并不等于将公共理念与当代图书馆的具体活动直接衔接起来，并作为衡量各项举措的标准。在传统的专业理论研究中，它本来涉及到一个图书馆功能与职责的问题，限于篇幅，笔者拟以后单独撰文讨论，此处不再展开。

当然，这样的“资源共享”概念误读，并不仅仅发生在图书馆界，当代中国社会的其他领域类似的误读事例也着实不少。众多领域的集体误读，自然地引发了社会舆论的偏颇。于是，不问当代社会具体国情，不顾社会经济发展水平的实际可能，盲目释放出种种“平等”要求，“资源共享”作为一个界定模糊，但又十分容易被人们接受的词语，成为社会非理性观念泛化的支撑。

理论阐述的混乱，社会舆论的偏颇，必然造成公众认知的偏差。于是，我们看到了要求国家图书馆敞开大门，平等接待所不同

层面的“读者要求”；报章上出现了希望获得图书馆服务而又拒绝任何制度约束的责难；…… 种种脱离实际的要求，究其理论依据，仅仅是一种原始而简陋的“社会公平”理想，以及“资源共享”等所谓大众化理念。在这样的社会氛围中，图书馆实践领域，尤其是管理层面的决策迷惘就成为一种必然。

设若走进国际视野，我们可以发现，尽管类似理想主义流派的学术观点一直在专业学术研究领域中有着重要地位和历史传承，但此类非理性的社会要求或公众责难具体事例，在社会经济活动发达，公众文化水平较高的国家和地区，似乎未曾出现过[11]。这或许能启迪我们深入地反思这一社会现象何以能够产生。

3“文献资源共享”的实践范畴界定

梳理了“文献资源共享”理念的科学内涵，弄清了理念与现实悖反的主要原由，促使图书馆界对这个概念作出理性的阐述，确定它在实践范畴中的基本内容。

首先，需要弄清“文献资源共享”概念中的活动主体是谁；其次，需要认识图书馆读者，包括各种类型的图书馆用户，他们在社会文献运动过程中的角色、地位是怎样的；弄清了以上两个问题，才能比较清醒地探索图书馆文献资源共享理念的实践重心究竟在哪里。也只有弄清了以上问题，图书馆才能坦荡地应对社会的非理性诘问，摆脱喧嚣的舆论干扰，踏踏实实地做好文献资源建设工作，为提高图书馆社会服务水平奠定科学的基础。

3.1“文献资源共享”的主体

通过前面的理论与实践梳理，事实已经很清楚了，文献资源共享的主体就是图书馆。单个的图书馆通过合作，或建立图书馆网，或称为图书馆联盟，形成了“文献资源共享”理念实践的有形组织。在这个组织中，各个成员馆原先用于社会服务的文献资源是有限的，通过合作组织和信息网络技术的支撑，将各自集藏的文献资源整合到一个服务平台上，从而为公众服务的开展提供更可靠的资源保障。

如果用通俗的方式表达，原先的单个图书馆，开展对外服务只能依赖自身有限的馆藏文献资源。而通过初级阶段的图书馆合作（图书馆联盟），或是目前设想的最高级的图情机构与其他专业信息研究机构资源整合，各个图书馆的服务资源就获得了巨大的支撑，服务能力就得到了空前的增强。所谓“共享”，就是单个图书馆共享了所有合作网络内图书馆的资源，甚至可能共享其他专业信息研究机构的资源。有了这样的资源环境，图书馆向社会的不同读者，或用户提供充分的优质服务才是可能的。也只有在这个意义上，“文献资源共享”才是一个可以实践的理念。

3.2 社会文献运动过程中读者/用户的地位

把图书馆合作形成的服务资源共享，误读为社会公众的知识共享，原因有许多，不是本文能一一分析的。但探讨一下社会文献运动过程中读者 / 用户的地位问题，或许可以起一点从源头上梳理的作用。

回溯到文献产生的原始时代，当文献生产者把自己的思想成果，用文字记录和载体形式公诸于世时，其目的就不可能是“藏私”，而是在寻求思想成果的“社会分享”。

观察一下我们身边的社会实际，图书馆员应该注意到，每一项具体的思想成果，事实上不可能真正出现“全社会共享”的盛况。在文化尚未普及的年代，文盲拿着书本惟有崇敬而无法阅读；在现代工业社会，科盲手捧科技文献却无法理解其中的精义；在社会分工精细化的当代环境中，任何专业学科文献都只拥有特定读者/社会用户群体。因此，图书馆员面对的也只能是不同信息的分享者个

体。这些，原本是图书馆员常识范畴内的事物。

进一步思考我们还可以发现，每一个具体的读者、或图书馆用户，他们希望在图书馆得到的，或希望通过图书馆服务中获取的，只能是某一个特定领域的文献。这个领域可能是一个学科的基础系统文献，也可能是一个专门课题的前沿动态报道或相关信息。图书馆的丰富文献资源集藏，对读者/用户而言，仅仅是一个概念。任何具体的文献及其内容需求都是个性化的，他们可能还会要求了解文献（思想成果）的生产者及其相关文献信息，但无须关心文献的制作者，无须关注流通渠道，更无须了解文献资源集藏状态。因为，具体的每一个读者/用户，仅仅是前人思想成果（文献资源）的一个个具体分享者。

面对思想成果主要交流载体的文献，个体分享者可以通过购买、相互传阅、向图书馆要求提供借阅服务等方式获取。就社会文献运动整体而言，上述各种方式中，获得图书馆服务无疑是比较经济和有效的读者/用户选择。文献资源在进入图书馆集藏以后，所产生的社会效用在理论上无疑是最佳的。而一旦图书馆之间建立了合作关系，那么，馆藏文献的社会效用就有可能随着合作的规模而成倍扩大。这样的服务与利用关系就是：各个图书馆通过服务资源的共享，为个体分享者提供了更好的文献服务。

3.3 当代环境下文献信息资源建设活动的重心

近现代以来的社会文化普及和科技活动发达，催生了巨量的思想成果分享个体要求，进一步汇成了庞大的社会文献需求。公共文化服务的图书馆活动模式（包括学校、科研机构的各种类型图书馆，即便是他们的传统服务活动，也同样是满足一个个不同思想成果的个体分享要求）也就是在这种社会需求下得以萌芽、诞生和发展的。它可能会在某种社会平等的口号下加速出现，但若没有巨大社会需求为前提，各种口号就无法变为现实。具体客观的社会需求与特定时期的宣传口号，两者之间的相互关系不能颠倒。因为，社会需求是一种无法改变的客观存在，宣传口号则是因时而异的。

当代信息网络环境下，图书馆专业活动的前沿发展，也在继续证明着社会文献运动过程中读者/用户的个体分享者地位。例如，近年来世界上图书馆社会服务研究的最前沿课题之一，就是如何更好地向图书馆读者/用户，提供个性化的信息定制服务。

网络信息传递时代的到来，曾经让思想成果的交流载体变得有点虚幻起来。开始时，思想成果的个体分享者从网络的快速便利中获得巨大的乐趣，似乎任何思想成果都可以在网络环境中随意获取，并普遍“共享”了，也为图书馆开出了“消亡”的通知单。但是，巨量信息的网上堆积很快引出了网络信息资源“一英里宽，一英寸深”的叹息。如同身在图书馆而没有书目指引，没有参考咨询服务一般，大部分读者/用户很快迷失于网络资源的海洋，才重新意识到新出现的网络信息资源交流环境同样要经过专业人员整理，才能保证——“快速而有效的信息获取”——思想成果个体分享者欲望的实现。

网络资源的庞大数量，使得图书馆工作者不能按照传统文献管理的模式去全面整合社会各领域生发的所有文献信息资源并提供服务。于是就改变了思路，通过了解读者/用户的具体需求，根据他们的个体分享要求，运用自己的专业能力，从网络资源的大海中，搜寻出相关的知识成果，用个性化定制、信息推送等方式提供专业性更强的文献定向服务。

在这样的新型服务模式创建中，我们能够进一步看清“文献资源共享”的内涵。专业程度更高的个性化信息定制与推送服务，前提不仅要求提供服务的图书馆员具备很好的专业能力，更需要在专

业服务人员背后建立图书馆之间，图书馆与专业信息机构之间的良好合作——多种载体、不同来源的文献资源组织整理与系统集成，强化提供个性化信息定制服务的图书馆员开展工作所必须的“资源共享基础”。而对于获得文献服务的每一个具体读者/用户而言，网络内外的文献组织、管理、及至资源共享，不是他们所需要关心的问题，他们无须了解各个图书馆文献集藏规模以及不同图书馆之间的合作，乃至图书馆与其他专业信息机构的文献资源共享程度，他们要求的仅仅是，如何能够最快地获得自己希望分享的那一份思想文化成果。

3.4 关于“服务成本/管理投入”在“文献资源共享”中的地位

上个世纪末，黄纯元等学者在提出文献资源服务的“存取”理论时，曾清醒地指出了社会文献资源的利用过程中，有着一个“获取成本”问题[12]。上海地区图书馆合作活动历史的调查表明，图书馆建立资源共享体系并不简单地意味着一份、或少量文献资源提供多馆合作并共享。当某些文献的读者/用户使用率相对比较高的时候，增加复本收藏，可能比馆际合作的“存取”模式更为经济，因此也更为科学。这也印证了近代图书馆活动模式所内涵的市场经济社会内在规律：图书馆活动的本质，就是社会用最小的文献资源投入，获取最大的社会利用效应[13]。因此，论证满足读者/用户服务需求的文献资源保障体系建设是否科学合理，还必须引入服务成本管理的思考。

文献利用的社会成本问题，首先可以从读者/用户的行为反映出来，当个体的读者/用户，面对书店陈放的海量出版物时，购买全部自己所需书刊显然不是经济的做法，而通过图书馆服务，“分享”自己无力购买的书刊，就是一种自然的理性选择。作为理性思考的另一个侧面，就是图书馆也必须考虑资金投入的最有效应用。具体地说，就是必须核算提供读者/用户文献服务的“社会成本”问题，研究如何把图书馆获得的文献资源建设资金运用到最合理的程度。此时，盲目而卤莽的文献资源普遍共享要求，显然不是一种理性的思考。

在这样的认识前提下，图书馆就需要进一步研究，哪些文献是必须进入资源共享范畴的，哪些是无须进入“图书馆合作—文献资源共享”范畴的文献。当一本普通图书在各个图书馆之间反复传递的过程中，各图书馆为之付出的管理、运输等资金消耗，可能远远超出了书刊本身的市场价格。也就是说，图书馆为反复传递作出的支付，完全可以用来购买更多的图书，或是更多的复本。在这样的情况下，图书馆增加一些复本的实际服务效果也许更好，毕竟多个复本同时流通与少量复本的循环流转，对于读者/用户而言，其获取机会和获取质量自然是前者效果更好些。

之所以在这里提出这样的问题，就是要注意认识的片面性，盲目地将各个不同图书馆所有馆藏文献纳入资源共享体系，同样也不是一种理性的思维。尤其是公众文化服务的文献服务领域，读者的文献专指度是非常低的，一种需求可以用多种不同的文献服务给予满足，简单地强调满足一切读者需求，只能是造成社会资源的浪费。以往的图书馆研究往往不会重视这种现象，甚至不了解这种现象，其原因则在于我国图书馆现行的经济管理机制，将“文献投入”与“管理投入”，在资金管理门类和渠道上作了严格的区分，理论研究者也大多没有察觉这一领域的问题。由此，社会文化发展资源的事实空耗，也就被表面上的轰轰烈烈的“共享成果”数字理所当然地淹没了。

当代经济社会发展水平，制约了中国图书馆事业的社会服务能力，需要图书馆人认真研究事业发展的科学规律，探索如何在文献

资源不足的环境中获得最佳社会服务效果的各种工作模式，这是一个需要反复探索和不断修正的实践过程，我们对此需要有充分的思想准备。不仔细分析各种具体问题产生的原因与差异，眉毛胡子一把抓，统统交给“资源共享”理念去解决，不是理性的作法；而解决不了就直接上升到“信息公平”的高度进行臧否，同样是非理性的表现。

参考文献

1 林祖藻译．公共图书馆发展指南．上海：上海科技文献出版社．2002.5 p43

2 黄宗忠．图书馆学导论．武汉：武汉大学出版社，1999.7 p.298

3 吴建中．21世纪图书馆新论．上海：上海科技文献出版社，2003.1 第2版 p120

4 于良芝．图书馆学导论．北京：科学出版社，2003.8 p.120

5 肖希明．文献资源共享理论与实践研究．南宁：广西教育出版社，1997.7 p62

6 论图书馆人的权利意识．图书馆建设．2005（2）1~5

7 李国新．图书馆权利的定位、实现与维护．图书馆建设，2005（1）

8 肖希明．文献资源共享理论与实践研究．南宁：广西教育出版社，1997.7 p62

9 吴建中．21世纪图书馆展望——访谈录．上海：上海科技文献出版社，1996.7 p.131

10 胡昌平．面向用户的资源整合与服务平台建设战略．中国图书馆学报，2005（2）5~9，24

11 王宗义．“公共图书馆精神”的科学解读．中国图书馆学报，2004（5）27~30

12 黄纯元等．上海地区信息资源的现状．图书馆杂志，1999（7）4~6

13 王宗义．数字化环境下图书馆地位与职能的思考．图书情报工作，2002(1)

（原载北京《中国图书馆学报》，2005年第6期）

当代都市文化需求与公共图书馆应对思考

摘　要：当代城市居民经济与文化生活水平的提高，给传统图书馆活动带来极大的挑战，适应新的社会文化需求，城市公共图书馆活动必须在观念、对策上作出相应的转变。了解公共图书馆所在地区居民的文化生活的具体需求，坚持做好文献提供服务依然是图书馆活动的主业。同时，也要让城市各级公共图书馆成为所在地区居民文化活动的中心。在这一探索过程中，是图书馆集聚地区文化资源，并成为多元文化服务活动的主体；还是被各种文化活动方式挤压，成为边缘化的活动方式？将决定城市公共图书馆的未来。

关键词：都市文化　多元需求　公共图书馆　文化活动中心　应对方式

当代中国经济的高速发展，正急速地改变着城市社会的文化生态。作为城市文化生活重要组成的公共图书馆活动，需要清醒面对快速变化的城市居民文化生活需求，梳理当代图书馆的各种随机适应活动方式发展，制定整体性的长远发展规划，在城市社会的发展中显示自身的效用。

当代城市文化生态变化的主要缘由，有着居民生活水平提高的经济社会因素，也有电子传媒扩张的技术环境影响。他们共同作用于城市文化生活，其结果是城市居民的文化需求满足方式产生了很大的变化，传统的图书馆文献提供服务市场受到冲击。但居民经济能力的增强和电子媒介的局限，同样为图书馆活动的创新形成了新的发展契机。

为此，研究城市居民文化需求的变化特点，及其产生的原因，并弄清当代社会发展对文化生活的新需求，将为图书馆活动找到新的发展机遇。

1 城市居民文化需求的特征

进入新世纪的中国城市社会，尤其是东部经济社会发展较快地区，居民的日常文化活动样式伴随着经济生活的提升而发生着重大的变化。主要表现在文化需求水准的普遍提升，文化消费能力的明显加强，以及文化休闲方式的多样化特性等，悄然改变了现代城市的社会文化活动基础环境，也为当代图书馆活动提出了如何适应外界发展的时代要求。

公共图书馆活动模式先天地决定了它与集聚性居住的城市居民文化生活有着密切联系。公共图书馆的活动规模、经济来源等，无不取决与于所在城市居民的文化发展需求。近现代工业社会的市民文化发展需求规定了传统图书馆的活动方式，而后现代社会的科技水平急速提升，不仅影响着城市居民的文化发展需求增长，还拓展了文化发展需求的活动领域，形成了社会需求多样化和具体需求个性化的整体趋势。为此，公共图书馆必须认真梳理当代城市居民的文化需求的变化脉络，才能为自身发展与社会服务提供一个科学的愿景。

1.1 小康社会引发的市民文化需求多样性

在中国传统城市文化生活中，居民的文化需求大多以被动的接受型方式存在，他们能够获得的文化服务与自身个性发展几乎没有联系。在传统公共图书馆的用户中，除了功利性极强的个人技能知识获取目标以外，绝大部分市民用户的目的仅仅是出于业余休闲的需要。同时，图书馆文化服务也自然以主流文化教化要求为活动目标。在这样的社会氛围中，公共图书馆工作的发展活力自然是十分有限的。

当沿海地区城市居民的收入和消费逐步趋向并达到小康社会的水平时，他们的文化需求变化是突出而鲜明的。以阅读书刊与收看电视为主要文化生活的居民群体迅速缩小，这一趋势在35岁以下的青年人群中尤为突出。当富裕起来的城市居民群体的文化消费能力提升以后，被动接受型的文化生活方式就无法满足他们的精神文化需求了，直接参与型的“卡拉OK”文化休闲方式一夜之间红遍神州，且长盛不衰就是一个典型的变化样板。而随着沿海地区社会经济水平的快速提升，无数新颖的文化生活方式也伴随着和刺激着市民越来越宽泛的文化需求和个性发展要求。

2005年上半年，上海对市民居民文化生活需求状况进行了全面的调研，为我们提供了一些基础数据（见下表）：

市民文化活动形式选择（%）

电视	书报	碟片	上网	旅游	电影	健身	公园	棋牌	展览	娱乐	剧场	其他
56.4	40.5	36.2	35.3	31.2	29.7	23.7	21.6	19.7	14.4	9.9	8.5	2.3

回到图书馆活动的基本方式——文献（以书刊为主）阅读领

域，文化生态同样出现了极大的变化。规模巨大的图书商城为市民快速地提供着最新的图书，配置优良服务设施的环境，以及市民逐渐丰满的钱包等因素，使一部分市民开始失去对图书馆的兴趣。大街小巷星罗棋布的书报摊，陈列的各种时尚、先锋类读物，获得都市青少年一代极大的青睐。这些读物的流行主题和节奏的快速变化，让传统公共图书馆服务模式根本无法适应。而且这种被称为"文化快餐"的书刊，与图书馆传统的藏书体系理念更是风马牛不相及，崇尚高雅的图书馆固然可以不屑一顾，但年青一代市民读者因此越来越疏离公共图书馆却是严峻的客观现实。

作为城市居民文化生活组成的公共图书馆活动，需要重新审视现代都市环境中市民的文化需求变化趋势，特别是当代社会环境下市民主体意识苏醒这一事实，并在此基础上，研究如何适应现代社会市民文化发展需要，设计图书馆社会服务的各种对应模式，并形成21世纪中国公共图书馆的发展战略。若缺少了这样的前提，一切美好的设想难免会变成纯理想主义的空中楼阁。

1.2 现代科技引发的市民知识需求趋时性

21世纪中国城市社会的另一个突出特点是以信息技术为代表高科技文化大规模进入了市民的日常生活与工作领域。无论在工作岗位上，还是在社会生活中，各种应用科技手段几乎是即时地改变着市民的周边环境。现代科技在给市民带来极大便利的同时，也给人们带来一种不断适应外界环境的精神压力，进而转化为市民要求知识更新的社会需求。

由于这种知识需求很大程度上是由社会环境外在压力下形成的，自然会随着技术环境的进展而发生相应的变化，从而使这种文化需求具有极其明显的趋时性，并且比传统社会的功利性知识获取更加突出。

首先，信息技术的快速发展极大地改变了社会的文化生态。当微软的Windows操作系统提供的良好的人机界面，以及网络信息中交互过程中的中文信息技术的实现，这两个重大技术环节的突破，给大众文化需求带来的影响几乎是无法估量的。会不会操作计算机，能不能通过网络了解外界的变化并获得知识与信息，几乎成了“传统社会人”与“现代社会人”的区分标志之一。于是，计算机网络技术范畴的知识更新需求，就成为当代城市居民文化需求的趋时性突出标志。

其次，社会生活的多样性也推动着市民文化需求趋时性的显现。社会环境的快速变化，使得传统学校教育模式下给予社会成员知识的滞后性变得十分突出。任何社会成员若简单依赖学校得到的知识，必然难以自如地进入社会活动进程。不断汲取最新科技、文化知识，成为一种全社会的趋势，“学习型社会”理念也就是在这样的前提下建立起来的。知识的及时更新成为现代城市居民立足社会，并保证个体发展的必要条件。在这样的氛围中形成的文化需求，具有强烈的趋时性也是必然的。

市民文化需求的趋时性，必然给传统图书馆活动造成严峻的挑战。因为图书馆虽然有“知识的宫殿”的美誉，但其内涵“知识”的滞后性也是无可讳言的。这就迫使图书馆必须深入思考如何适应市民趋时性文化需求的课题，并把满足新的社会需求作为公共图书馆活动自身发展更新的重要契机。

1.3 国际交流引发的市民个体需求实用性

当代中国城市社会生活的第三大特点，是开放性的国际交流带来了巨大的外来文化冲击。开放的国际交流环境打开了市民的社会视野，敏锐的市民群体最先感觉到了自身个体发展多样化的可能性。

个性化发展的群体性表现，自然地汇聚成为新颖的都市社会文化需求。同时，新颖的文化需求呈现了传统社会中前所未有的分散趋势。当代城市生活中，众多语言、技能性的市场化教育机构，获

得了空前的发展机遇，就是适应此类文化需求的一个突出表现。

公众的个性化发展需求与相对机械的教育专业活动效果，两者之间存在着极大的空间。而市民的个性化发展需求是一种不可改变的潮流，于是就有了“知识更新热”的说法。从严格意义上探讨，这种“热”的核心内涵，并非来自传统知识更新的需要，而是现代都市居民自我设计、自我发展需要的汇集。稍微分析“知识更新”场所学习成员的职业构成，就可以发现，他们大多脱离了原有的知识结构基础，之所以选择市场化教育而尽快地获得新的知识，更多地是为了自己能够选择其他工作领域，获得新的发展空间。

应该说，当代公共图书馆领域的工作者，已经自觉或不自觉地在适应市民文化需求的变异。例如，近年来许多大中城市公共图书馆积极操办的“公益讲座”活动，就是满足城市居民新颖文化需求的一种探索。观察大部分公共图书馆的讲座实践效果，可以发现，这一模式已经得到了极大的社会认同。

相对于公共图书馆主业态的文献借阅等服务而言，“讲座服务”能否如同某些乐观主义者认为的：“将成为公共图书馆的核心业务之一”，还需要今后的实践发展检验。但至少可以证明，作为城市文化活动的重要场所之一，公共图书馆在满足市民多样化文化发展需求的领域，还存在着巨大的发展空间。而探索这个发展空间，还需要公共图书馆界打破传统思维的枷锁。转换思维角度，从具体分析社会现实文化需求的各种表现方式入手，结合图书馆专业能力的发挥，寻找适应现代都市文化发展脉络的新颖活动方式。

2 公共图书馆活动的应对方式

当代城市文化生活的多样化发展给公共图书馆带来的既是生存挑战，也是发展机遇，关键则在于对现实社会需求的科学判断。若在对现实需求缺乏了解的状态下，无论是盲目地追求发展规模和高科技装备，或是因循守旧坚持传统活动模式，都将在公共图书馆事业的发展投入和社会效益等方面造成负面影响。

公共图书馆是城市居民文化生活的重要组成部分。研究公共图书馆事业的发展，若套用知识管理语词，或学习型社会需要等简单概念，就难以找到科学的途径。当代社会分工的精细化发展，居民文化生活的多样化趋势，使得传统图书馆学中关于图书馆功能与职责的描述，出现了很大的局限性。学校、科研等专业性相对突出的图书馆与面向城市社会的公共图书馆，两者之间的发展差异将更加清晰；同样，所有各种类型的图书馆活动与社会各种专业信息机构的社会服务活动交叉、重叠现象，早晚会重新界定各自的活动范畴，只是认识的过程和实践的时间差异而已。本文主要分析城市公共图书馆的前行趋势。

2.1 科学界定与规划社区为基础的公共图书馆事业

随着近年来国民经济的持续高速发展，沿海各地文化建设热情高涨，诸多大型图书馆建筑接连落成，令图书馆界为之振奋。但同样引起图书馆工作者忧心的是，社区基层图书馆建设大多依然步履为艰，缺少稳定的资金来源，缺乏具备专业知识的管理人员的状况依然没有根本改观。虽然图书馆界的呼吁和愿景等讨论多多，但实际成效有限。

反思近年来关于基层社区图书馆建设的研究文献，有两个比较突出的特点。一是要求通过国家立法或政府规定的途径保障图书馆活动的经济来源；二是强调基层图书馆应该成为社区的信息服务中心。相形之下，图书馆传统的书刊借阅等工作，或许是因为太“普通”了，在众多研究表述中也被边缘化了。这样的研究潮流似乎有本末倒置的嫌疑。

社区图书馆应该是公共图书馆事业的基础，但在计划经济时代及其传统思维模式的影响下，往往不自觉地把公共图书馆是城市文化“标志”的理念，简单化地理解为一幢“标志性建筑”。于是各

级政府在有经济条件致力与地方文化事业发展的时候，首先规划建设一座图书馆大厦就成了顺理成章的选择。

图书馆界应该很清楚，将用于图书馆事业的发展资源，集中投入于一幢宏伟建筑的实际成效是非常有限的。在这个问题上，简单的图书馆社会服务半径理论就可以作出科学理性的回答，一座大、中型城市，将公共图书馆资源集聚于一所图书馆的不合理性，应该是明明白白的。但是在现实生活中，我们见到往往是高调的社会平等、信息共享等语词，而很少有依托基本事业发展原理的研究成果，来为行政决策提供科学依据。

作为公共图书馆事业基础的社区基层图书馆，社会文化服务依然是最基本的职责。在信息化社会的环境中，社区居民的各种需求信息已经大多有政府和各种服务行业通过公众信息服务网络提供，他们同样有着先进的网络通信手段支撑，基层图书馆实际插足的余地十分有限。即使图书馆花了很大精力将这些信息进行整合、加工，但由于缺乏信息内容的权威解释能力作为支撑，其价值也是十分可疑的。

但在公众文化服务范畴，图书馆的优势依然是明显的。在现代网络技术的支撑下，文献信息的传递已经不是很大的问题，真正的问题是，如何让不同基层图书馆的工作者，真正把握什么是本地区图书馆用户的具体需求？以及如何让自己的图书馆成为地区的真正文化中心？在社区居民中形成一种图书馆特有的凝聚效应。探索这一领域的科学方法，将是公共图书馆事业在城市文化生活中显示自身存在的最有效方式。

一旦自身存在的有效性得到社会认同，行政立法、投入保障等问题自然会水到渠成。离开了扎实的基础建设与研究，再多的痛心疾首呼号，也难以获得社会公众的真正理解与实际支持。

真实地反映出城市社区居民的文化需求，科学地归纳出本地区图书馆读者、用户的具体要求，在某种意义上要比借鉴世界图书馆学最新理论，或揣摩高层行政管理决策更有实际意义。在推进城市文化建设的宏观思考中，图书馆学界自以为精髓的理论，事实上很难进入决策者的视野，而展示现实需求的调查报告，往往更有说服力，更能打动决策层面的学者和行政官员。

2.2 理性集聚与开发公共图书馆的文献与服务资源

计算机信息处理与提供能力的神奇性，在相当程度上影响了公共图书馆活动的发展取向。在当代图书馆实践中，强化情报层面的信息开发与服务能力在某种程度上已经成为图书馆专业能力建设的单一选择，在专业研究领域已经成为主流形态。尽管近年来图书馆要重视人文精神的呼声已经很多，但是很少在实践中产生有效的创新工作机制。

在当前诸多“以人为本”的人文精神研究论述中，优化读者、用户的服务环境，对于图书馆员的人文关怀，等等，大多成为探索研究的主题。问题是这样的研究成果并没有为公共图书馆改善发展空间形成的实际效用。即使是另一种观念的提出，如以“个性化服务”为起点，整理、加工信息资源，提供快速有效的信息服务的做法，在公共图书馆活动中似乎依然有着隔靴抓痒的感觉。

由此可以发现，服务环境的改善与图书馆员的主动性发挥等，并不是公共图书馆适应当代社会文化需求的根本问题。前文我们已经分析了城市居民文化生活的多样性、趋时性和实用性等特征。那么，城市公共图书馆专业活动的重心也必然需要面对客观的社会特征，研究相应的发展对策。

公共图书馆必须认真梳理与高校、专业图书馆之间的活动分工。科学文献资源的深层次开发与整理，的确是“高级专业技术”，从事此类工作的馆员也将锤炼出相应的专业技能。但这并不意味着从事公共文化服务的公共图书馆活动就低人一等，是低层次

的工作。造成这种错觉的原因，是多年来公共图书馆的公众文化服务工作，长期为呆滞的“服务”观念所束缚，简单地以为有热情的态度，周到的关心，再加上良好的环境，就是“优质服务”了。于是，读者、用户来到图书馆希望的真正目的——信息需求的满足，却退居次位——只好让计算机自动化管理系统去完成了，“人文精神”最终脱离了专业实践。

公共图书馆对于本市、本地区公众的社会文化需求状况，长期停留在一般把握的层面，是公共图书馆专业水平停滞不前的根本原因。对于公共图书馆如何了解自身特定区域内的公众文化需求，需要有科学的专业理论探索先导，需要有具体的操作指南导引，只有这些条件具备了，才能产生不同的、具体的各地区社会文化需求现状报告。也只有在这样的基础上，才谈得上图书馆乃至事业发展决策的科学性。

公共图书馆行业面对的社会需求是极其广泛的，但这不意味着每个公共图书馆的服务能力也需要是全面和宽泛的。在现代网络通信技术的环境下，社会的各种科学专业类用户信息需求，已经可以通过图书馆网络公共服务平台解决。因此，各具体公共图书馆的活动重心自然，也应该可以集中到特定地域的文化需求范畴。尽管这个范畴表面上是大大压缩了，但它的深度认识，或需要把握的内容却应该是极其丰富的。

特定城区、社区居民的需求，依然比各种专业类图书馆宽泛。它主要表现在居民自身的诸多差异性领域。居民的年龄层次、受教育层次，经济能力层次等差异是客观存在的，而这些差异又自然会引发出同一类文化需求中的诸多不同要求。即便是最简单的书刊阅览服务，如何针对性地满足本地区不同层次成员的多样化需求，就是一个关系到基层图书馆是否具备社会吸引力的重要课题。大型公共图书馆或许有条件可以把现有报刊采购齐全，但依然有着诸多资源闲置的困惑。而中小型馆就更需要切实把握本馆用户的实际要求及其变化情况，让有限的经费购置能切实合乎本馆用户需求的文献。基础文献服务的主要标准不在藏量多少，而在于使用次数的高低，这个原理大家都学过，但在基层图书馆活动中的不理想状况也是事实，其中的原因或许并不在于基层图书馆员的精神状态，而是在于专业研究为基层工作者提供了多少把握用户需求的方法。若有了科学的方法，图书馆资源配置科学合理了，还用得着担忧图书馆没有吸引力吗？

因此，公共图书馆的最主要的任务依然是丰富城市居民的文化生活，大众化文献服务同样有着丰富的科学内涵，起码在可以预见的将来图书馆文献服务不会被信息技术和互联网络所淘汰，但其前提必须是公共图书馆文献服务活动的科学化。

2.3 拓展领域寻找社会服务的发展空间

当代社会文化生活的多元化发展趋势，也必然导致公共图书馆社会服务的多元化发展路向。在部分公共图书馆中，社会服务方式的多样化实践，已经有了积极的探索和相当的成果。

全国各地公共图书馆的各种系列性的文化知识讲座，是一个比较成功的实践。上海图书馆从二十年前的时事报告讲座，发展到目前多个知识系列，面向不同听众层面的“市民课堂”的讲座工作实践，是一个比较成功的服务空间拓展形式。在发达的东部地区城市图书馆，讲座工作已经成为公共图书馆拓展服务新领域的一种普及形式，若能通过共同的努力，让“公共图书馆—市民教室”这个观念，成为与“图书馆—书刊借阅”一样成为市民的基本共识——常识，把它作为获取各种知识的一个基本途径，那么，公共图书馆在城市文化活动中的地位就能进一步巩固和提升。

曾经有一种说法，图书馆应该成为居民的“第二起居室”，这是欧化的表达方式。实际上，将公共图书馆，特别是基层社区图书

馆办成市民的文化中心，应该是公共图书馆在当代社会的一个重要发展理念。与其他文化服务模式相比，图书馆有固定的馆舍建筑，就是一种比较优势。相对其他各种公共文化活动而言，图书馆因为有文献集藏和服务的需求而有着相对稳定的基础设施投入，而社会其他公共文化活动形式大多缺乏这样的基础条件。因此，是公共图书馆工作者引领其他文化活动形式，并将其他公众文化活动纳入自己的活动体系；还是故步自封，守着一般图书借还的摊子，把建筑空间让给其他各种社会文化活动方式，最终使自身进一步边缘化？这是当代公共图书馆工作者需要直面的挑战，也是无法回避的发展课题。

因此，地区性文化服务的公共图书馆需要有这样的前瞻意识，就是通过创造性的思考，主动的举措，争取将本地区的各种文化活动、样式，以及支撑这些活动的组织，都作为地区的文化资源，吸引、汇聚到公共图书馆的空间，让图书馆成为本地区居民文化活动的中心。

当然，这样的吸引、汇聚同样需要事先进行系统社会调查，进行科学整合和设计，让进入图书馆的各种文化活动形式，与书刊文献服务、科技知识普及等图书馆工作的主旋律进行有效对接，保证各种文化活动形式能进一步烘托图书馆工作。若不能做到这一点，图书馆建筑就转化为地区文化活动中心，图书馆文献服务主业被边缘化，就可能会走到理想的反面去了。

（原载广东《图书馆论坛》，2005年第6期）

社会的城市化进程与现代图书馆活动

——兼作“公共图书馆理念”的科学解读

摘　要：现代图书馆活动源于人类社会的城市化进程，其公共性表现为城市居民共同需求的把握与满足。在现代社会环境中，现代图书馆与各种社会公共活动形式一样，内涵着市场经济运动的共同规律：以最小的社会资源发展投入，获取最大的社会利用效益。这也是现代社会生活的一种内在规定性。东西方社会文化和历史进程等差异，令当代图书馆活动出现了理念与实践差异，认识与理解这些客观差异，将为图书馆活动的发展研究提供一个科学前提。当代中国图书馆事业的发展研究，面对着特定的国情基础，即社会生活现代化进程中的城市化发展需求，经济科技现代化进程中的全球化发展需求，这种并行与交叉的发展需求交织环境，必然使中国社会各领域，包括图书馆活动的发展受到诸多的客观制约。图书馆的发展研究需要清醒地意识和坚持社会分工的规定领域，盲目提升某些特定功能在专业活动中的地位，最终被危及的可能是图书馆专业活动的自身存在。

关键词：社会　经济　城市化　全球化　社会文化　公共性　现代图书馆　公共图书馆

1 引言

人类社会的文献管理与利用活动有着数千年的历史，但现代意义上的图书馆活动只有三四百年光景。区分古代文献管理利用活动与近现代图书馆活动的标志，以是否向社会公众开放为标准。在这个意义上，公共图书馆模式就是近现代图书馆共同的活动形态。

近代社会进步的一个重要标志是居民集聚的城市化生活方式。城市化生活地改变了社会文明的形态，城市化过程也孕育了现代社会的众多公共活动模式。文化、教育、卫生、体育等活动，在人群集聚的城市中形成了社会需求，并得到长足发展。

社会公共事业植根于城市生活方式。现代经济活动环境迫使城市社会成员不断地汲取新的知识，以适应不断发展变化着的生存环境。城市居民共同的需求支撑着规模化的公共文化教育事业。各种类型与层级的学校、图书馆，共同组成了社会的文化传播系统，现代图书馆也因此成为城市居民文化学习、知识更新的重要公共设施。

图书馆活动作为社会文化教育事业的一部分，其公共性是社会生活中的一种客观存在。图书馆的不同系统隶属及其管理区分，仅仅源于读者群体需求差异的专业分工，以及因此引发的各种管理规则变化，但不会改变现代图书馆所承担的公共文化职能，也不会让图书馆的公共服务方式出现本质变化。

2 城市化进程造就现代文化教育活动环境

2.1 城市化进程是社会进步的特定发展阶段

英国工业革命揭开了人类社会生活的城市化历史进程。机械化大生产方式导致大批失去土地的农民和失去产品市场的手工业者进入了专业分工日趋强化的现代化生产流程，原先分散在各地的小生产者由此向工业生产中心集聚。在社会的工业化进程中，传统城市迅速转型与膨胀，以工业基地为中心的新兴城市也因此大量出现。

当世界进入21世纪时，全球不同地区的近现代社会历史发展进程表明，城市化生活方式是社会进步过程中的一种共同趋势。在这个意义上，人类社会的现代化进程也是社会活动方式向城市化生活形态转化的历史。

2.2 城市社会孕育了规模化、集约化的公共文化事业

工业化背景下的现代城市居民群体迅速扩大，以工商业雇佣劳动者为主体的市民大众，形成了大量的文化学习和知识更新需求。在城市居民群体大规模的发展需求推动下，文化教育活动的规模化也就成为一种必然。

工业化时代萌生的城市公共文化教育活动，必然地打上了机械化大工业生产方式的烙印——集约化模式：现代学校教育中的所有学生按年龄分班集中上课，教师以集体考试的方式统一测试学生的文化掌握程度，这无疑是社会教育资源获得最大利用效益的一种活动方式。同样，将社会公众各种现有、潜在利用需求的图书资料集中存储，通过专业人员整理有序，让有文献获取需求的社会公众能够在以最有效的方式获得自己所希望利用的书刊，现代图书馆活动也因此成为社会文献资源达到利用效益最大化的一种基本方式。

专业分工不断细化的大工业生产环境中，社会物质产品运动客观地选择了市场交换为最佳经济活动模式。在这一社会背景下形成的公共教育文化活动，也必然地内涵着市场经济活动的基本规律——以最小的社会发展投入，获取最大的社会活动效益。也就是市场经济环境中各种社会活动的基本规律——价值规律，它在市场经济社会中悄然决定着其他各种社会活动方式的发生和发展，但人们的直觉往往意识不到。先哲们把这一规律称之为“看不见的手”，原因就在于此。

2.3 现代图书馆是公共文化活动的基础构成

现代城市社会生活中的公共文化教育活动涵盖了面向少儿的文化普及教育，面向成年人的专业技能和在职教育，以及面向城市居民各自发展需求，以知识补充和自我更新为主要方式的图书馆社会教育，这也是世界上大部分国家和地区在公共行政管理中将图书馆事业纳入教育行政管理的原因。

现代图书馆活动包含着文献集藏、资源整序、社会教育、文化服务等基本社会职能。其中的第一、第二两项职能，是自古以来各种文献集藏管理机构始终具备的。在资源变化和技术进步的现代社会环境中，图书馆活动内容不断地增加和丰富，第三、第四两项职能是现代图书馆区别于古代文献管理活动的主要标志。

相对于中小学的基础教育和高等、专业学校的专业、技能教育，现代图书馆活动的社会教育功能及其价值无论如何强调，依然是一种相对的辅助功能。但在社会公共文化活动的分工中，现代图书馆活动的内容已经极为丰富，切实兼顾与履行好四项职能已属不易，为求得自身地位的提升而片面强调某些功能，就可能脱离真实的社会生活。

3 城市文化进程与现代图书馆溯源

3.1 西欧社会的文化氛围与现代图书馆活动普及

欧洲中世纪封建诸侯之间的利益争夺自然地强化了科学技术的社会应用，科技知识在诸侯争斗中的作用凸显，使得知识分子的地位也自然地优化，在公众生活中的话语权相应增加，并挑战着封建社会意识形态的统治者——贵族与僧侣阶层。培根的著名论断：“The knowledge is Power”，无论翻译为“知识就是力量”，或者“知识就是权力”，都是这一特定时期社会现实的精辟概括。

在这样的社会氛围中，处于城市底层的劳动者家庭也开始重视阅读和藏书。18 世纪初英国城市居民生活方式的调查发现，工人家庭藏书状况已经相当普遍。他们世代积聚藏书的统计数据，往往使来自知识分子阶层的调查者感到意外。18 世纪中期的法国，图书馆已是城市文化生活基础设施之一。当时法国城市图书馆中普遍设有两个并行的空间，一个是阅览室，另一个是谈话室。读者首先在阅览室里阅读书籍，然后去谈话室作阅读交流。21 世纪的图书馆员很难想象这样的氛围，因为图书馆史中很少留下记录。18 世纪前期的法国城市居民中，文盲、半文盲占了一半以上，他们的人际交流主要在咖啡馆，或是自己阅读报章，或是与能够读报的顾客交谈以获取社会生活信息。这样的文化现象在当时西欧各国相当普遍。了解这些史实或许可以对公共图书馆活动发展所必须的社会氛围加深认识。

18世纪中期以后，西欧各国城市中为公众服务的图书馆大量增加，保障公共图书馆活动的法律、法规也逐步建立和完善起来，并在最终成为城市公共文化生活的基本构成，这段史实在各种图书馆专著中有较多记述，不再赘述。

西欧各国的城市文化进程与图书馆的规模化形成，表明现代图书馆发展的基础首先在于公众文化环境的成熟，其次是公众文献与知识更新需求的实际把握。值得当代中国图书馆发展研究关注的，一是城市公众文化发展需求与满足，不只是单一的公共图书馆建设，而是多种文化教育活动的协同；二是公众的文化需求具体而多样，必须根据不同居民群体的各种需求科学地配置发展资源。

3.2 东亚社会现代转型中的图书馆内涵嬗变

欧美列强的坚船利炮迫使东亚各国被动地进行社会现代化转型。有着接受外来文化历史传承的日本，社会转型首先取得了成果，作为现代社会文化教育体制的一部分，公共图书馆样式的整体移植是其中之一。

在引进现代社会文化机制的过程中，日本也曾经历过波折。起初日本的借鉴对象首选了发展相对较快的美国模式，但两年后却以失败告终。分析其原因为两点，一是日本社会的发展水平很低，公众缺乏获得文化的主动意愿；二是美国的自由主义社会模式，对社会发展目标的实施缺乏强制力。于是，日本转而效仿德国的国家主义模式。通过政府行政干预，强力推动公众文化教育的现代化，在短期内实现了教育文化普及目标，公共图书馆制度也在同时建立起来。当代中国图书馆界关于日本图书馆体制的现状研究，以及对日本图书馆法规的完整性十分羡慕，但很少追溯日本现代图书馆体制的渊源，也未注意到这一体制下图书馆活动内涵的嬗变。

同样，很少有人注意到以日本成功模式为借鉴的中国和东亚各国，对现代图书馆的称呼都出现了悄然的变化，或称为“公立图书馆”，或直呼为“官立”、“官办”图书馆。它意味着东亚社会的公共图书馆大多为政府投资举办。这种名义上的公益性文化服务机构，其内涵已在很大程度地转化为城市公众文化福利事业，与欧美社会进步过程中自然发生发展的公共图书馆活动，已经有着本质的区别。

这一掩盖在“公共图书馆”共同称谓之下的本质差异，必然导致当代图书馆活动研究中，欧美图书馆活动的发展理念往往很难为东方社会的图书馆实践所接受；同样，东方社会图书馆发展的各种问题与思考，也常常不为西方图书馆界所理解。其奥秘就在于在共同的“公共图书馆”旗帜下，各自的社会文化内涵有着历史的和现实的差异，当代中国图书馆实践中的种种理念“背离”，也就不难理解了。

3.3 上海地区现代图书馆发展路径的启示

中国现代图书馆活动主流自然属于东亚社会模式，包括清末开

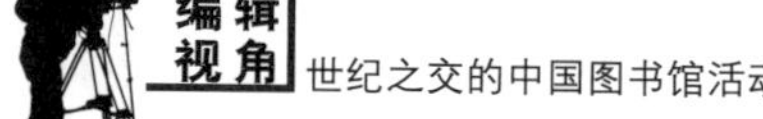

始出现的“国立”、“省立”图书馆，以及民国时期隶属于“民众教育馆”内部的图书馆（室），全国大部分地区面向公众文化服务的图书馆设置，实际上都是教育行政活动的一个组成。政府管理在社会文化发展进程中起着决定性的作用，这是东方社会文化在现代化进程中的突出表现。

19世纪末到20世纪三四十年代，上海地区图书馆活动曾经有过一段与国内大部分地区不同的发展经历。其中一些类似欧洲近代图书馆发展进程的事例，可以帮助我们理解东西方社会文化的差异。

20世纪初期上海地区的现代文化教育活动，大多由欧美各国传教士将本国模式分别移植引进。以教会等团体为主体组织的教育文化活动，首先建立了各种中等职业学校，进而扩展出初等普及教育和高等专业教育，各类学校设立的图书馆没有是否对外开放的问题，社会各界的书刊需求都可以在那里得到一定的满足。著名如圣约翰大学的博物院、图书馆等，从来没有冠以“公共”的名义，但始终是提供公众文化服务的场所。

公共文化发展的西欧模式也相当清晰，工部局图书馆就是一个案例：1849年创办时名为“Shanghai Book Club（上海书会）”，是外国侨民的一个社区互助读书组织。两年后发展成为会员制的公共文化机构，改名“上海图书馆”。以后因规模不断扩大而展转搬迁，馆舍一度设在工部局办公楼内，馆名也按照欧洲城市文化活动的惯例，称为“市政厅图书馆”。初期三十年的图书馆资金均由会员捐助，1878年，因为图书馆规模扩大，会员捐助方式难以为继，遂向民间文化组织“上海运动娱乐基金会”申请资助，在获得500两白银的同时承诺开放社会服务。三年后，租界纳税人会通过决议，每年向图书馆提供白银200两的定期资助，而图书馆则相应提供每天8小时的公众免费服务。以后伴随图书馆服务人群的扩大，

资助同步提升，至1894年达到白银1000两。1900年起，工部局把资助图书馆款项列入教育补助经费项目直接拨款。1912年工部局正式接收图书馆，年服务10000人次。

另一个是“未完成式”的案例：20年代初，进入上海地区工商企业的内地移民大增，各工厂、商店的众多青年学徒、店员形成了庞大的文化补习需求，而租界内面向华人的社会文化服务设施明显不足。上海总商会募捐创办了服务这一群体的公众图书馆——商业图书馆。经过十多年的发展，商业图书馆发展成为租界华人获得文化服务的主要场所，1933年服务量达到30000人次。租界纳税华人会遂通过租界董事会的华人董事提出议案，要求商业图书馆应与工部局图书馆同等获得资金补助。外侨成员占多数的董事会虽然不情愿，但只能在程序上设置障碍拖延议案的落实，终不敢公开反对。若不是日本侵华战争打断了中国现代社会发展进程，上海地区应该会出现一个本土化的西欧发展模式的公共图书馆。

20世纪五十年代起，所有的文化教育活动，包括各级各类公共图书馆都进入了严格的行政管理范畴。在政府规划指导下，所有图书馆按照读者的不同来源，分别列入社会文化、高等教育和科研院所等三个主要系统。各个系统、机构的图书馆按照规定范围的用户需求，向行政部门提出经费要求，并组织图书馆运作。从常规角度思考，这样的计划指导模式似乎是资源利用的最佳形式。但事实上，城市文化活动中特有的公共性内涵，却在分类管理的操作中被不经意地消解了。实践结果是各级各类图书馆画地为牢，各自集藏的文献资源失去了社会充分利用的可能。到50年代中期，图书馆文献利用率低下的状况就已经被人们所认识，但系统分割的体制束缚，导致这样的状况难以根本改变。文献资源建设的发展投入被大量空耗，并最终成为影响图书馆获得社会持续投入的根本障碍。只是因为它是以“看不见”的方式发生作用，图书馆界难以觉察。

4 信息化、全球化社会环境与当代图书馆活动前瞻

4.1 无限的社会信息环境与图书馆活动选择

数字化与网络化使得以文献信息处理利用为基础业务的现代图书馆活动获得了无尽遐想的空间。一二十年来，专业前景的瞻望始终让图书馆员迷惘于乐观与悲观的预测之中，彷徨于兴盛和消亡的前景之间。从信息爆炸到知识组织，从信息的数字化到服务的网络化，从知识组织到知识喷泉，各种技术的、文学的创新语词如潮涌而来，编织了无限理想的图书馆发展空间；同样，知识的数字化生产与发布，信息的网络化整理与传递等冷竣话语，也不断地演奏着图书馆走向消亡的悲歌。

从人类文明进步的高度俯瞰社会文化交流，立足文献与信息的社会利用进行思考。可以发现信息交流是一种社会自然现象，人与人，人群与人群之间的信息交流范畴无法人为界定。难以计量的社会与人群信息，通过各种不同物理载体无限制地传送着，由此而汇聚成的所谓“社会信息资源”仅仅是一种抽象的客观描述，它没有可能，也没有必要应用数字化，乃至更新颖的技术手段全部记录并保存下来。社会的文化进程与自然界的大小河流一样，都有着自净功能，存优汰劣的自然与社会发展规律，将最终决定不同文化和文献的传承选择。任何主动干预或许只能成为历史的笑料。当代图书馆研究无须过分惊悸，应将注意力集中于具体服务对象当前需求的把握。

面对多种物理形态的文献或信息载体，当代图书馆专业活动依然应该立足于文献资源的管理与利用。现代图书馆活动的社会教育功能也需要整理有序的文献资源给予基础支撑。在现代信息处理技术支持下，满足读者群体知识自我更新等需求的图书馆文献服务功

能将得到更有效的发挥。"知识服务"、"个性化服务"等是提升图书馆服务能力的积极思考，但进入具体实践领域就必须严格地界定范畴。任何理论前瞻都不能离开社会文化分工规定的图书馆活动四项基本职能，单一发展的极端思维或许才是引导图书馆走向消亡的最大威胁。

4.2 全球化与城市化交织中的当代中国社会发展环境

当代中国社会正处于城市化过程中，同时西方发达国家正通过经济、文化、技术等强势力量裹挟着世界所有国家和地区一起进入全球化潮流。工业社会的城市化和信息社会的全球化令当代中国社会面对着平行交叉的发展境遇。辽阔的疆域以及东西部不平衡的社会生态更为发展研究添加了难度。研究未来社会的图书馆活动，需要把握世界科技发展前沿和国际图书馆专业的最新进展，更需要顾及中国社会的特定人文与时代背景。清醒认识事业发展与社会制约的一些基本事实，才能为当代图书馆发展提供科学理性的导向。

(1) 在经济全球化的过程中，当代中国农村劳动力剩余将更加突出，缺乏现代社会活动效率的农村人口将成为自然资源过度消耗的重要因素。扩大现有城市和新建城市，是从生产生活方式的变革入手，让这部分社会成员转化为社会发展积极因素的必由之路。在国力总体薄弱的情况下，各级政府在城市建设中首先重视物质领域的投入是一种必然，公共文教活动在理论上的重要性终究须让位于直接的物质生活需求，这是当代中国社会生活发展中无须讳言的客观现实。

(2) 城市居民的快速增加必将加剧文化教育资源的紧缺状况。当代社会机制决定了发展资源基本集中于行政管理系统，发展压力也自然为政府承担。十一五期间基础义务教育将完全由政府投入承担，这无疑是走向社会公平的一个重要举措。此举的另一效应将是需要获得基础教育的人群，将进一步向有着教育资源优质内涵的城市集聚，城市文化发展投入中用于基础教育的部分必然持续增长。与此同时，在经济全球化发展环境中，城市居民的职业技能教育正在成为一种新的巨大发展需求。在城市化和全球化的双重压力下，当代中国城市公共文化教育领域的政府投入将更多地集中于直接教育领域，处于辅助地位承担社会教育职能的图书馆，行政投入大幅度增加的可能性相对削弱。这也是图书馆发展研究需要清醒认识和理解的现实前景。

(3) 欧美地区社会文化发展进程表明，公共文化教育的发展投入可以由多途径实现。发达国家社会文化发展的行政性投入大部分用于教育事业，而各种社会文化活动则多半通过市场方式运作。文化产业运作积累的资金又在行政导引下反馈于公众文化生活，形成了社会文化发展资源的良性循环。我国城市的文化产业探索刚开始，产业化运作模式未有雏形，对公共文化的反馈自是未定之数。同时值得注意的是，上个世纪50年代以来，上海地区的公共图书馆三级网络建设已是多次反复，新世纪初深圳的“图书馆之城”建设，效果亦差强人意。两个沿海发达城市的实践得失，需要引起专业研究者更深入的思考，现代图书馆事业发展的要素是多元的，公众实际需求的具体把握应该比寻求建设资金更为重要。

4.3 以公众需求满足来检验图书馆的社会效益

当代城市图书馆用户量上升很快，但分析文献利用内容可以发现，言情、武侠小说等休闲性阅读和语言、计算机类文献等功利性阅读占绝对比重。在图书馆资源有限的前提下，这样的利用效果并不是社会健康发展所期待的。

相关调查表明，发达地区城市居民的书刊来源首选为大型书城，那里能获取最新图书；其次是街头的书报亭，那里能得到时尚

报刊；中小学生课外阅读的主要来源竟是地下租书点，那里有混沌初开少年为之入迷的“口袋书”。同时，各种公开的社会文化调查数据表明，发达地区城市居民的年人均购书支出一直排在全国各省市之前列。

以上各种矛盾的事实表明，公共图书馆的文献服务与社会需求有着相当的距离，而借阅人次的单一增量掩盖着图书馆整体功能的缺失，也表明社会给予图书馆的投入与真正的社会效益之间有着很大空间。在城市大多数居民尚处于“文化脱贫”的发展阶段时，以信息平等一类奢谈指导专业活动，简单做出敞开大门、降低门槛等平民化姿态，只是平白增加图书馆管理成本，对于提高图书馆活动的社会效益毫无意义。当代中国城市公共图书馆的发展，应该更多地关注现代社会分工所赋予的教育职能。

现代图书馆作为公众自我教育和知识更新的场所，它的教育功能体现在图书馆用户通过文献的阅读和利用，既能获取各种具体科技文化知识，也能在个人文化修养上获得进益，让图书馆用户成为社会文明进步的助力，这应该是图书馆社会效益评价的真正落脚点。为此，图书馆需要强化文献馆藏与利用的科学规范，出版领域的鱼龙混杂状况不应该在公共文化服务机构中再现。同时，囿于意识形态的陈腐观念和盲目尊崇自由主义的洋教条，都是图书馆社会教育职能发挥的障碍。

5 结束语

人类社会的城市化生活方式，产生了规模化的公众需求，推动了公共性的文化教育活动形成。规模化的教育文化事业铭刻了大工业生产模式的集约化运作时代印记。规模化、集约化的公共文化教育活动也内涵着市场经济活动的基本规律——以最小的社会发展投入，获取最大的社会效益。社会文化教育活动组成之一的现代图书馆发展研究，需要适应社会发展内在规律的导引。

对于现代图书馆活动规律的认识，需要从两个方面入手，一是图书馆活动与社会文化进程的联系与相互作用；二是本地区图书馆活动的自身规律的探索。前者为图书馆的社会价值研究，后者则是文献管理科学的现实课题。

当代高新科技正在改变社会的信息交互方式，数字化、网络化环境使公众主动参与程度不断提高。文献生产、管理与利用形式也在变化，图书馆活动在未来社会分工中的地位与作用是一个长期课题。其中重要的是，认清社会发展进程中文献运动的总趋势，保证专业活动重心不发生偏移。能做到这一点，图书馆活动将与社会同步发展；若放弃社会活动中自然形成的科学分工，图书馆活动或将被淹没于无边无沿的信息潮流之中。

参考文献

1 杨威理．西方图书馆史．北京：商务印书馆，1988

2 《上海图书馆事业志》编纂委员会．上海图书馆事业志．上海社会科学院出版社，1996

3 罗梵等．法国文化史．北京大学出版社，1997

4 《上海租界志》编纂委员会．上海租界志．上海社会科学院出版社，2001

5 杨薇．日本文化模式与社会变迁．济南出版社，2001

6 钱乘旦．英国文化模式溯源．上海社会科学院出版社，2003

7 夏光．东亚现代性与西方现代性．北京：三联书店，2005

（原载北京《中国图书馆学报》，2006年第6期）

图书馆评价与城市发展环境探析

摘　要：都市图书馆活动的评价研究需要关注城市发展环境的重要影响。与欧美现代都市相比，当代中国都市在城市化进程中有着更多的人为干预色彩，这种因素固然加速了城市的发展进程，但也使城市的社会发展阶段和城市文化生态等有了与西方都市社会的重大差异。因此，当代中国都市图书馆评价不能简单照搬欧美现代图书馆的一般标准，而需要深入研究自身的城市发展环境特点，寻找符合中国国情的都市图书馆评价体系模式。

关键词：图书馆评价　现代图书馆　城市文化生态　城市发展环境　社会发展阶段

1 导言

现代图书馆活动产生于城市公共生活，定型于社会发展分工，服务于公众文化需求。近代以来的公共图书馆模式的出现，包括当代所有隶属于不同行政管理系统的图书馆活动进展，不能简单地归结为信息传媒技术的进步，图书馆组织也不能单一地理解为社会服务类机构。全面地认识现代图书馆活动的社会职责，准确地理解城市发展环境与现代图书馆活动的相互关系，清晰地把握现代图书馆活动在城市公共文化中位置与作用，是当代都市图书馆活动评价的重要前提。

作为现代城市公共文化活动的一个重要组成部分，现代图书馆的存在方式或活动模式取决于城市的基本社会文化生态。一个城市，或某个大都市图书馆活动的成败标志，关键在于它是否适应了城市文化生活的需求。现代图书馆活动不是一个抽象的价值理念，也不是若干个新潮观念的词语集合，更不是一批统计数据的简单汇集。

大都市图书馆评价体系的研究，需要具备对现代城市生活全方位观察的宽广视野，以及对城市文化进程的纵深考察，从而获得对当代图书馆活动评价的立体化、动态性的多维视角。城市的社会发展阶段，城市的公众文化生态，既决定了不同城市现代图书馆活动的方式选择，也显示着社会发展客观规律的规定性。

2 城市社会发展阶段与图书馆评价

社会生产的工业化进程造就了现代城市生活方式，形成了城市公共事业的发展环境，现代图书馆活动也因此获得了发展空间。城市的社会发展阶段的规定性，是现代图书馆活动形成的基础，也是都市城市图书馆活动客观评价的前提。

2.1 东西方都市的社会发展阶段认识

当代世界大都市的图书馆活动，已经置身于“地球村”的客观

环境中，社会各界和图书馆界都会很自然地对各个大型都市的图书馆活动进行横向比较。这样的横向比较，对于不同都市的图书馆活动了解自身在世界图书馆界的地位，了解本市的图书馆活动与世界水平的差距，获得发展完善的动力等，是一条有效的途径。但是，需要认识这种横向比较的局限性。若把其界定在图书馆专业工作方法的范畴内进行比较，其科学价值自然清晰而明白，若只是将不同都市图书馆的活动方式与活动数据进行简单的量比，结论的科学性就可能大打折扣。其缘由就在于不同都市之间的社会发展阶段差异。

有着三五百年以上历史的欧美地区现代化大都市，与只有百余年历史的我国现代都市，城市发展起步的先后，是一个直观的时间差异。需要注意的是，东西方都市的社会发展阶段还有一个非直观的差异，那就是欧美地区的都市社会发展，相当程度上表现为一种自然的生长进程；而东亚地区的现代都市发展则存在着很大的非自然色彩。所谓非自然色彩，就是东方国家为追赶西方社会文明，在社会发展进程中出现了大量的人为干预因素。当我们在享受人为干预对东方都市社会发展指标的加速提升所发生的积极效用时，也往往因此模糊了快速发展进程中的非自然色彩，并因此丢失了社会发展阶段差异性认识中的理性思维。

社会经济发展指标是标识社会发展阶段的重要指针之一。但是，若仅仅依照都市的经济发展指标就得出社会发展阶段划分的结果，这样的研究成果就可能是片面而极端的，因此而产生的社会发展决策参考，也就可能是完全错误的。西方社会科学研究者常常将欧美社会经济活动的进程指数，简单地作为研究世界其他地区社会发展需求的常用参数。由此而得出的结论，大多反成为当地社会发展决策的误导因素。其原因之一就是没有科学认识世界不同地区社会发展进程中的多方面影响因素，导致对当地社会发展阶段研究的种种误判。

关于都市社会发展阶段的研判，尤其是在东西方大都市社会发展阶段的综合评判过程中，需要十分注意各种非经济发展指标的影响。原因在于东方都市在追赶西方现代社会的过程中，出现了许多西方都市的自然发展进程中没有出现过的事物。例如，在当代中国的城市化进程中，农村人口进入城市劳动力市场对原城市居民就业空间的冲击，与西方社会都市化过程中农业劳动力向工业城市的转移就有着很大的差别。几乎无穷尽的农村廉价劳动力保证了我国工业产品的劳动力低成本状态长期维持，同时也导致了城市化进程的迟缓。尽管庞大的农民工群体在各种城市生产活动中占有越来越大的比重，但长期无法改变的低收入经济状况，决定了他们难以真正地融入城市生活。其表现之一就是城市经济发展指标孤立突出，而综合社会发展统计数据却只能产生于城市户籍居民人口部分，因此也就无法获得真正类似西方都市社会发展阶段的评价数据。

2.2 发展阶段研究缺失对图书馆评价的影响

在都市社会发展进程中，经济科技成果容易得到充分展示并为公众所了解，而现代都市活动进程中各类社会活动形态及其组织形式的作用等，则因为没有直接的显示方式而难以获得社会的重视，这也是导致东西方都市社会发展阶段认识模糊的原因之一。在当代城市公共文化活动，包括图书馆活动的评价研究中，这种模糊认识的典型表现，就是将经济社会发展指数与都市公共文化满足水平直接挂钩，进而将当代中国尚在形成中的薄弱的公共文化设施，与西方都市有着数百年积累的文化服务活动进行简单的对比。这样的研究结果事实上没有科学价值。

出现这种认识偏差的原因之一是对西方城市社会的宏观发展研究中较少关注的领域。在欧美的都市社会自然发展进程中，城市社会活动形态及其组织形式的发展，大多以一种自然调节与适应的过

程形式出现。尽管西方社会科学或城市社会学对各种活动与组织的具体研究很多，但却很少进入社会发展进程的宏观研究视野。这样的西方社会科学思维模式被东方社会发展研究不加区分地全盘引进后，其内在缺失造成思想混乱也就不可避免了。

比较我国当代都市与西方发达地区都市的众多实际差异，其中最为突出的问题是满足公共文化发展资源的社会供给能力。西方社会科学研究中，习惯地让社会供给能力直接依托于社会经济发展指数的高低，这种思维方式简单地移植到我国都市文化研究之中，其不适应性也必然表现出来。

在相近或超越的都市经济发展增长指数下的实际差异是：当代西方都市社会已经完成了产业化进程，而我国的都市社会还在艰难的产业化转型过程之中，西方都市居民的物质经济需求已经得到高水平的满足，而我国都市社会中则存在大量温饱需求亟待满足的弱势群体。况且，在经济全球化发展的大环境中，这样的简单温饱需求压力还将长期存在，甚至可能在今后相当长一个时期内表现出强化趋势。因此，研究影响我国城市公共文化资源供给能力增长的因素，决不能只盯住一个社会经济发展指数，而要更多地关注城市经济产业化模式成功转型的时间长短，具体研究与把握我国城市社会的供给能力的结构，在什么条件下能够从经济领域向文化生活实现重心转移。这就是当代公共文化研究，包括图书馆活动评价研究，在社会发展阶段认识上需要清醒了解的内容。

在社会发展阶段的理解上，任何政治化、图谱化的渲染，除了导致社会公众和图书馆学研究的思想混乱，没有任何积极意义。

2.3 发展阶段研究与图书馆评价应用

研究社会发展阶段对公共文化事业及至图书馆活动的影响，重心当然并不在于解释我国城市经济供给能力现实障碍，而是要立足于不同社会发展阶段的研究，探索城市不同发展阶段中公共文化活动发展的现实可能性，并依此形成具有可行性的目标体系，才是真正有科学研究价值的课题。系统了解世界不同地区各类都市的相应社会发展阶段中公共文化事业的社会供给方式，深入研究不同都市的社会供给能力与公众文化服务获得水平的相互联系，是都市图书馆活动评价标准建立的前提之一。

从我国当代城市现状观察，即便是在社会经济发展综合水平最为发达的长三角地区，上海与江、浙两省的相关地区城市也有着相当大的差异。有着强力计划经济传统的上海，与长期很少获得国家大规模发展投入的浙北地区，或以集体化经济为地方发展特色苏南地区，各类型城市的经济活动方式有着显著差异，也必然影响不同城市的社会发展阶段判读。

城市的不同社会发展阶段制约着城市经济向公共文化事业投入的可能性，并且表现为一种存在多种可能的变数。当代中国城市的社会文化发展资源供给能力，很大程度上并不取决于城市本身的经济发展成果或水平，而更多地取决于各个具体城市的经济地理位置。当农村剩余劳动力潮水般地涌向超大型都市，给大城市经济社会发展造成极大压力的同时，一些地理位置相对偏远，社会经济能力相对弱小的城市，其社会文化发展资源的供给能力状况可能要好于超大型都市，其原因就在于他们没有过多的外来、农村人口压力。这些城市社会结构也因此比超大型都市更合理一些。在这种情况下，某些中小城市的社会发展阶段综合水平事实上领先于超大型都市。实际生活中的一些事例表明，部分发达地区中型城市的公共文化服务能力与公众满足水平已经超出了大型都市。其原因就在于，虽然这些城市的社会经济指标并不冒尖，但在真实的社会发展阶段水平上却已经走在前面。若硬要将这些现象解释为某些地方官

员的崇高理念或高尚道德，是缺乏社会科学常识的表现。

因此，在城市图书馆评价体系研究中，对于具体城市的图书馆活动评价标准确定，或许应该是提供一个包含城市发展阶段多方面因素的综合测算模式，而不仅仅是一个机构、资源、服务等量化统计指标的集合。

3 城市文化生态与图书馆评价

现代都市的基本文化生态决定着都市图书馆发展的方向与具体目标，城市文化生态也应该是城市图书馆活动评价的重要依据。广义的城市文化生态内容众多，与公共文化活动直接相关并有显著作用的主要有城市文化的历史传承，都市居民的基本文化活动方式等。

3.1 历史传承与城市文化生态

历史传承是都市文化生态形成的客观社会基础，也是都市社会文化研究的起点之一。一座悠久历史的古城，与一个新兴的工商业中心城市，自然会形成城市文化生态的各自不同特色。社会文化生态的历史性差异对城市文化发展进程的影响，既是客观存在，但又悄然隐形于各自的具体发展决策之中。由于这种显示往往不能直接鲜明地显示，常常会被研究者所忽视。试以国内两座最大的城市北京与上海进行比较，历史传承在城市文化生态中的影响及其差异，或许能得到一点启示。

首都北京作为国家政治中心有着上千年的历史。在悠长的岁月中，政治中心城市同时也是国家或民族的文化集聚中心，并理所当然地获得了行政性文化资源高度积聚的特殊地位。这样的历史传承保证了公众文化活动在城市生活占有特别的高度，非如此无以彰显国家文化的尊严，无以展示民族文化积淀的优厚。同时，由于当代社会发展的多元性，京城的社会文化生态既保持着行政性资源高度汇聚的特点，也因为发展资源的多样性而呈现出城市文化的多元特色。

建立在近现代工商业基础上的海港城市上海，文化的历史传承就截然不同了。以20世纪50年代为界，这个城市的文化传承有着云泥之别般的差异。在此之前留下的是现代资本主义活动方式在东方社会的最鲜明印记，城市文化生态几乎就是欧美都市文化的翻版，基于各种社会组织的公共文化活动构成了城市文化生态的原始层面；而在此之后，由于这个城市在全国经济生活中的重要地位，而获得了最为完整的计划经济体制殊荣。这样的历史传承在当代经济社会体制变革中，进一步转化为历史罕见的强势政府操作模式，形成了另一种形态的行政性资源高度集聚格局。在城市文化生态上所展示的既有行政性资源的突出地位，还表现为文化发展资源的高度一致性。

当代中国城市不同的历史传承对各自的城市文化生态形成几乎有着决定性影响。这种传承引发的现实差异，是评价公共文化活动状况和研究图书馆发展环境的重要参照，也是建立专业活动评价体系需要研究的内容之一。那种将城市发公共文化投入与城市社会经济发展统计数据，直接作百分比方式简单比较的思路，在现实中往往导致被评价的图书馆依靠集体造假来消极应付，其社会原因或许就在于此。

3.2 文化生活方式与城市文化生态

城市居民的文化生活方式是城市文化生态最丰富的内涵，城市居民的现时生活方式与城市文化生态形成之间的相互联系，也需要成为关注的重点。

城市居民的文化生活方式，与他们的物质生活，即现时生存状态有着密切的联系。当社会生活处于相对稳定状态的情况下，文化生活方式的主流自然呈现出恬静安逸状况；而当社会生活出现变

动，或者急剧动荡的状态，文化生活状况也将出现复杂的局面。这样的城市文化生态是一种客观存在，不是行政性干预，或非行政性组织活动能够改变的。

当代探索进程中的经济社会体制变革，使得都市的社会生活，尤其是城市居民的生活处于激烈的变动状态之中。经济社会体制变革正在改变大部分人的现时生存状态，曾经是当代中国城市居民中坚的产业工人阶层在社会变动中正在被边缘化，而拥有较高文化知识和专业技能的社会成员开始成为城市社会的新型中坚。都市社会中坚阶层成员的结构性变化，反映于中坚群体的物质生活要求提高，体现在这一群体的文化知识水平提升，并悄然地推动着都市文化生活方式的转型。整个城市的文化生态因此而改变，认识与把握当代都市文化生态的变化，是现代图书馆和所有公共文化活动规划与发展的基础。

具体观察当代社会进程所引发的城市文化生态变化特征。原先城市中坚阶层居民的现时生存状态呈现长期下降趋势，决定了这一阶层必然以各种方式竭力摆脱自身的窘困处境。当他们发现自己落伍于社会的状况难以改变时，就自然地将期望值转移到下一代。当代城市生活中近乎疯狂的婴幼儿“早期教育”，无法遏止的“择校”潮流，本质上就是社会生活方式急剧变动带给社会文化生活领域的躁动。将其简单归咎于教育产业、文化产业等社会发展决策的思考，是一种大众性的社会误读，也与当代世界文化发展的主流趋势相悖。

当代城市居民中坚群体的成员变化，以及社会成员经济与文化结构的嬗变，推动着城市社会文化生态的更新，并将以全新的社会公共文化需求方式表现出来。新一代城市居民中坚群体的文化需求，绝不会简单地表现为社会文化服务能力的数量级增加，而将在公众文化需求的多样性上得到充分展示。因此，是简单地应对原先中坚阶层的服务数量化增长要求，还是为形成中的新一代城市中坚阶层的多样化服务需求，提前进行长期性发展规划，是当代都市图书馆活动科学评价需要考虑的又一个因素。

及早注意和研究当代都市社会居民中坚阶层的变化，认识城市文化生态发展的长期趋势，是当代都市图书馆活动能否把握社会发展机遇的重要环节。上个世纪八九十年代，图书馆活动曾经有过这样的机遇，但由于缺少理论认识和实践准备而丧失了时机。在当代信息技术支撑下的新一代图书馆工作者不能继续囿于政治术语的藩篱，依然忽视都市图书馆自身活力的发展研究。

3.3 居民文化结构完善与城市文化生态

城市居民的文化程度及其现时知识结构与城市文化生态有着直接的联系。不同文化程度和知识结构的居民群体，会表现出各异的文化活动需求，并构成相应的社会文化形态。这些原本是城市公共文化研究的基本内容，也应该列入都市图书馆评价研究的基本范畴。

城市居民的受教育程度是都市社会文化结构的基础之一，但并不是社会文化结构研究的全部。原因至少有两个方面，一是当代教育体制下的居民文化结构，不能以学习经历作为单一的评价标准，二是居民现时知识结构与他们参与社会活动的适应度，则是与社会生活状况变动相关的又一个变量。

就前者而言，当代城市居民中获得基本的文化普及教育已经不是问题，但如此知识结构的社会成员并没有达到参与社会活动的基本文化要求，他们还需要获得一定的专业技能教育，或获得相当的高等专业文化知识，才能保证自身在当代城市生活中获得比较稳定的地位。由此，当代城市中各种在职的学历、技能教育就成为社会文化生活的重要组成部分。当代城市文化生态中的这一现象，对于

城市图书馆原先在公共文化领域中分工的社会教育职能，是一种发展机遇，还是将消失于新的社会分工中，就是一个新的发展课题。

伴随新兴技术和社会服务业的涌现，当代中国城市的传统经济活动体制正在逐渐消解，这样的社会环境为都市居民展示了更多的发展机遇。城市居民原先的文化水平的高低差异，将逐步转变为知识或学科领域的结构性差异。这种知识或学科领域的结构差异产生与消解，是当代城市文化生态展示的又一种演变。能否适应当代都市社会环境的发展变化，就成为城市居民巩固或失去都市人地位的一个基本条件。由此,通过各种途径学习知识,完善自身的文化结构，跟上都市现代社会发展进程，就成为都市居民的必然选择。当代都市文化生态将因此进一步呈现积极向上的发展趋向，都市图书馆活动必须关注这一社会动向，寻找自身发展的拓展领域。能否及早认识当代都市社会文化生态变化的大趋势，并针对性地制定图书馆活动发展政策，自然也必须成为都市图书馆活动的评价依据之一。

4 小结

多年来，具体的社会发展课题研究往往与真实的社会状况调查拉开了距离，论者宁可轻松地搬运国外现成的社会调查结果，或者袭用社会上现成的宣传口号，却不愿意去做脚踏实地的现状调查。以至当代都市图书馆活动研究中，较多地是转述西方都市文化的一般统计标准，或是在计算机管理形成的一般数据内盲目徘徊。而都市图书馆活动构建所需要的，直接反映城市居民文化需求的调研成果，大多付诸阙如。于是，用抽象的道德说教去替代可行性的科学论证就成为必然的风气，在这样的基础上研究与建立都市图书馆评价的科学标准自然是困难的。

城市文化与图书馆活动的相互关系表面上十分简单，从一般社会活动的角度观察，都市图书馆是公共文化服务机构之一，科研机构、各类学校内部的图书馆也只是科研、教学的支撑手段之一。之所以形成这样的习惯观念，很大程度上是因为当代图书馆学研究过于趋时地将图书馆活动简单定义在单一的社会文化，或是信息、知识服务上，而放弃了现代图书馆活动承担的多项社会职责研究，最终导致了图书馆活动价值的社会性误读。

城市化代表着当代中国社会发展的前进趋势，都市图书馆活动规划及其评价必须建立在城市社会的现实发展环境的真切把握基础上。惟有如此，图书馆事业的发展前景才是光明的，都市图书馆活动的健康发展才能建立科学的预期。

参考文献

1 吴泽．东方社会经济形态史论．上海：上海人民出版社，1993

2 王旭．城市社会变迁．北京：中国社会科学出版社，1998

3 夏光．后结构主义思潮与后现代社会理论．北京：社会科学文献出版社，2003

4 王颖．城市社会学．上海：三联书店，2005

5 王世伟等．世界著名城市图书馆述略．上海：科技文献出版社，2006

6 王宗义．社会的城市化进程与现代图书馆活动．中国图书馆学报，2006(6)

（原载北京《图书情报工作》，2007年第5期）

当代图书馆
的社会教育功能再认识

摘　要：相对于古代社会的文献管理活动，近现代公共图书馆活动在本质上是社会公共文化教育组织的一部分。当代图书馆正在进行的一些资源整理、开发活动，以及所谓“信息发布”类服务，由于无法突破社会分工所规定的人力资源结构等天然局限，大多无法真正实现“有效的信息供给”，但却耗费了大量的发展资源。重新认识图书馆的社会教育功能，把握当代图书馆的社会职责，是当代图书馆学发展研究的一个课题。

关键词：当代图书馆　社会教育　专业职能

近十年来，当代中国的图书馆在应用现代信息处理技术、提升公共文化服务水平方面作了很多探索，也取得了一定的进步。但是，当代图书馆的社会影响力是否有明显的提升，在社会文化活动中的地位是否比以前更巩固，依然没有满意的答案。为此，我们需要进一步探索现代图书馆活动的内涵，努力更全面地理解当代图书馆公益性社会文化服务的全部职责。

如果说，我们过去是从公共图书馆自身的文献管理等专业能力为起点，去思考能够为社会公共文化服务做点什么，以及如何做得更好，本文则试着换一个角度，从社会文化活动的整体出发，来认识现代图书馆活动在其中的实际地位，发生着怎样的作用。由此，或许可以得悉当代社会生活还需要现代图书馆做些什么？这样的思考与探索，对现代图书馆活动更好地履行自身的社会职责，应该有所裨益。

1 图书馆社会教育职能的客观规定性认识

与公共图书馆诞生的18世纪相比较，当代社会生活中的公众文化活动呈现出越来越丰富的多样性，尤其是日新月异的社会信息处理和网络通讯传递等高新技术的发展，更使得公众的社会文化发展需求成为一个难以把握的事物。为此，所有传统文化组织和及其社会服务都面临着同样的课题：如何在新的社会环境中寻找到自己位置，如何发挥自身的影响以及确立组织的社会地位。

1.1 社会文化活动的职能与分工

当代社会中的文化组织与机构非常多，若从广义上去认识，除了物质生产部门和行政管理机构，其他社会组织大多可以归之于社会化活动机构，只是活动方式有所差异。

首先，可以对当代社会的文化类活动进行大致的区分：一是研究活动类，主要是指各种门类，不同层次的科研组织、机构的活动；二是社会文化类，各种组织与机构形式多样，数不胜数。若粗

线条划分，大致可以分为以下若干类：

(1)公众传媒：主要涵盖了新闻、出版、广播、电视以及新兴的网站等所有信息生产与传播组织与机构的活动，这些组织与机构为社会提供的是各种形态与模式的信息传递服务；

(2)文学艺术：主要包括各种专业文学与艺术创作、演出组织的各种活动，这些组织与机构为社会提供的，主要是具有专业性质的文化艺术产品，以及某些特定现场的艺术欣赏等服务；

以上两类社会文化活动，兼有文化产品的生产与服务(提供)两项职能。而比较单一的，或狭义的文化产品提供与相关服务，则是第三类。

(3)知识传授：主要是各种类型的学校，其主要职能表现为专业教育活动，不管它们的组织形式有多少变化，大体都属于知识传授的专业文化服务组织。

在社会生活上，现代图书馆活动与以上各类社会文化活动都有着密切的联系，并且在社会服务功能领域有着一定的交叉。图书馆具有提供各种文化知识产品服务的职能，但与一、二类组织的区别在于，图书馆自身基本不生产文化知识产品，而仅仅提供产品服务；而在文化知识传授的社会活动领域上，图书馆的文化知识产品服务又与知识传授的第三类专业服务组织的活动形成重叠。只是当代图书馆活动的发展研究，集中精力于文化知识产品的快速提供，以及致力于帮助读者／用户掌握信息获取的操作技能。相比之下，传统图书馆活动四大职能之一的社会教育职责，已经无形中被淡化，并成为一个抽象的概念：图书馆提供了文化知识产品服务，也就是履行了社会教育职责，进一步具体的知识传授活动或组织，不再成为业务关注和发展研究的领域，这应该是当代图书馆实践研究的缺失之一。

1.2 社会文化建设的当代发展需求

公共图书馆活动产生于文化知识在社会大众中获得普及的时代，现代图书馆是社会文化与科学知识普及的重要渠道，在这个过程中，图书馆，尤其是通俗型大众图书馆，很大程度上属于公众“自助教育”的场所。在公众科学文化知识普遍薄弱的时代，图书馆与各种职业、业余学校一起，成为社会的重要辅助教育机构。

20世纪30年代前后，欧美地区图书馆界的自由主义思想家中有一种代表性思潮，他们认为，图书馆员并不比图书馆读者用户高明，图书馆员只应该是将馆藏文献资源尽可能地提供给读者，而不能主观地决定，或代替读者选择合适的文献。这一思潮，反映了社会文化活动抵制意识形态干预，推进社会民主的发展要求，有一定的积极意义。当代图书馆界的“信息自由”、“知识自由”等口号，也是自由主义思潮在不同历史时期的表现方式。

中国社会文化的特征之一是常常通过行政管理方式以求取最大的社会功用。而在近现代的历次社会变革浪潮中，欧美国家以自由主义思潮及其口号来获得社会各阶层的认同。

由于中国社会文化的单一化思维形态长期浸润，使得某种极端思潮一旦出现，也就很可能出现盲从现象，让社会公众失去了独立思考的能力，同时也失去了科学理性。

与此同时，在快速发展和变动的当代社会进程中，几乎所有社会成员都面临着知识更新的需求，而信息传播技术又使得社会文化知识处于泛滥无归的状况。尤其是在现代城市生活中，“知识”被裹挟在各种各样“信息包装”后的大潮中，社会公众无论自身文化基础高低，或多或少都有一种深陷“信息旋涡”的感觉。

让社会公众自行选择知识学习的文献及内容，在自身的成败过程中获得经验，通过比较、选择，最终获得最有效的收益，这是一种理想化的图书馆服务过程设计。在特定的高文化素质人群，如科研工作者群体中，或许是可行的。但在当代社会公众文化水平相对

薄弱的环境中，盲目地硬搬理想主义的教条则显然是不合时宜的。

现代图书馆作为公共文化服务组织与机构之一，必须认真履行社会教育的职责，在公众的自主学习和知识更新过程中提供各种具体的帮助。近年来，东部较发达地区城市的一些图书馆内，各种文化讲座、知识展览和专业技能教育活动等开展得红红火火，就是图书馆社会教育职能与社会需求得到有效衔接的一个证明。

社会文化组织在公众文化知识获取过程中的导引职能，并非一般的理论必然，更是当代中国社会文化建设的时代特质所规定的任务。社会文化组织与机构提供公共文化服务的有效性，并非单一地强调平等服务，那只是最一般层面的要求。通过社会教育功能的发挥，帮助读者或用户获得最大的利用效益，才是走向知识获取平等的努力方向。

2 图书馆社会教育职能的内在公益性认识

当代社会的所有公共文化服务组织与机构，包括图书馆活动都以保障社会生活的健康发展为宗旨。因此，各种社会文化活动的公益目标就是在众多的当代文化产品中进行科学的选择和有效的组织，为公众提供优质的文化产品。让社会用户通过公共文化机构的服务， 在较少的时间里最大限度地获的自身发展所需要的知识。这样的文化服务就是保证社会的文化发展投入，得以获得最大的社会效用，也是当代社会公益文化服务的精髓所在，当代图书馆也必须按照这个思路来开展与组织公益性文化服务活动。

2.1 警惕单一文献信息提供服务的狭隘思维

当代中国社会，尤其是城市社会正处于急剧发展的时期，不同城市居民的基本构成，文化基础等发生着巨大的变化，他们的文化需求也在出现多元发展的局面。为了应对社会环境的快速变化，及时改变自身的知识结构和文化水平就成为自身发展的重要途径。因此，现代图书馆活动只是通过单一的最新技术应用，或是简单地放

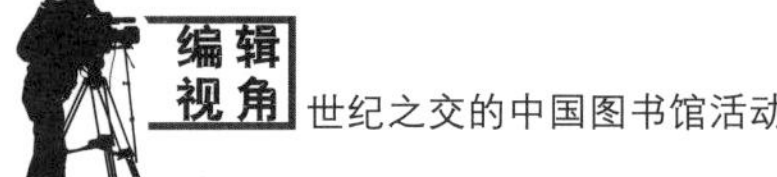

大的服务规模，不能找到改善公众文化服务的理想途径。

现代图书馆活动的数百年历史积累，为自身确立了城市文化中心的重要社会地位，这是图书馆开展社会教育的良好前提条件。在近年来的发展思维中，过于强调文献信息资源的高效、快速的提供。尤其是在当代信息处理技术高速发展浪潮的裹挟下，图书馆不由自主地将发展思考集中于网络数字文献资源的管理与提供领域，而对于图书馆社会教育职能的思考与相关的实践研究则渐渐地淡出了工作规划，这应该是一种发展思维的偏颇。

面对建设和谐社会、学习型社会等发展要求，当代图书馆活动的发展思考尽管应用了很多国内外的新颖思路或技术方法，但主流意识似乎依然是停留在传统活动领域，沿着惯性的思考轨道，简单地将传统活动模式放大、加速，而缺少实质意义上的创新思维。馆藏书刊文献和网络信息资源的整理与提供，是图书馆履行社会文化服务职责的重要部分，但不应该是唯一的指向。当代中国社会正在发生急速的变化，居民的年龄层次、知识结构、物质生活、文化水平等都在发生着急剧的变化，图书馆必须对服务对象的变化有充分的认识，并应该在此基础上探索服务提升的方向与路径。

对于社会公众而言，面对当代知识与信息的滚滚洪流，需要有社会文化组织或机构对知识、信息大潮进行必要的甄别、选择，为他们推荐真正有价值的部分内容。事实上，社会上此类活动与组织非常多，甚至可以说是无所不在。例如，在与图书馆文献服务关系密切的公众读书指导活动领域，纸张媒体有报纸、期刊的读书栏目，甚至有专门的读书指导报刊；影视媒体有广播、电视的多种读书指导与交流节目；网络上的不同网站有多种形式的读书指导频道，以及大量的阅读交流空间。在这样的社会文化环境中，作为文献信息集藏与服务中心的现代图书馆服务，仅仅是空喊“知识自由”，简单地“消除门槛”，一味地强调开放，让读者的自由选择，现代图书

馆的“公益服务”就失去了具体的工作内涵，只剩下一个空洞的语词框架，图书馆的社会价值实现也将因此成为高调的空话。

2.2 履行社会文化教育职能的活动探索

人类历史长河中产生过的文化知识产品浩如星翰，不知凡几，但经过大浪淘沙的历史检验以后，能够留存给后世有文化价值的文献只是极少数，传统经典文献因此得以成为社会与民族的价值凝聚，成为现代文化的基础源泉。伴随社会生活节奏陡然增速而出现的当代社会文化产品爆炸式生长，使得社会文化产品的自然选炼过程无法得到显示。面对精芜杂存、良莠不齐的大量当代知识产品这一客观存在，履行选精去芜、汰劣荐优的职责，是公共文化工作者的历史责任，也成为公益性文化服务的时代要求。

当代图书馆活动的公益性职责认识，必须与社会健康发展的需求相适应，把传承民族文化传统、开发文化知识内涵，主动地向社会提供优秀的精神文化食粮，作为公益文化服务的基础内容。图书馆的社会文化服务活动的发展方向，应该是把传统的和当代的优秀文化成果主动地推荐给社会公众，用优秀文化替代低俗时尚，让健康文化成为社会生活的主流，锻造积极向上的文化精神。为此，需要从强化现代图书馆活动的社会教育职能开始，进行主动进取的发展研究。

当代中国的一些图书馆已经在传统文献服务领域之外，以不同方式有意或无意地实践着社会教育职能。近年来，一些大中城市的图书馆，积极组织、举办的各种知识讲座、文化展览等活动，都是履行社会教育职能的良好载体。2004和2005年，上海图书馆等先后发起了全国图书馆讲座、展览工作的交流研讨活动，在全国文化资源共建共享中心的支持下．先后签订了图书馆讲座、展览资源馆际共享等合作协议，各种讲座、展览资源因此获得了更大的社会效用，图书馆的社会影响也因此获得改善。

但是，这些活动依然有着相当的局限性，大多依然囿于提高图书馆文化服务多样性的思考。即便少数提升到专业活动理论的研究，一般也只是试图让此类活动成为当代图书馆活动“新的业务生长点”。表明实践者本身在主观上还缺乏公共文化机构的社会教育职能发挥这一意识。

主观认识高度的局限，导致大部分图书馆在讲座、展览等活动组织与管理中，多少因袭着文献服务的管理思路。对工作成效的认定，依然简单地定位于组织了若干个系列，举办了多少场次，吸引了多少人次参与等，试图以此来证明此类工作对于图书馆服务的重要意义。若长期定位于这一简单思维模式，此类活动最终流于形式，走向低俗就将是一种必然。

重新认识图书馆活动的社会教育职能，是讲座、展览类文化活动可持续发展的重要途径。与相对被动的文献信息服务不同，履行社会教育职能需要有更多的主动思考。

首先，必须了解与把握不同图书馆所在地区的公众文化水平、知识结构和发展需求。例如，全国文献资源共享工程提供的服务内容，对于中西部欠发达地区可能是十分有用的，也大体适应当地公众的发展要求。但到了东部沿海地区就不是一回事了，东部沿海地区的社会发展已经进入城镇化、都市化过程，公众需求已经形成了多元发展的态势。城镇化过程中的地区与都市化进程中的地区之间，公众发展需求有着很大差异；甚至都市化地区的中心城区与周边新兴城区之间，公众的发展需求也无法以一个标准来衡量。

现代图书馆的社会教育职能发挥，不应该仅仅是开列出多少个项目，举办过多少次活动，争取了多少人次参与的“数字化” 问题，而是需要客观了解社区民情，把握社会公众实际需求，针对性地设计活动的具体探索。更需要图书馆学专业研究人员介入，通过反复的实践调研，逐步梳理出科学的系统方法。

在这个意义上，当代图书馆社会教育职能的实现与发展研究，也是图书馆事业和图书馆学现代化进程中的重要组成部分。

3 图书馆社会教育职能的操作可行性认识

在某种意义上，近十年来的大规模图书馆建筑高潮和高新信息技术的应用浪潮，都属于现代图书馆的“硬件”建设。这些硬件建设为图书馆开展多种社会文化活动创造了良好的物质基础。但是，适应当代环境与社会需求的各种具体工作方法的系统研究，或可称为“软件”建设，就明显滞后了。当代图书馆实践思考中，大多把新技术的应用直接等同于专业方法的进步，这是一个极大的思维误区。限于主题和篇幅，本文在这个问题上不能展开，只就当代图书馆社会教育专业方法的具体拓展，提供一些思考。

如前所述，当前大部分图书馆的社会教育职能，是通过展览、讲座等活动不自觉地实现的。从2004年、2005年先后召开的全国图书馆讲座、展览工作会议的各种文件和交流论文中不难发现，在开展了此类这些活动的图书馆中，大多没有专门的业务组织或部门设置。在少数已经设立了专门组织机构的图书馆中，各自的短期或中长期发展思考，也几乎没有从社会教育职能的角度去深入研究。在这样的发展思维指导下，我们能看到缤纷多彩的前景描述，名目繁多的项目设计，但无法感受到图书馆活动在这一领域必须具备的专业特点。

在当代社会文化活动中，各种讲座、展览服务已经有着众多的专业组织与机构存在，他们在专业方法、活动资源和管理运作等方面有着很多图书馆无法企及的特长与优势，图书馆新开发的类似服务项目，客观上与社会上相关专业文化机构存在着竞争态势，图书馆发展研究必须对此有清醒的认识。在科学认识发展环境的前提下，图书馆的社会教育类文化服务必须对自身的发展有一个科学的定位，首先要解决好两个基础课题。

3.1 融会于文献服务的社会教育活动设计

纵观当代图书馆界已经开展的一些社会教育工作，可以发现随着活动规模的扩大，图书馆管理层要求的逐年提高，现有的展览、讲座和专业技能教育等活动，在工作领域上呈现了无限扩张的趋势，虽然开展得很红火，但是否为可持续的发展路向，还待观察。前面已经提到，图书馆上述社会教育活动必然会面临社会文化教育类专业组织与机构的挑战。图书馆的社会教育活动需要及早思考范围界定，形成并巩固自身的特色领域，为此需要进行三方面的思考。

首先是图书馆社会教育活动的专业特色。应该注意依托自身的文献资源规模化集藏优势，借助现有相对稳定的读者／用户群体，锻造图书馆社会教育活动的特色品牌。例如在公众读书指导活动领域，要分析不同类型文化组织在这一领域的活动内容与方式差异，寻找能够突出图书馆优势的特定领域。与其他相关文化组织与活动既要相互合作，又要适当保持距离，以稳定图书馆的特定服务群体。例如热门图书的社会导读，要避免与大众传媒在同一层面并行操作。可以研究依托馆藏资源的深厚积累，在同一主题上推出可纵深推进的项目。为此，需要就相关主题的文献进行专门研究，了解与组织社会关于这一主题的研究人员与文献资源，让图书馆的社会教育活动能够在丰富资源的基础上，获得一定的深度拓展。既能消减图书馆传媒力度相对较弱的劣势，又能突出文献资源集藏的深厚底蕴，达到巩固图书馆社会文化中心地位的目标。

其次，图书馆是一个地域局限十分突出的文化机构，无论是在城区，或是在学校，图书馆的用户群是大体稳定的。因此，真切地把握用户需求，是所有活动成功与否的关键。为此，需要切实了解自身用户群在不同时期的特定发展需求，并让满足这种特定需求的具体操作，与图书馆的文献信息服务相互衔接，以获得事半功倍的活动效果。不同地域、不同层面的图书馆之间，切忌盲目跟风，追

随一般热点，脱离了自身用户群的具体发展需求，各种服务活动的投入就成为空耗，同时也会影响图书馆社会教育活动在用户群中的信誉，成为长期发展的障碍。

最后是社会教育活动操作中的信息技术应用。讲座、展览或技能教育等活动的组织与研究，除了解决专业特色与需求适应问题。还要考虑在社会信息化的大趋势下，如何应用现代信息技术扩大各种活动的社会效应。尤其要研究第二代因特网(Web2.0)环境下社会公众参与和交流互动的大趋势。曾经有一些先行的图书馆在社会公共网站上开设读书交流社区，聘请所在地区的文化研究人员与读书爱好者共同参与，在有效推动现实社区公众阅读的同时，也大大提高了图书馆在当地的大众知晓程度，这样的经验值得认真总结和借鉴。在各种社会教育活动的策划中，都应该认真研究应用网络传媒，扩展图书馆社会教育活动的影响，扩大图书馆服务的覆盖面，并在Web2.0的环境中注意及时获取社会的各种反馈，以便随时调整工作策略。同步的信息交互是网络技术给当代社会生活带来的特殊发展环境，图书馆公共文化活动组织与研究，必须注意和利用其带来的各种便利和泛在效应。

3.2 专业员工队伍与活动机制的建设要求

当代图书馆的社会教育职能实现，需要在长期的、反复的实践中，摸索形成系统的工作方法。在这一过程中需要关注两个方面，一是需要建设履行图书馆社会教育职责的专业员工队伍，二是要完善社会教育活动的专门工作机制。

组建专门工作队伍的目的，是为了能够主动地拓展社会教育的基本领域。它的任务是从研究本地区公众发展需求人手，调研现有图书馆用户和潜在用户的知识结构、文化水平，了解当地社会发展的知识资源需求特点，然后结合本图书馆专业服务的现有基础，制定本馆开展社会教育活动的总体规划。所有计划的制订和实施，需要有专职人员长期不懈的探索，随时积累工作经验，逐步提升活动质量。若仅仅是在社会上大型文化活动期间，临时安排人员参与，实际效果可能也只是“应景故事”，虽然短暂地满足了行政高层的要求，但无法留下自身专业积累。图书馆为此耗费了大量时间与精力，但对图书馆工作水平的整体提升毫无补益，这是以往图书馆在参与众多社会活动后留下的最大遗憾。

承担社会教育职能的图书馆活动，与专业教育机构的重大差异是不具备专门的教育工作者队伍，组建专业工作队伍的目的也不是让图书馆员“转身” 变为教师。图书馆的社会教育活动主要是通过有效地调用社会资源来实现。例如，上个世纪90年代初，上海图书馆讲座就采用聘请各学科领域的知名专家出任“图书馆讲座教授”的方法， 既提高了讲座活动的社会知名度，也保证了讲座活动稳定地可持续发展。除了讲座活动以外，文化展览、技能教育等各种活动都需要通过利用社会上各种物力、智力资源来实现。因此，调查收集本地社会的各种专家资源，建立专家资源系统管理机制等，也是图书馆社会教育部门的基础建设内容。

此外，图书馆的社会教育活动需要通过社会检验、专业评定等方式以提升工作能力，通过不同图书馆之间的业务交流以获得相互借鉴，都需要以一支稳定的专业队伍为基础前提。

当代图书馆社会教育职能的发挥，是推进图书馆事业的一个重要方面。图书馆需要通过各种社会教育活动的规划与组织，有针对性地具体开掘馆藏各种文献资源的深层内涵，更好地服务社会公众。主观地在信息资源的整序深度上大量投入，无限度地盲目开发，表面上轰轰烈烈，实际并没有多少图书馆读者和公众用户把它当一回事。原因很简单，对文献资源进行无限细致的分析、归纳与提炼，对于在图书馆寻求知识更新，或了解特定领域系统知识的一般读者/用户而亩，是根本不需要的；而专业用户群体——科研人员

那种几乎是随机形成的特殊知识组织能力——知识创新功能，则是非特定专业、课题研究者的图书馆员完全不可能具备的。在当代社会环境中， 社会教育活动应该是图书馆推广文献资源服务的最佳途径，通过不同主题的社会教育活动组织，让有着不同发展需求的读者或社会潜在用户了解与认识图书馆的馆藏文献资源，将比敞开实体图书馆大门，或在网络上单一地推广各种文献资源数据库服务，有着更为理想的发展前景。

参考文献

1 坎贝尔．公共图书馆系统及其服务．黄健元，译．北京：科技文献出版社，1986.

2 孙启林．社会教育．长春：吉林教育出版社，2000.

3 杨应菘．各国社区教育概论．上海：上海大学出版社，2000.

4 赵琴．学校教育与家庭社会教育.广州：广东高等教育出版社，2000.

5 曾淑贤．公共图书馆在学习型社会中的经营策略与服务效能.台北：孙运睿学术基金会，2003.

6 于良芝，等．拓展社会的公共信息空间：21世纪中国公共图书馆可持续发展模式．北京：科学出版社，2004.

7 陈乃林．现代社区教育理论与实践研究．北京：中国人民大学出版社，2006.

8 何云峰．农村职业教育与科技推广．北京：中国社会出版社，2006.

9 刘精明．转型时期的中国社会教育．沈阳：辽宁教育出版社，2007.

10 叶辛，蒯大申．2006—2007 上海文化发展报告．北京：社会科学文献出版社，2007.

（原载广东《图书馆论坛》，2007年第6期）

现代图书馆管理
与社会文化活动论纲

摘　要：当代图书馆事业的健康发展需要有科学的研究前提。为此，需要弄清一些基本的科学概念，了解基础的发展环境，理解根本的活动规律。只有在这样的前提下，才能形成科学的研究与发展氛围。

关键词：公共文化　社会文化活动　公共性　公益性　现代图书馆　发展效益　成本管理　规模控制

在社会经济持续快速发展的大背景下，当代中国公共图书馆活动获得了一个良好的发展环境。珍惜与把握历史机遇，有效地使用社会发展资源，形成良好的投入效应，才能为未来的可持续发展奠定基础。为此，需要对当代社会文化活动状况进行适当的梳理，探索理性图书馆活动的发展途径，科学规划图书馆事业的美好未来。

本文试就当代社会生活与专业活动中的一些习惯语词稍作分析，进而就图书馆活动发展的一般原理和科学管理等，提供一些基础思考。

1 若干社会活动理念的探索

当代公共图书馆活动的发展研究中，借鉴一些本学科领域之外专业理论、观点，使用一些非本专业领域的术语，本无可厚非。因为研究者的专业背景差异，经常会出现一些常识性的“误读”，这样的状况若不及时转变，可能导致公共图书馆活动偏离科学轨道。

1.1 公共文化建设

在当代公共图书馆建设原理的研究中，“公共文化”是个常用词语，很多时候还与社会文化服务等交替使用，于是，很多研究者常常随意地把“建设公共文化”与“公众文化活动”、“社会文化服务”等概念交替使用，似乎是同一个领域的概念，这是对社会科学基础研究缺少基本常识的一个群体性误读。

实际上，在人文社会科学研究活动中的“ XX 文化”，一般并不是指向某种、某类具体的文化活动，它只是科学研究工作者从“文化”的角度去审视人们在某个特定社会生活领域中的行为模式，辨析他们的方式变化与活动规律等。如“茶文化”、“酒文化”等研究，与物质生产领域中的“茶科技”、“酒科技”，除了主题文字相通外，在专业研究领域基本上没有交集。

所以，“公共文化”仅仅是社会生活研究的一个特定角度。它从文化的角度，观察与分析近现代社会城市居民的行为方式、状态及其发展变化等。现代社会人群集聚居住的规模化生活方式，推动了社会资源的集约化利用模式，进而衍生出了社会的公共活动形态，形成了文明社会的居民共同发展要求，这就是“公共文化”研究的基本前提。

因此，“公共文化”基本上是一个社会学，或政治学的词语。在这样的前提下，“公共文化建设”的具体内涵，则主要在于鼓励城市居民跨出各自的家庭，走出所在的工作场所或机构，积极参与所在地区社会事务的发展决策，养成关注本地区公共事务的群体意识，建设与形成自主管理本地区公众事务的社会机制。例如，当代我国发达地区城市正在探索开展的社区居民自治制度建设，才是“公共文化建设”研究领域的重要课题之一。

1.2 社会文化活动

在近现代社会的城市化发展进程中，出现了众多社会文化活动方式。社会文化活动覆盖着物质生产活动以外的几乎所有社会领域，囊括了当代社会分工中的教育、文化、体育、新闻出版、大众传媒等诸多行业。这些社会分工过程中自然形成的不同行业，具有一个共同的基本特征，即这些事物的共性，就是公共性。

所谓公共性，并非什么神圣的概念。它是近现代社会人群集聚生活方式发展过程中，逐渐摸索并形成的社会资源集约化利用活动模式。人们把集聚生活方式下出现的共同需求，委托一个专门的机构或行业集中处理，从而达到节约各自时间与精力之目的，同时也达到了社会资源的最大化利用的客观效益。在这一社会发展需求的实现过程中，现代社会的市场经济运动规律有着内在的导引作用，而人们的各种主观意志表现，各种主义、方针、政策等，都是源于这一规律，并通过不间断的阶段性调整而使之更贴近规律。当然，

这些需要在一个历史阶段后才能清晰地显现，而当前是否具备这样的意识，则决定了基础研究的科学前提。

随着社会的进步，各种公共事业逐步成为城市社会生活的基本方式。如物质生活领域的水、电、煤气集中供应和大众交通等服务事业，文化生活领域的学校、文化中心和图书馆等知识传授活动等等。无论物质生活领域还是文化生活领域，这些公共性的社会服务方式都有着内在的公益性成分。

公益性，在本质上也是一种经济概念，而非道德理念。社会向提供公共物质、文化服务的企业、机构或组织投入活动资源，作为社会管理者的政府，通过各种法规、制度，保证这一活动领域的生产、服务机构具有相对独占性或非排他性的社会地位，从事各类公共服务事业的企业、机构或组织因此无需追求最大限度的经济利润，以保证自身在市场经济大环境中的生存发展空间，大部分社会成员由此可以廉价地获得所需的服务。所谓“公益性”的本意就是如此，就社会宏观管理而言，这是社会发展资源的第二次分配，也是推进社会公平的形式之一。

以公共性为基本特征的社会文化活动形式之间，有着专业的分工，但相互之间并不绝缘。社会文化活动的各专业领域，相互之间有着密切的关联和更多的交叉。如与社会公众生活与发展有着最为密切关系的教育活动中，一般而言，社会教育行业承担着专门的教育工作，图书馆行业则承担了部分的社会教育职能。若换到实施角度观察，具体的形态并不是如此单一，最直接的例子就是，高等院校属于教育行业，但高校图书馆则是高等院校基础建设的三大支柱之一。因此，社会文化活动各个行业之间的相互交叉与覆盖乃是一种普遍现象。

1.3 公益文化服务

具有公共性特征社会文化活动内部，存在着商业性、公益性、慈善性等多种行为方式，此类行为方式的差异，并不以行业不同作为区分标准。以学校专业教育为例，面向少年儿童九年制义务教育，有着突出的公益性行为特征。而高等教育活动和特殊教育工作就有这明显的差异，两者的公益性特征相对较少，高等教育活动的商业性内涵越来越多，特殊教育工作则以慈善性服务为基本方式。

现代图书馆的公共性自不待言，但各类型图书馆的公益性内涵则有相当的差异。面向社会公众提供文化服务的地区、基层图书馆，以公益性服务为基本行为方式。而就社会文献信息资源集藏、管理与服务的分工而言，国家、省级公立图书馆，以及重要高校、科研机构的大型图书馆，因为各自的活动对象与社会需求差异很大，其行为方式则需要分别探究，简单地以公益性一个词语概括，只能导致发展决策的失误和执行过程的迷茫。

国家图书馆、上海图书馆等大型省级公立图书馆，以及若干大型高校、专业图书馆，不同程度地承担着国家、民族文化资源长期乃至永久保存的职责。无论这些管理资源的投入方式与结构有多大异同，若一概以“公益性”来定义，就失去了科学认识的前提。各地经济社会发展水平的差异，导致各级各类大中型图书馆的资源投入与管理模式也各不相同，必然影响到各个具体图书馆的行为方式差异，这样的差异是社会进程中形成的自然差异，简单地以“公益性”作为灵丹妙药，在实践中碰壁是自然的，强行操作的结果必然是发展资源空耗。此外，大型图书馆研究、开发的文献信息资源整理成果，在社会利用过程中将会给以市场经营方式活动的企业、机构带来各自的经济利益。若换一个角度观察，此类成果的无偿提供，就是让社会公共资源为社会特定集团获取了经济利益，一般公平原则就失去了。因此，需要对不同图书馆进行具体的投入与利用

分析，才能清晰地界定公益性服务的范畴和内容，空洞的口号不是现代社会科学管理所需要的东西。

因此，将现代图书馆活动整体界定为单一地公益文化服务，在理论上有着极大的缺失，厘清现代图书馆活动的内部差异，是科学规划与发展图书馆事业的基本前提。

2 现代图书馆活动的探析

公共图书馆，是相对于中世纪经院、藏书楼模式的近现代文献资源管理利用机构的一个统称。它区别于以往人类文献资源管理活动模式的基本特征，就在于公共性。如前所述，这样的公共性源于近代社会发展中出现的城市化生活方式，以及集约化的社会资源利用模式。作为社会文明活动的一种进步，尽管人们主观选择的因素比较明显，但依然是社会发展的一种必然。因此，将“公共性”神圣化也是非理性的思想方法。

2.1 现代图书馆活动特征理解

现代社会各种图书馆，无论是公立，还是私立；是面向基层民众，还是局限于特定阶层或群体；是存身于居民社区，还是立足于学校、科研所，都属于现代公共图书馆范畴。不同图书馆设立的缘起，投入的渠道，服务的对象等有着各自的差异，活动形式有所不同，但不会导致公共性的本质差异。

区分传统文献集藏管理活动与现代图书馆工作的另一个重要标准，是这类机构服务对象的社会化。中西方古代或中世纪的藏书楼和图书馆，一般文献资源使用对象范围都比较狭小，或是御用，或是个人，以及限于特定的文人圈内。而近现代图书馆的出现，使资源利用者的覆盖面有了很大的变化，社区图书馆的服务对象主要是本地居民和在这一区域工作、活动的人群，学校图书馆面对的主要是教师、学生，科研机构图书馆面对的主要是各类科学技术工作者……这种社会自然发展中形成的的图书馆类型区分，反映了事物的内在规律。刻意去打破这种自然分工，在“公共性”的名义下。要求各个具体的图书馆实现服务全民化，这样的思维方式除了矫情，就是炒作，根本违背了社会生活发展的客观规律。

古代书院藏书和部分官府公藏，有相当多的公众开放利用的具体案例，但它们不能归入现代图书馆行列，有着社会大背景差异的原因，而更重要的是，这些零星的社会开放案例，无法构成那个历史阶段的社会文化主流。若换个角度思考，是否中世纪时代部分文献集藏机构的开放案例及其良好社会效用，启发了近代社会鼓励图书馆普遍性社会开放的思考？前文提到的“主观选择”，应该是基于这样的理性推演，而并非悲天悯人的慈善情怀。

社会历史发展有阶段性，阶段性的区分标准主要表现于不同时期的社会活动主流形态。但任何一项具体的社会活动，在不同发展阶段之间都有着更多的历史传承。机械地按照历史阶段划分去认识客观事物，不理解历史传承的内涵，不懂得历史传承的价值，这样的认识方法属于狭隘的机械性思维。

2.2 当代中国图书馆活动状态分析

近现代中国社会经历了辗转反侧的变化，社会结构与运行机制的多次颠覆性变化， 必然地影响着中国图书馆活动曲折前行的路径。近现代中国图书馆事业的百余年发展进程中，有传统皇家藏书楼的管理形式遗存，有西方教会学校图书馆的工作模式影响，有国外公众图书馆的服务方式参照……这些都需要客观分析，汲取其中科学有效的内容。而真正影响当代图书馆活动方式，并具有决定性意义的则是五十多年前移植苏联模式的单一政府行政性投入渠道和层级管理体制。

无论各级各类图书馆的名称、类别、规模等有多大的差异，当

代中国图书馆活动的发展资源基本来自单一的行政投入。尽管投入的渠道各异，各地区图书馆来自各级地方政府的直接拨款，大小学校与各级各类机构的图书馆投入渠道略有差异，但也只是行政投入的路径变化，仅仅是在相关机构总投入下的二度划拨而已。

在这样的社会管理方式大背景下，让中国图书馆活动的发展思考，直接套用当代世界的各种时新理念，就出现了种种不适应状况。当代中国图书馆活动也因此成为一个指导思维错综复杂，行为模式不断翻新的奇怪混合体。改革开放三十年来，工作方式一直在创新，活动理念始终在变化，但具体的发展目标却仅仅是几个宏大而空洞的道德观念，实践工作者只能在时尚词语的迷雾中无尽地摸索。

2.3 当代中国图书馆事业状况认识

当代各地区经济发展的不平衡状况，对于单一依托行政投入的图书馆事业影响十分明显。东部沿海为主的经济发达地区建立起了大量图书馆，作为国家教育重心的高等院校，图书馆已经有了数轮新建热潮。同时文献资源建设投入大量增加，许多图书馆居然出现文献购置经费“来不及花”的怪现象！上个世纪90年代中期起，图书馆建设出现奢华风气，豪华的宫殿式建筑成为现代化的象征，众多地县级图书馆，面积动辄上万平方米，投资上亿亦非鲜见。漂亮的玻璃幕墙，富丽高敞的大厅，高等级的影视（报告）厅，组成造型越来越奇特的建筑，而实际功用与使用效率则无形中被淡化。这些“文化标志”仅仅是地方官员炫耀文化建设政绩的模特。

与不发达地区的差异继续扩大。全国依然有众多基层图书馆至今没有购书经费。更为可悲的是，一些新图书馆满足地方官员的政绩目标后就不再受到关注。没有持续投入的新图书馆很快陷入困境，一些新馆因为缺乏持续投入而让豪华馆舍成了空城。更有一些图书馆重新走上了出租馆舍的老路，以平衡新馆的运行费用。

在提高用户服务水平的口号下，众多新图书馆添置了满坑满谷的计算机装备，发挥的仅仅是免费或廉价网吧的功用。在全民读书状态普遍下滑的大环境中，一些图书馆管理者忙着把传统服务项目换上时新包装，把上网玩游戏的人次混充读者利用率，制造了图书馆服务的虚假繁荣。行政管理部门心知肚明，上下心照不宣地编织着社会文化服务的“大好局面”。这样的自欺欺人风气蔓延，对于图书馆事业的未来意味着什么，就无需更多描述了。

对于现代图书馆，乃至社会文化发展投入的有效性质疑，正在逐渐引起社会的关注。社会发展资源是有限的，保证资金投入的有效利用是社会发展资源实现健康循环的基本前提。图书馆工作者需要及时警醒，学会用科学的方法，理性地思考图书馆事业的发展路径。

3 社会投入效益实现的思考

作为社会文化活动组成部分的图书馆活动，它的公共性质和公益性内涵，都不能成为不计资源成本、不考虑实际效益的理由。具体服务项目的收费管理，只要不是恶意牟取额外经济利益，也不应成为图书馆社会声誉的压力。即使单一从社会公益性机构、组织的角度思考，在提供服务的同时，也必须思考如何让社会资源得到最大效率的利用，实现社会发展资源的良性循环。

3.1 公益文化与效用思考

近年来，部分图书馆和文化行政管理者习惯以单一的服务人次等数据，作为社会效益的测定指标，再加上社会的整体性浮躁风气影响，纸面上的服务效益似乎大大提高。但在各种社会组织或其他专业机构的调查和测定中，社会公众获得文化服务的感受并没有明显改善，公众的图书馆资源利用状况指标也大多呈走低态势，由此引发了关于社会文化投入效益的质疑。这应该引起图书馆人的忧患

意识，如何认识和保证图书馆的社会效益，怎样完善图书馆事业的科学管理。

公益事业消耗了大量社会发展资源，作为社会发展成果第二次分配的公平性主要体现于相对均衡的利用，它与慈善性的社会扶助有着本质区别。因为公益服务受众的普遍性，需要相应的制约方式防止少数人滥用公共资源。就社会管理成本而言，制定大量管理制度、政策，并通过各种组织、机构进行或监督，同样会带来大量的管理资源消耗，而廉价收费则是一种最为经济的管理形式。实际生活中有很多生动的事例：1997年前，上海地区的公共交通拥挤不堪，行政管理部门花费了数十年时间，投入改造资金和调整管理方案无数，都无法解决问题。最后简单地废除了几乎是无偿乘车的月票制度，改为按照职工上下班路程发放个人交通津贴的方法，困扰城市公交管理多年的拥挤难题即刻得到缓解。

同样，城市社会文化活动的公平性也需要通过科学的经济管理手段来实现。城市居民文化服务调查中获得的大部分居民缺乏感受事实，已经客观地表明，社会文化活动投入事实上被少数人不合理地占用了，只是表现形式比较隐蔽而已。

3.2 成本管理与资源集聚

引进社会经济活动的科学管理方法保障公共文化活动，需要考虑两个基本问题，一是社会文化组织或机构的活动成本管理，二是各级组织与各种机构的资源集聚要求。缺少了这两条，社会的文化发展投入就会在很大程度上被白白消耗，当代社会几十年来的历史已经反复证明了这一点。

作为社会文献管理与提供服务机构的图书馆活动，必须通过实在的管理数据，向社会证明自身工作的有效性。新世纪初曾有测算数据表明，发达地区图书馆单本图书利用的资金消耗，超出了个人购买单本图书的价格。即尽管少量读者通过图书馆的外借等服务获得了利益，但从社会资源流动的角度观察，集约化管理的优越性并没有实现，因此还不是一种健康的社会形态。

尽管这一数据的获取方式比较简单，没有考虑图书馆事业的内部分工等行业特性，但也从侧面提醒图书馆工作者，若我们缺乏成本管理意识，无法提供一个体现专业特点的科学测评模式，等到专业以外的管理者用替代模式来检查图书馆活动时，图书馆势必陷于极大的被动。近年外界对图书馆管理的指责，有图书馆自身管理不善的原因，但更大程度上是外界借助其他行业的标准来评判图书馆活动，而图书馆则无法提供科学的数据与合理的解释，因而处于有苦难言的尴尬境地。

资源集聚是任何一项社会活动得以长久生存的基础。当代图书馆学研究基本忽略了这一点，众多基层图书馆管理者把“服务”视为一切，这是对专业活动基础的糟践。无论社会为图书馆活动提供了多少非排他性的发展环境，即使为了图书馆自身发展，也不能回避资源积累问题。只是资源积累的研究比较复杂而专业，远不如简单“拷贝”其他馆的服务样式来得容易，再加上畸形的干部管理机制，导致专业管理能力日渐冷落。面对汹涌而来的发展投入，却不能抓住时机完善资源积累，将成为一代图书馆人的遗憾。

3.3 规模控制与持续发展

社会文化事业发展制约于当代社会的城市化进程，其间最基本的要素并非资金数量，而是社会需求与满足程度的一致性把握。如“保障人民大众的基本文化需求”就是一个活动的变量，这个“基本需求”的标准是由社会的文明进步程度和发展资源的可投入数量决定的，换个角度，也可以表达为“发展环境”。社会文化事业机构必须对发展环境有充分的把握，这样的把握不在于研究制定和解

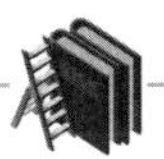

读如何保障的法规或文件，而是需要切实地制定规模控制方案，探索可持续发展战略。

社会经济活动进程的周期性起伏是一条客观规律。这一周期性起伏对社会文化活动的影响，在中国的单一行政性投入环境中尤为突出，对此我们需要有足够的认识。图书馆事业是需要稳定而持续投入的文化活动项目，发展投入的任何波动，对于图书馆资源积聚造成的影响往往是致命的。而在现有的经济社会机制中，这样的波动不可能由图书馆来防止。因此，图书馆需要对投入预期有充分的把握，进而控制发展规模，主动地适应任何可能的发展投入波动，为持续发展奠定科学的前提。

对于图书馆管理和任何一项活动项目而言，规模控制是个宏观的管理思路，它需要通过各个具体项目的成本控制，以及各个项目之间的整体平衡来实现。因此，图书馆管理需要借鉴企业管理科学的成果，这种借鉴不是套用"知识管理"、"人本管理"等时尚词语，而是要学习企业的成本核定、阶段核算、资金循环等经营管理知识，对图书馆发展投入的使用进行科学系统的控制。

在向市场经济模式转变的社会大环境中，图书馆需要在科学管理的长期积累中，逐渐摸索到自身的发展规律，进而形成图书馆科学的基础。简单搬运概念、玩弄时尚语词的伪科学，只会阻滞图书馆事业健康发展的步伐。

（原载广东《图书馆论坛》，2008年第12期）

关于图书馆学
基础研究的若干思考

摘　要：当代中国图书馆学基础研究的不足，在于对专业活动基础研究缺乏全面的认识，影响了专业活动的健康发展。需要关注当代环境下图书馆社会职能的科学认定，清晰界定当代图书馆专业活动的范畴，切实加强对图书馆创新工作方法的归纳与提炼。这是中国图书馆学基础研究面临的挑战，也是学科和事业发展的需要。

关键词：图书馆学　基础研究　社会职能　活动范畴　专业方法

图书馆学基础研究与图书馆活动实践的联系，是近二十年来专业内部认识长期存在相当分歧的话题。在实践工作者中间，抱怨缺乏科学理论指导，要求理论与实践加强结合的呼声持续不断；而理论工作者的意见则比较多样，承认问题存在者往往不多说话，拒绝此类抱怨，不承认这个问题存在，甚至将“理论联系实际”认定为伪问题者，则大声抗争。久而久之，学界的声音是单一化了，但实践工作者的抱怨还是在遇到各种实际困难时不断地冒出来。由此，基础研究与专业活动之间的关系问题争论，成为中国图书馆学科特有的现象，本文试就此作一点分析。

1 学科基础研究的思考

在社会生活的各个领域，理论研究与实践活动的界分是一种客观存在，理论与实践的差异，或分离，原本是一种天然的社会生态。实践活动与理论研究是任何一个行业内部分工的客观存在，因为分工而产生的认识差异，也是一种必然的现象。对这种现象有一个科学完整的认识，客观面对理论与实践之间的事实上存在的距离，对于理论研究者，或者是实践工作者，都很有必要。

1.1 基础研究工作的理解

任何一项社会活动的基础研究，都是对这项活动内在发展规律的探索。将研究与探索成果用文字系统表达出来，就成为基础理论的科学成果。

基础研究成果的评判标准，主要在于研究成果是否科学揭示了特定社会领域各项实践活动中一个或若干个侧面的内在发展规律。观察一下社会活动的各个领域，不难发现，任何一项社会活动的内在发展规律研究，无不存在于动态的探索进程之中。这样的规律认识成果并不决定于研究者自身观念的先进与否，而是决定并受制于客观环境制约。这种认识制约，既有实践的时代局限，也有研究的手段局限，因此，基础研究对实践活动内在规律探索，必然处于相对滞后状态，两者之间的距离也就是一种必然，讳言客观存在的论证毫无意义。

其次，任何一项专业活动基础理论的前瞻性研究，都是运用社会生活的一般规律，即社会发展一般原理，对特定、专业领域活动前景的假设性推定。这样的假设性推定是科学研究的一种手段，对于拓展研究思路，推动探索深入，有着特定的价值。同样需要把握的是，这种方式基本局限于基础理论研究领域，而对于实践活动的导引作用是比较有限的。因为，从一般社会科学理论视角来观察本专业活动，或引进、借鉴其他领域的发展原理，对本专业活动的未来进行逻辑推演，与专业活动内在规律的探索与研究之间，天然距离是不言而喻的。

以上列举的种种距离本身无所谓是非，它是人们认识社会客观进程中的基本环节之一。目前我国图书馆界的一些认识差异，并非前瞻性研究有什么大问题，而是认识与对待此类研究成果的态度或方法需要反思。前瞻性研究成果作为规律探索的借鉴或事业发展的宏观导引，属于科学理性。但将其直接作为实践活动的工作方针，其局限就会在不同的实践过程中随时凸现。

最后，专业实践活动是伴随社会生活在发展变化的，其内在规律的探索，也必然处于持续不断的过程之中，只有阶段性成果，无所谓最高或终极。若有某项基础理论成果达到了“完满”，也许就同时意味着这个领域的实践活动已经终结，这样的成果就大体属于“盖棺论定”了。基础研究工作者需要清醒地把握这一点，既要保持理论探索的积极进取精神，更应该尊重实践活动者各种因时而异的具体对策。

1.2 基础研究现状的观察

当代中国图书馆学的基础研究活动重心大体集中于两大领域：一是着重于近现代图书馆学研究成果的系统整理，并伴随图书馆专

业活动进展，对各类专项研究成果进行梳理，由此丰富和发展着图书馆专业科学的内容；二是着重于引进当代世界的社会发展理论，借鉴其他科学理论的学术成果，解剖与分析当今图书馆实践中存在的问题，提出新的发展思考。

这两类研究对于当代中国图书馆学的发展都是必要的。系统整理图书馆学研究成果的过程，也就是专业活动的宏观反思过程。回顾、提炼与系统整合，是科学理论研究的基础构成。此类基础研究工作者，大多是社会生活中最寂寞的人群。他们用默默无闻的劳动，建设着图书馆专业学科的基础，专业界同仁应该对他们表示真诚的敬意。

引进社会科学其他领域的成果，或借鉴国外图书馆活动的发展理念，对于当代中国图书馆事业的进步不可或缺。用这些成果或理念对照专业活动在当代社会活动的状态，改变图书馆活动的传统观念因袭，为专业实践展示了总体发展方向。但此类研究的真正价值，还是在于为理论思考揭示新的空间。

同时，应该看到当代图书馆学基础研究还留有相当的薄弱领域。近年来图书馆学基础理论研究对于实践活动的导引，比较多地集中于宏观发展要求和职业理念实现等领域。而当今图书馆专业活动领域，除了在计算机信息处理技术的应用方面有比较系统的理论探索，其他专业工作方法则长期停滞于实务摸索层面。这种状况与基础研究在这一领域的弱化不无关系，也是理论与实践“脱离”声音出现的主要原因之一。

1.3 基础研究局限的认识

基础研究与专业实践的差异与距离，使得理论研究能够脱离图书馆的具体操作过程，潜心于各类型图书馆以及各种专业活动的内在规律探寻，致力于图书馆活动未来的趋势推演，服务于图书馆具体实践的目标设计。

学科研究成果的系统归纳与完善，对于学科自身建设以及专业教育的系统化等，有着重大意义；其他学科成果与国外同行理念的借鉴，有着拓展思维空间，乃至文明启蒙的价值。但是，这些都不能替代各种专业工作特有规律的探索，尤其是当代中国图书馆发展内在规律的研究。

需要澄清基础研究领域的一些模糊认识。基础研究无须群众运动，也没有帮助图书馆员转变观念的职责。例如，基础研究范畴的图书馆社会价值问题，涉及到人群知识结构、经济活动模式、社会职业分工、公共道德伦理等多个领域，非兼具多元的哲学社会科学底蕴者不可能从事此类研究，但在中国图书馆界居然成为大众话题，就迹近儿戏了。况且，此类问题根本不可能，也不应该有标准结论。近年来，以各种社会时新观念为起点的语义演绎成果，泛滥于各种专业刊物，除了在专业实践中引发思想混乱，没有其他价值。再如所谓图书馆哲学研究，大多简单移植各种哲学流派的若干具体定义，在文字层面上凭空虚构的成果大行其道。此类基础研究不但误导下一代青年学子，也加深了社会对图书馆学的不屑，对本学科的危害则是长远的。

1.4 基础研究与实践活动的“脱离”解读

图书馆界关于“理论脱离实际”的争论，很大程度上是各方共同的误解。具体表现为不同层面关于“脱离”对象的各自解读差异，各方口中所说的“实际”，并不是一回事，随后的具体辩驳中，南辕北辙，各说各话的现象也就不奇怪了。

学界否认“脱离”的观点，或是重申科研活动的特殊性，强调专业学科系统建设的重要意义和当代价值。或是强调当代社会发展理念的引进，与改变图书馆活动面临的困境，重塑社会形象的密切关系。

对于图书馆工作者，包括各种具体操作类研究人员而言，需要

的是具体的系统专业理论导引。例如，面对公益性服务的一般社会要求与不同社会阶层事实上的需求差异，时新理念借鉴所提供的答案，仅具有一个公众形象调整的姿态意义。图书馆实践面对着用户需求差异的无数具体问题，以及各种相关对策制定需要的具体原则制定，依靠“馆长智慧”是不负责任的说法，单凭馆员的工作热情也早就被历史证明是行不通的。实践活动不会要求基础研究给出因时、因地而异的大量具体答案，但是各级各类图书馆制定各种具体对策时必须遵循哪些基本原则？这些原则与当代社会生活、与图书馆事业进程的相互关系是怎样的？其中的得失利弊该如何平衡，都是基础研究必须给予答案的问题。直接把一般社会理念替代专业理论指导，就回到了四五十年前的旧轨道，绝非科学的态度。

当然，更多的“脱离”并非于此。图书馆专业活动面对当代因特网环境的挑战，需要对读者、社会用户提供超出传统常规文献信息检索与获取的专业服务。这种服务能力的探索进行了多年，但始终在经验层面徘徊，缺乏系统总结，更少见专业方法的理论归纳。尽管深化图书馆服务的呼声持续升高，但在众多新方法出现之后，却没有相关的规律性研究做出科学的专业评价。实践活动忙于设备、软件的更新，但没有新技术环境中各种专业活动原理的归纳与阐释，是基础研究与专业实践之间最主要的“脱离”。“新五律”一类文字游戏，是图书馆学基础研究面对专业实践的最大难堪。

形成这种“距离”的原因，主要在于社会信息技术环境的急速变化，一些人对计算机信息处理技术的迷信，忘记了专业活动自身的系统方法提升或更新。以至理论研究者中也有人将信息处理技术应用直接解读为专业方法研究，把提高图书馆社会效用的前景寄托于图书馆员具备人文理念，再加上熟练的信息处理技术即可。此类无视专业活动方法存在的现象，显现了当代中国图书馆科学的幼稚，也是实践工作者对基础研究不满的根源。

让学科基础研究回归专业工作内在规律的探索，用严肃的科研成果帮助专业活动适应并进入当代社会发展的轨道，才是理论与实践“缩短距离”的基本途径。

2 专业活动的基础研究思考

仔细观察当代中国图书馆活动的现实场景，不难发现，实践活动要求基础研究回答的问题实在太多。不同类型、个体图书馆的发展目标和模式，传统理论表述难以适应当代社会的要求，而适应新社会环境的图书馆建设目标则长期处于混沌状态。数字、复合、平民、大众等名词组合，伴随技术进步和社会发展的潮流不断翻新，令图书馆莫衷一是；关于公共图书馆活动发展模式的提法更是五花八门，基于国外图书馆多种现行模式的借鉴，总分馆、集群化、网络化、延伸服务等文字演绎，个个有条有理。但这些模式的理论证明，普遍建立在主观理念和一般事实的基础上，却缺乏当代社会图书馆用户状况，用户需求，以及运行效益等最基本统计数据的科学支撑。现有的图书馆用户研究报告，数据采集范围、资料分析对象都相当狭隘，如此有限的研究基础，无法为图书馆学基础理论建设提供科学的依据。

理论研究的虚假繁荣，难以解决实践中不断堆积起来的现实课题，简单梳理一下，大致可归纳为三类问题，也是专业基础研究必须直面的课题。

2.1 关于当代图书馆社会职能的认定

在信息技术大潮的冲击和当代社会进步的要求面前，当代图书馆面对一大堆新鲜观念，需要弄清哪些是虚幻而应该摒弃的东西，哪些是真实而需要把握的事物。由此，就产生了一个最基本的问题：当代社会环境下图书馆的社会分工与基本职能，到底发生了什么样的变化。

传统社会环境中，图书馆在社会文化活动中的角色在于书刊文

献的集藏、管理与社会服务。进入因特网时代以后，学界对图书馆社会角色的认定不断变化，或是放大为社会信息中心，或是抽象为社会知识中心，目前的时新说法又有社会文化中心等。在环境急剧变化的时代，出现这样的认识差异，本是学术探索精神的体现，不足为怪。只是长时期的莫衷一是，将会影响图书馆当代实践变革的努力方向。图书馆社会角色的科学认定，关系着当代图书馆社会职能的设定和具体阐述。这样的理论阐述才是所有图书馆发展的真正行动指南，也将决定图书馆各种专业工作的模式设计，以及各种业务变革的探索方向。而当前专业发展理论的政治化，或社会通用性词语的滥用，恰恰反证了基础研究的严重缺失。

首先必须回答的问题是，当代因特网信息服务高速发展的背景下，图书馆活动如何进行自身专业工作的目标设定，如何成为网络信息服务的一部分，怎样融入社会信息服务的大环境？再具体一点，就是什么样的图书馆服务可以进入这一范畴，多元化的服务形态中如何凸现图书馆的专业职责？等等。

其次，当代各级各类图书馆的实践活动已经呈现了多元发展的格局。各地区、各系统不同图书馆的活动重心分化趋势正在凸现。这种活动趋势的梳理与抽象，对未来图书馆活动基本职能将形成怎样的影响，也需要基础研究成果提供答案。

最后，在公共文化中心、社会知识中心、信息服务中心等对未来图书馆的前景描述中，不同层级图书馆的社会职责如何界定，面对国内一些发达地区基层文化活动中的图书馆边缘化倾向，基础理论研究更需要为巩固图书馆的社会地位，提供严谨的科学依据。

2.2 关于图书馆专业活动的范畴界定

网络信息资源的出现，冲击着图书馆专业活动的传统领域，如何认识并界定变化中的社会需求，并据此确定当代图书馆活动的专业范畴，也是基础研究不能回避的课题。

近年来，专业学科研究对于图书馆专业活动的对象，普遍采用信息资源管理与服务，替代了以往的文献管理与服务概念。如此宏大的专业活动对象变更，是否真正符合专业活动实际，需要认真思考和科学认定。

目前关于专业活动对象的简单替代思维，与近代西方图书馆工作模式的进入有着重要关系。回顾我国传统藏书管理形式向现代西方图书馆模式的转换过程，可以发现文献管理领域发生的突出变化。在传统文献管理活动中，“目”与“录”是既相互包含，又相对独立的两项专业工作。而在以西方图书馆文献管理模式为样板的书目活动中，图书馆书目工作的主要内容，中心是记录书刊等文献载体的各种信息。而认识与把握书刊内容后进行创造性揭示的“提要”，比较接近传统书目工作中“录”的内涵，长期处于弱化的趋势。

这种弱化趋势产生的背景，主要在于现代社会书刊文献量的加速增长，图书馆书目工作的压力增大，有限的人力资源投入，被书刊载体信息获取与编制活动大量消耗，导致文献内容提炼的工作逐渐边缘化。在计算机信息技术的介入以后，图书馆的文献载体单元信息处理能力进一步强化，而图书馆书目工作的文献内容揭示——提要，即传统文献管理中“录”的功能，已经渐渐淡出了专业工作范畴。

“录”，是对文献内容的提炼与揭示，更接近于文献管理科学中的内容管理。但当代图书馆学出于对计算机信息处理技术的盲目追随，把主题词、关键词检索，直到自由词全文检索等数字资源获取一类纯技术手段的提高，作为文献管理科学的发展方向和基本内容。在此基础上，更以为能担当起社会信息资源的总体管理与利用服务的职责。这样的偏颇认识，不仅让图书馆专业研究内容日趋空洞化，也导致当代图书馆文献管理专业能力停滞不前。

此外，在当代图书馆社会服务形式多样化，项目多元化的趋势

中，文献信息管理与服务在图书馆发展规划中的地位如何确定，如何让多样化、多元化的社会服务项目围绕文献信息服务中心展开，成为推动图书馆专业向纵深发展的助力，同样需要有专业理论研究给予明确的操作指导。

因此，加强专业工作的发展方向研究，认清当代图书馆活动的基本范畴，是图书馆学基础研究亟待解决的课题。将专业活动范畴扩张到无限大的“社会信息资源”，同时将图书馆专业能力的提升思考，简化为完善用户服务的单一层面。这样的思维模式，终将使图书馆专业能力走向消亡，决不是危言耸听。

2.3 关于图书馆专业方法的归纳与提升

因特网时代的图书馆活动面对着文献资源环境的极大变化，传统纸张载体文献的统治地位受到网络电子载体文献资源的猛烈冲击。以近代西方书目学为核心的图书馆专业工作方法，在计算机信息处理技术的压迫下，处于亦步亦趋的尴尬境地，也是历史的必然。

当前图书馆活动的专业方法研究，大致分为两个领域。一是现代书目活动与最新计算机信息管理技术结合，将以往的文本式书目工作转换为电子化信息管理方式。同时，应用计算机信息处理的强大功能，努力将文献信息的提取从单元载体深入到单元内容。如全文检索、元数据管理等。二是图书馆服务能力提升的探索，在服务方式，服务管理，组织方式等多个侧面，各种具体方法研究始终在不懈地进行，新的模式或经验不断涌现。同时，在事业建设、机构管理，专业教育等方面，也有众多实践工作者在辛勤地努力。

值得关注的是，十多年来专业活动各个领域的探索，大多是分散地进行。现代信息技术提供的交互环境，并没有自然地让不同领域和侧面的探索，逐渐提升为新的专业活动核心能力。以西方书目学为核心的传统图书馆学解体了，当代图书馆专业活动的核心内容却迟迟未见显现。缺少了专业核心的工作与方法研究，只能无奈地长期地借用其他学科的成果，各种外学科的理论与方法，走马灯般占领着专业方法研究的高地，成为本学科的一大怪象。

让专业方法研究聚焦于当代图书馆活动的核心内容，应该是基础研究工作的职责。不同载体的文献信息与内容管理，与图书馆服务方式创新的内在关系是什么，如何构建适应当代社会需求的专业活动模式，其内在的基本规律是什么，等等。需要尽快形成科学的解释。在没有清晰的答案之前，图书馆事业和机构的实践活动，包括各种工作方法的变革只能停滞于经验式的本能反应。在发展对策长期流于应景的仓促应对环境中，专业活动的前景自然也就很难乐观。

当代中国图书馆活动面临着众多发展课题，同时也是图书馆学基础研究的重大发展机遇。为此，需要基础研究工作者静下心来，从最根本的现状调查入手，归纳聚焦当代社会对图书馆专业活动的实际需求，科学界定图书馆在当代环境中的职责与任务，系统整理图书馆近年来的工作模式和基础方法，是图书馆学基础研究需要切实强化的重要领域。在这个过程中，借鉴国外同行的活动成果，吸收其他学科的先进理念是必要的，但不能让外来事物简单替代图书馆专业基础研究，是需要把握的基本原则之一。

（原载北京《中国图书馆学报》，2009年第1期）

专业思维与专业方法
——关于当代中国图书馆学基础研究的散思

摘　要：当代中国图书馆学基础研究中存在着专业思维缺失现象，导致专业活动定位的迷失，社会职能认识的虚幻，事业发展研究的空洞化等现象。图书馆学基础研究不能把目光放在专业活动对象，进行无谓的抽象，而应回归专业实践的基础，集中精力于创新探索的归纳、提炼，科学把握专业活动的自身发展规律。

关键词：专业实践　专业思维　专业方法　中国图书馆学

当代图书馆学研究和专业实践中存在着一些困惑。无论是从事理论研究的图书馆学界，还是置身于图书馆实践的业界，在专业研究中的积极进取精神毋庸置疑。同时，也不无遗憾地看到，相当部分研究论述只有纸面上的存在价值，在推进图书馆事业发展的具体实践中不能形成科学的导引作用。

这一现象产生的原因，有基础理论不足的背景，也有实践探索短暂的因素，但这些都不是问题的根本。当代中国图书馆学研究与实践中，比较大的问题是简单套用一般社会科学理论，过度依赖其他专业与学科的现有方法，使得图书馆活动在时新社会科学理论和高新科技应该用的大潮中，迷失了自身的专业方向，放弃了自身的内在规律探索。图书馆实践也无可避免地处于“阵发性悸动”状态：昨天忙着搞“特色”，今天一起推“免费”，明天全面“社会化”？……在一波又一波的轰轰烈烈中，社会给予图书馆活动的发展资源一次次地大量耗费了，但活动成效大多只能停留在本系统的总结报告中，社会对图书馆的认知有多少改观，则很少见积极的反馈。

专业思维的缺失，是当代图书馆实践与图书馆学发展必须正视的问题之一。专业思维缺失状况的改变，无需引进高深玄妙的理论，也不需要炫人眼目的理念，只需要专业工作者回到自身活动领域。以当代图书馆实践为依归展开专业研究，理性提炼各级各类图书馆的管理变革，系统归纳不同图书馆工作岗位的创新探索。当代中国图书馆活动管理和专业进步，需要以专业思维为科学前提，图书馆学的发展研究需要专业思维的回归，

1 图书馆研究中专业思维意识的缺失

当代中国图书馆学研究中的专业思维缺失由来已久。在上世纪50年代的特定社会环境中，所有学科的专业思维都无可避免地受到意识形态的挤压，社会科学领域的冲击相对更大一些，而先天薄弱

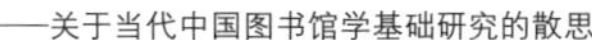

的图书馆学所受影响自然更甚。前半个世纪的专业实践被全盘抹去，以前的专业教科书被彻底改写，图书馆社会文化活动成了不知所谓的“公共文化”构成，专业研究成为行政决策的文字阐释。当专业学术思维离开了社会分工规定专业实践领域，这门科学也就失去了自己的灵魂。

如果说，老一代图书馆学人还能依凭惯性的专业意识，在学术研究道路上坎坷前行，而部分当代理论家似乎已习惯于在流行政治术语中讨生活，全然没有了专业思维的意识。特定的社会环境造就了此类理论家，他们也由于特定的社会环境而获取了主流发言权。其结果是专业实践工作者对当代图书馆活动发展路向迷茫，专业研究活动的领域与目标被无限放大，众多专业论著呈空洞化，高深莫测的语词后面其实是一无所有。

1.1 专业活动定位的迷失

任何一项社会活动，其专业工作内容都不能按照研究者的主观愿望去确定。专业活动的具体内容界定，首先取决于社会生活的客观实际需求，其次决定于专业工作者服务相关需求的实际能力。这样的社会需求与服务能力了解和把握，是一个随着专业实践而逐步深化的求索过程。

首先，需要对专业活动领域的社会需求拥有比较全面地了解，并能够随时把握这类需求的动态变化，为此也就需要有一套把握社会需求的系统工作方法。在当代图书馆活动中，各种相关学科的专业方法借用甚为多见，但却很少真正进入本专业研究的视野；其次，服务社会需求的自身专业能力研究更为薄弱。任何一种具体社会需求都是动态变化的，它随着社会的发展进程而产生或消亡，这类需求还经常地伴随着服务能力的提升而变化或增长。因此，把握服务社会需求的能力尤为重要。在不同社会发展阶段，根据自身服务能力，明确服务社会需求的各种具体目标，它决定着不同时期专业工作的基本定位，也是专业研究需要随时回应实践的基本课题。

在当代图书馆学专业著述中，充斥着“满足社会公众的知识信息需求”一类豪言，似乎有了宏大的理念，加之从业人员的服务热情，就能够满足全社会的各种信息需求，走向“知识公平”了。某些“研究”甚至把服务社会需求的能力局限，图书馆不同服务领域的界定等信口斥之为“歧视”。此类哗众取宠的言词，在当代环境中相对容易引起社会共鸣。其结果是近年来的专业研究中，对于不同图书馆的具体工作定位，阶段发展目标等研究几乎绝迹。在流行政治话语导向下，一些论述居然声言所有图书馆向所有人提供同等的服务，荒诞到了无可理喻的程度。此类似是而非的流行理念，其本质是早就被社会历史淘汰的民粹主义臆想，与科学发展观风马牛不相及，但在当代中国图书馆学界居然得到热捧，只能是一种悲哀，给专业实践领域造成的困惑就无须多说了。

有趣的是，当专业实践显然无法达到“满足全社会需求”目标时，一些理论家又“转换”出了个“基本需求”的概念来搪塞。但是实践的问题依然存在，社会公众和专业工作者还在继续追问，“基本需求”是什么内容，与“社会需求”的具体差异何在？语词游戏终究没有操作指导功用，而不同类型、不同层级的图书馆的发展目标与工作定位，没有人去关心研究才是发展困惑的关键所在。没有专业思维的前提，仅凭时尚理念导引，专业实践返回以往“运动模式”的陈旧轨道就是一种必然。

1.2 社会职能认识的虚幻

人类社会的文献资源集藏活动由来已久，现代图书馆活动模式的出现并作为一种社会分工，也有了数百年的历史。这一社会分工源于社会文献生产活动发展的历史阶段性，只要有一点社会科学常

识，就不难明白，文献专业集藏机构的社会服务职能源于这一社会分工的内在规定性，根本无须用一些不相干的高调言辞来证明。同时必须指出，文献集藏管理机构的社会服务，与宗教精神、普世价值等，原本没有必然联系。西方社会的文化优越论者出于对世界其他国家和地区文化渗透和精神控制的需要，刻意把此类先行一步的社会设施和活动等，与宗教信仰、意识形态等纠合在一起，编造出一些动人的童话诱惑无知的追随者。缺乏对此类宣传的辨识能力，是当代中国图书馆学研究中专业职能意识虚幻化的原因之一。

当代社会似乎是无限增长网络文献信息资源，转变传统信息交流渠道的大众网络信息交互模式出现等，迫使传统图书馆活动急迫地探寻自身的未来。而当代中国图书馆活动中专业思维的缺位，必然地影响着发展思考。

较早流行的“技术决定论”，试图在文献信息资源领域超越一般信息处理技术行业，抢占文献信息处理技术的高地，获得数字文献资源领域的主动权。图书馆为此大量投入计算机信息处理装备，竭力推进集藏文献的资源数字化。但几年后发现，图书馆的数字化文献在资源管理和利用效率上，远远落后于社会信息处理专业的产品水平和使用功效。这一反复也证明了，专业思维的丢失必然导致对客观的社会分工失去敬畏，试图依凭主动热情去实现超领域的发展，只能是脱离现实的空想。

其次是所谓“人文论”，把图书馆的职能简化为“服务”二字，宣称图书馆的社会职能就是“服务”，“做好服务”是为了实现“人文关怀”。由此，图书馆从业人员的“职业精神”之类就成为主要问题。“人文论”从本质上逃离了当代图书馆行业面临的专业发展课题，因为它不用去思考数字时代社会文献信息资源管理的科学发展，更不用去探索数字文献资源社会利用的效用提高等现实课题。事实上，“人文论”把当代图书馆的社会职能发展轻巧地推到普通图书馆员身上，自己则充当起“文明督察”角色，这是当代官僚学者的共同特色，其无视专业思维则是一种必然。

最玄妙者以公共知识分子形象示人，凡当代社会风行的词语或概念，都可以嫁接于图书馆学研究，依凭文字操弄能力，借助当前特定发展阶段中的民粹主义社会情绪，集合激进词汇编造出种种时尚的图书馆学课题。在这些居高临下、道貌岸然的滔滔话语中，当然不会有任何基于社会分工与能力基础的专业工作职能思考。它或许能使缺乏社会科学基础造诣者，没有社会阅历的青年群体产生敬畏或崇拜。但对于科学工作者和普通图书馆员而言，近五六十年来反复演绎的理论庸俗化风气已经够令人厌烦了。

2 以专业思维导引专业方法研究与探索

当代中国图书馆活动面临着巨大的社会挑战，数字化的信息环境带来的不仅仅是文献、信息的载体变化问题，而是社会信息交流方式的根本性变异。数字化环境中的信息交流，将在大众文化领域给文字方式的信息交流模式带来颠覆性的影响。声、光、动画等组合而成的新型信息传递模式，在社会信息交流中占有越来越重要的位置。当诸多中老年人按照传统思维模式认真地批评青少年“浅阅读”，过分沉迷于“动漫世界”时，也许没有发现，当代“动漫文本”演示时所传递的信息，不仅是习惯文字阅读的中老年人，包括倚重文字交流的青年学者，也失去了理解和把握能力。新型信息传递模式还有一个特点，就是信息内容表现的某种不确定性。能否接收信息单元的全部内涵内容，并不完全取决于信息接受者自身的知识基础和理解能力，还要求接受者具备新型信息环境内逐步积累的个人领悟能力。

现在无法预料数字化信息资源在未来的社会交流中，最终演变

为何种模式？而对于把图书馆活动领域定义于社会信息资源管理的研究者，则需要认真地去了解社会新型信息交流环境，在缺乏对外在环境实际把握的时候，豪言壮语没有意义。当各项具体研究在缺乏阶段性发展目标时，也就只能在计算机信息处理技术专业的身后亦步亦趋了。

2.1 依托专业思维探索工作规律

在应对社会变革浪潮的过程中，当代图书馆专业工作者进行了大量的实践探索，努力适应外界的各种需求。但是在专业工作者笔下的相关论述中，普遍存在着实践归纳不足，理论提升空泛的弊端。一些图书馆创造性地实验了某种新的工作方法，并取得初步成效后撰写的论述，在介绍具体工作进程以后，大多随即转向社会政治领域去进行“理论提升”，相当一致地与“和谐社会建设”、“实现知识公平”挂钩，似乎非如此不能体现自身经验的先进性。

图书馆的各种创新实践对于社会进步发生的影响与作用，原本不需要专业理论去证明，严格地说，它并非专业学术的任务。这一研究模式盛行所带来的现实问题是，当各个图书馆纷纷把自身的实践总结与提炼，与社会发展的终极目标直接挂钩以后，专业活动的一般规律研究也就没有了活动空间。

典型如图书馆的社会大众文化服务课题。多年来，各地的图书馆，尤其是东部地区图书馆都在积极探索。珠三角地区先后有“佛山模式”、“深圳模式”和“东莞模式”等；长三角地区近三十年至少经历了三次大规模的起伏，近年来“嘉兴模式”、“杭图经验”呼声甚高；天津地区的“延伸服务”，因总结交流时文化部的参与和操作，一跃成为全国图书馆服务普及的“标准用语”。

但各地图书馆员在参加了历年多次现场交流会以后，依然很困惑。各地区的社会发展环境有着一定的差异，到兄弟图书馆听听看看感觉不错，联系本馆实际学着具体操作就问题多多了。一些相关研究将此类现象归之于图书馆管理者的个人能力，或管理智慧，这也是一种很不严肃的说词。少数人无法学，或许是能力问题，多数人学不了，就必须回过头来思考问题究竟出在什么地方了。

这一现象产生的根源还是在于专业思维的缺位。基层图书馆管理者多半是因为缺乏理论准备，不懂得从专业活动角度去进行理论的提升，但此类工作更多地应该由专业研究人员来承担。专业学术研究人员决不应该停留于实践经验总结与社会发展原理一般衔接的层面，而是要对各个图书馆的创新实践进行深入的分析，寻找各种成功经验中的一般共性，进而总结出“延伸服务”的一般组织模式与管理方法等。同时，更要研究各地图书馆成功经验中的各自特性，追寻各地特性何以形成的社会、文化、经济等内外部因素，才能为各地不同社会环境下，各个具体图书馆的服务发展，提供相应的有效工作方法参考。

失去专业思维前提的创新工作总结和交流，只能停留于思想动员层面，可以鼓舞人心，但不能真正形成推进事业健康发展的效用。专业学术研究工作者若没有专业思维意识，就等同于思想工作者了。不幸的是，当代中国图书馆学界此风颇盛，与社会大环境也有一定联系，所谓不看概念重理念，应该是专业思维空白的典型概括。

2.2 理论借鉴要注重原理把握而非语词搬运

学术研究中注意坚持专业思维，需要在社会科学一般理论，或其他学科理论的借鉴过程中，避免片面地将不同学科中语词层面的相关，当作不同社会领域活动原理的一致性，以致简单照搬类似语词，套用一般结论，代替了本专业活动特定规律的探索和专门方法的研究。

因为社会历史原因，当代生活中以一般政治社会理论替代专业

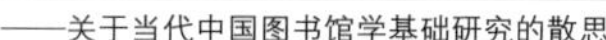

活动领域原理研究的陋习根深蒂固，影响了不止一代人。现实生活中司空见惯的“一刀切”、“一窝蜂”之类行为模式，都可以在这里找到理论或思想根源。在当代世界和社会生活充满震荡的环境中，对社会流行理论需要抱有一定的警惕。这并非意味着对新理论或新观念的拒绝与排斥，而是要求我们在面对新理论、新观念的风行，能够保持基本清醒的意识。

十年前，“知识经济”一词伴随计算机和网络技术的普及而风行世界，和之者众。图书馆学界因为文献集藏机构内的“丰富知识资源”而欣喜若狂，似乎看到了专业活动走向社会活动前列的光明前景。一时间，行业内各种刊物无不以此为理论依据，由此生产了无数篇论述“知识经济与图书馆”的论述。尽管图书馆收藏着大量不同学科、专业的文献，但很少有人去关注其他学科对“知识经济”的态度。事实上，当时其他各学科的基础研究，大多将本专业的未来描绘为新世纪福音。物理学家宣称新世纪将是“物理时代”，化学家坚称21世纪将是“化学世纪”，其他学科莫不如此，这大概才是真正的“职业精神”。惟有图书馆学紧紧贴着一般社会思潮，几乎完全没有了专业思维意识。

2005年初，“知识经济”概念的发源地——美国某权威咨询公司发布调查报告称，对新世纪头五年美国经济社会统计数据的分析表明，带动美国社会经济发展的是对外贸易与旅游服务业，“知识经济”并无实际影响。至于报告没有指明的，就是“知识经济”乃计算机和网络生产厂商们的宣传伎俩。普通人是否上当在于个人的悟性，科研人员是否受骗的关键，则在于专业思维意识的强弱，这也许可以作为“职业精神”的检验标准之一。

当代中国图书馆学相对其他社会科学理论的借鉴，类似的问题普遍存在，无须一一列举。其共同的表现形式就是看到、读到一些

时新理念，或新鲜词语就急忙搬运过来，全然忘记必须先行追索一下，了解这些理念或概念得以产生的社会环境及其思想理论根源。简单化的概念搬运，对于不同社会环境下不同专业活动的科学推进，会引发致命性的判断失误。

前文已经提到，现代公共图书馆活动以社会文献集藏管理为基本职责，这样的社会分工本身就包含了社会文化服务的基本义务。由于当代社会文献信息环境的变化，现代图书馆重新思考与探索自身的活动定位是必须的。但是，这种探索必须建立在自身专业工作探索的归纳与提炼上，而不能长期维系于其他学科现成理念的简单移植。

多年来，中国图书馆学已经习惯地把“知识（服务）交流”定义为专业活动领域和整体发展目标，并通过语词层面的大量推理来反复论证。建立在“知识观”上的图书馆学理论林林总总，其基本理论构架大体就是图书馆集藏了大量文献信息资源，内中蕴涵着丰富的知识信息，应该通过各种形式的图书馆服务，让这些知识在公众中得到充分地交流，籍此成为推进社会文明前进的力量。

从图书馆活动的单一视野观察，貌似有几分道理。但若把它放到社会文化的大视野中审视，就显得十分突兀了。人类社会的知识交流从来不以单一形式实现，在当代社会生活中，判断与区分哪些活动是信息交流，哪些活动为知识交流，是不可能也不必要的。即便压缩到社会的文化知识传承这一相对狭小领域，图书馆服务与学校教育在专业上也有着极大的差异。若学校也把“知识服务”作为自己的专业发展目标，那么图书馆与学校的本质差异将如何表述，两项专业活动的界限又如何划分？

同样，稍作严谨的思考，就不会把“知识”这一极其抽象的概念，作为一项专业活动的工作对象与发展目标。不妨仔细看看科学

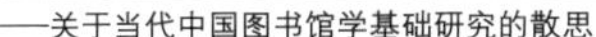

的“皇冠”——哲学或数学，也有着各自特定的知识领域或范畴。尽管当代社会中曾经有所谓“知识产业”的提法，但去仔细盘点这一产业的内容，就会发现这一概念的内涵或是无所不包，或是不明所以，充其量也就是一个临时性的指代用语。

3 简短归纳

社会各个活动领域中知识交流与服务，原本是一种生活常态。每一门科学活动的对象，都必须以客观存在的具体事物为基础。所谓基础研究，就是专业活动内在规律的探索，专业科学研究所提炼或抽象的内容，只能来自于专业实践活动本身，而非专业工作的对象。

当代中国图书馆学基础研究，很少对当代社会文献生产与利用领域的变化，进行充分调查研究和深刻把握，仅仅对专业活动的对象作最简单的概念抽象，就轻易地把它“提升”并界定为专业研究与专业活动的基础领域，是否应该引起质疑？

在这一观念裹挟下，专业思维被淡化，有效的专业活动方法难以出现，也是必然。

（原载北京《图书情报工作》，2009年第53卷第21期）

农家书屋建设
与图书馆社会服务体系研究
——由农家书屋可持续发展问题引发的思考

摘　要：“农家书屋工程”建设出于出版管理高层的良好主观意愿，但与市场化环境中的出版专业活动有着内在的冲突。为此，乡村图书服务的可持续发展需要寻找更合理的发展路径。在这一过程中，图书馆和社会文化管理机构的参与必不可少。同时，要切实掌握不同社会发展水平条件下各地区农村居民的实际文化需求，探索图书馆大众文化服务的内在发展规律，探索图书馆传统方法与当代信息处理技术的有效整合，寻找适合当代国情的农村图书服务模式，保证行政性文化服务投入形成实在的社会效益。

关键词：农家书屋　出版社　图书馆　乡村文化需求　大众文化服务　行政性文化投入　社会效益

0 问题："农家书屋"不需要图书馆参与？

2007年3月6日，由国家新闻出版总署牵头，中央文明办等列衔，八部委联合发出在全国乡村普遍开展"农家书屋"工程建设的实施意见。[1]只是其中没有社会文化主管部门，图书馆人对这一举措不免有几分诧异。农村基层文化服务，尤其是农村居民的图书服务，原本是图书馆等文化教育机构的传统专业范畴，怎么突然成了由出版界为主实施的活动，这是体制变革的新突破，还是对现有图书馆活动模式的置疑？

尽管有些诧异，但图书馆人少有异议。原因很简单，在我国辽阔疆土上普及乡村图书馆是一个耗资甚大的项目，图书馆和社会文化管理部门可掌控的社会发展资源，自知是无法胜任的。让在当代中国社会经济中带有一定垄断能力的出版业出面操作，也许是一种探索选择。但图书馆人也不能不有所疑虑，尽管图书馆与出版社都"与书为伴"，但社会文献管理利用与书刊文献出版毕竟不属同一个专业范畴，图书馆学与出版管理科学也有着本质差异，由出版人来做图书馆专业的事，真的是一个理性的选择吗？

2009年初，笔者无意中发现沪郊一些大投入的农家书屋的利用率极低，由此开始关注这一问题，连续考察了江浙一些农家书屋的活动状况，忧虑更甚。随后，在评审中国图书馆学会2009年年会论文过程中，发现各地基层图书馆工作者对于农家书屋的关注、参与和思考甚多，并集中聚焦于可持续发展问题。促使笔者写下此文，希冀引起图书馆界内外更深入的思考与研究。

1 观察：乡村图书服务实践与成效

综合国家新闻出版总署的历次相关文件精神，"农家书屋工程"的建设方式起初为：基于我国东西部地区经济发展不平衡的现实，中西部经济不发达地区的"农家书屋"建设资金，由地方财政与新闻出版总署各承担50%，东部发达地区则完全由地方财政承担。在实际操作中，就是中西部地方财政解决“农家书屋”的房舍、设备、管理等，由新闻出版业无偿提供图书资源。对于东部地区就是新闻出版业为“农家书屋”工程廉价提供书刊。为使农家书屋的有限经费能购置更多的图书，总署要求各出版社以图书标价的40~45% 向“农家书屋”提供各自出版的图书。据公布的统计资料，仅2008年，中央财政就提供了6个多亿的资金，按照每个农家书屋投入2万元的标准，为中部地区提供50%的补助，西部地区则达到80%。至2008年末，全国已经建成了农家书屋30040家。

从笔者实地观察和图书馆业界同行的反映，农家书屋建设在各地具体操作中有一定的差异，也形成了不同服务效益。

1.1 上海市郊松江区：新源村和黄桥村

沪郊农村的农家书屋工程由中共上海市委宣传部，会同市农委、新闻出版局，文广局、财政局组织实施。[2]松江区“农家书屋”建设由区发改委牵头，财政、文化两局参加。村均投入约3.5万元。2007年四季度至2008年末，已经在101个行政村建立了农家书屋。统一配置镌刻“农家书屋”字样玻璃门的书橱7只，图书1300~1500册，报刊30余种，影碟100张。为保证配置文献质量，区图书馆首先制定了图书不同类别及所占比例的具体要求，其次要求每所农家书屋配置图书不得有复本；其三要求每个乡（镇）下属十余个村农家书屋的图书品种相互间不能重复；最后委托上海图书馆集中采购、编目后下发。[3]图书馆人的专业能力与细致周到，由此可见一斑。

在松江区新源村和黄桥村看到，农家书屋基本建设完全落实了区政府要求，还安排了具有大专学历，经过区图书馆岗位培训的青年负责管理。他们遵照区图书馆的要求，建立了三本台帐，分别为图书登记、借阅登记和读者需求登记。实地考察中发现，玻璃书橱中崭新的书刊从2007年下半年初建至今，大多未曾有人翻动过。借

阅登记本上的读者是固定的三五人，全年流通量仅为100册上下。黄桥村书屋多了两个期刊陈列架，摆放着市农委组织编印，出版社赠送的农科普及图书，也因无人翻阅被浓重灰尘覆盖。黄桥村农家书屋还把报纸陈列架转移到了老年活动室，以提高实际利用率。

松江区农家书屋属于完全由政府投入，可以视为建在农民身边的基层图书馆，市、区图书馆也提供了足够的专业支持，但设计意愿与运行效益的差距未免太大。

1.2 杭州市郊富阳区：洪庄村

在农家书屋工程建设之前，杭州市郊洪庄村已经有了文化活动室等基础文化设施，包括影视放映、健身、图书室等，因此农家书屋建设只是在原有图书室基础上加了顶“新帽子”。在农家书屋建设过程中，收到上级机关赠送的一批农科图书，区图书馆也配发了部分图书，现有新旧图书2000余册，相对沪郊松江区全新投入的书屋稍显凌乱。对于上级机关新配发的图书，村干部反映复本太多，如省农业主管部门编印的“农业技术百科全书”，三四百页一册，就有30个复本。陈列的农科类新书没有翻阅的痕迹。陪同的区图书馆干部建议村干部把赠书分发农民，村委会主任听着不表态。

文化活动室的图书借阅登记册表明，流通量在每月70册上下，稳定的读者群在一二十人间，包括数名中学生。与沪郊两个农家书屋相比，利用率要高一些。据村主任介绍，外来务工人员可随时进入文化活动室阅读，但不允许外借。原因在于他们流动性大，随时可能离开。而文化活动室是村里的资产，不能让图书散失。因为进入图书室阅览的读者没有统计数据，从外借册次难以确定图书利用效率，但使用效益似乎高于沪郊松江区的同行。

1.3 宁波市郊北仑区：鲍家洋村

2005年，北仑区图书馆利用市、区政府下拨的各6万元资金，开始了街道、乡镇“图书流通站”试验，取得初步效果。2006~2008

年，区政府每年拨出50万元专项经费，用于普及和加强图书馆流通站建设，至2008年11月末，全区建成图书流通站31所，覆盖了全区6个街道和2镇1乡。因此，北仑区的农村基层图书馆服务以图书流通站方式出现。[4]

鲍家洋村文化宫内的“图书流通站”（也挂有“农家书屋”匾牌）建立在原村文化活动站图书室基础上。流通站里有原村图书室的藏书，区图书馆通过流转方式提供的图书，以及区馆为其订阅的30余种报刊。通过管理员提供的图书外借记录，发现这里的图书外借册次明显超出前述沪、杭市郊农村图书馆，全年流通量超过千册。2008年7月更超出了百册/月。据管理员介绍，这一期间中小学校放假，增加的主要是学生读者。

综观三地的基层图书服务内容，外借册次多少不论，读者外借图书类别比较一致，均为武侠、言情小说，偶尔有养生类图书的外借记录，农业科技辅导类图书的利用率几乎全无。且沪郊两所农家书屋的读者图书需求登记，仅寥寥两三条，均为要求多一点文艺、传记类图书，没有见到明确、具体的图书要求。

1.4 国内图书馆界的相关反映

中图学会2009年年会应征论文中，有近百篇图书馆业界关于农家书屋建设的研究报告，集中表达了对当前农家书屋大规模建设后的实际效益和可持续发展的忧虑。

江苏省通州市图书馆于天惠在描述当地农家书屋建设过程后指出，“建设农家书屋是一场轰轰烈烈的全民运动，社会的方方面面都发动起来了，农家书屋成为社会主义新农村建设的一个亮点。农家书屋里有了书架，有了书，有了阅览桌，一派欣欣向荣的景象。但就像过节日一样，节日一过，各人做各人的事去了。……我们以为农家书屋建起来，农民都天天欢天喜地的去读书了，其实不然。开始的时候还有人借书，但渐渐的借书的人就会越来越少，致使农家

书屋经营惨淡，门庭罗雀。……为什么我们提供了这么好的条件，农民群众还不领情。这是一个需要我们认真研究和思考的问题。”[5]

重庆潼南图书馆张瑶分析了本县农家书屋的状况，“农家书屋场地是由市委组织部建设，出版物则由市新闻出版局根据各区县在配送目录中选定的书目进行统一配送。为整合资源，市委组织部决定将农家书屋与村级服务中心合建，总费用为12万元，土地则由地方提供，其中农家书屋面积不少于20平方米,其资金来源则是中央及市级财政负责70%，各区县配套30%。由于各地的（经济发展水平）情况不同，建设进度及质量存在很大差异；农家书屋均建在村委会，管理人员则由村支书兼任，现在农村的村支书年龄偏大，文化水平不高，没有受过专业培训，不懂图书的分类、编码、上架，对图书管理更是一窍不通，大多数将图书放在村委会的房子里，有的甚至是放在在镇乡综合文化站里，没有将书借出去，让农民得到实惠，发挥不了应有的作用；现在配送到农家书屋的出版物均由市新闻出版局统一一次性配送，是一些对农村较为普遍的读物，没有重点，对后续出版物的补充也没有相关的政策，农民看后的书籍就成了废纸，造成农民获得的知识相对狭窄，想看的书看不到，不想看的书又很多，造成资源的浪费。”[6]

山东省曲阜市图书馆孔德安突出描绘了当前中国农村图书服务的混乱状态，“各部门纷纷开展文化下乡活动，如文化部门继续组织实施“三下乡”活动和“知识工程”，新闻出版部门牵头组织“农家书屋”工程，民政部门牵头组织“万家社区图书室援建”工程，全国文化扶贫委员会牵头组织实施“万村书库工程”，中国作家协会牵头组织“百位作家情系农家”活动。另外，在一些地方的社会主义新农村建设中，“结对子”帮扶部门及企事业单位也纷纷对口援建农村图书室。政府各部门及社会各界积极参与农村图书室的建设固然是一件好事，但是由于相关部门之间缺乏联系与协调，上述活动没有和农家书屋建设进行有机结合，没有一个统一规划，没有形成“一盘棋”的工作思路，出现了有些地区重复受助、有些地区却无人问津的局面，有限的购书资金得不到充分利用，造成不应有的浪费。”[7]

北京市顺义区图书馆张晓梅对农家书屋图书资源的分析，“为农民配好书，是农村书屋生存的生命线。但现实中存在以出版社库存书、社会捐赠书来“充数”的现象，图书普遍实用性、贴近性不强。有记者在鄂西北一个示范书屋里看到，仅藏的200多册图书里，大部分是过期的杂志，还有一些是残缺不全的古典小说、儿童文学等，与“三农”有关的书籍寥寥无几。”[8]

天津市塘沽区少儿图书馆袁世香指出了农家书屋建设中的普遍状况，“农村书屋建成后成了一种“样子”摆设，有的书屋当初虽购买了大批新书，但由于多种原因，没有很好的加以管理和利用，上面来人检查时热热闹闹，过后就冷冷清清……藏书量少，有的还“滥竽充数”，是一些与现实需要脱节的“过时品”，且很多都已破损，影响读者阅读。”[9]

湖南省醴陵市图书馆谢跃先分析了各地农家书屋快速建设又迅速衰落的原因，“被动创建，由于硬性指标规定，不少村建室的初衷就是为了应付上级的检查，建室仓促，室舍简陋，位置不当，直接影响服务效果的发挥。”[10]

图书馆人的报告很多，无法一一列举，但种种迹象表明，农家书屋工程获得了各级领导的重视，政府也为此做了很大的投入，但是实际社会服务效果堪虞。作为传统社会文化服务领域的图书馆工作者对此有着最灵敏的感应，这也是图书馆人职业精神的真正展现。

2 分析：农村生活方式与公共文化需求的形成

在以上众多事例中可以发现，农村图书服务的成效，与社会各界，包括政府、文化主管机构和图书馆人的努力，并没有构成正相

关效应。资金、管理投入多，图书服务效率却未必高。必须转换以往传统的单一发展思维，需要了解和思考农村基层图书馆服务的发展环境，寻找影响和制约图书服务效率的各种相关因素。

2.1 当代农村生产生活方式的多样性

新源村与中心城镇有着一定距离，地理位置相对偏僻，没有村办或外来企业，经济活动主要是蔬菜、苗木种植。本地户籍人口2000余，其中600余中青年前往城镇企业工作，另有400余名中西部农民流入补充了当地劳动力不足。黄桥村与新源村相仿，中青年大多离村工作，外出中青年约为全村居民的50%，外来人口约600余人。

洪庄村是个规模比较大的行政村，村委会下属十多个自然村，户籍人口2300余。经济活动以本村企业和引进外来企业为主，本村居民较少外出谋生，另有600余外来人员到这里企业工作，属于人口净导入地区。

鲍家洋村虽然还属于行政村行列，但已经接近城市生活。村里不仅没有传统农业生产，本地和外来企业的经济活动已经不再是地域生活的决定性因素。本地800余户籍人口和600余外来人口，其中青壮年多在附近不同企业工作。现在，鲍家洋村民的生活方式与城市居民已经没有很大差异，鲍家洋村的宣传材料也自称是“城乡莫辨”。

2.2 不同生活环境下文化投入的实现效益差异

比较以上三个案例的所在村，新源村的农家书屋建设与管理投入是最为完整的，但实现效益最不理想；洪庄村有着长期的、稳定的图书室服务传统，近年获得了各级投入的支撑，实现效益差强人意；鲍家洋村有少量的新增投入，但主要实践为基层图书馆管理方式的调整，但实现效益相对比较高。

由此可以发现，传统的加强行政性投入，或强化图书馆科学管

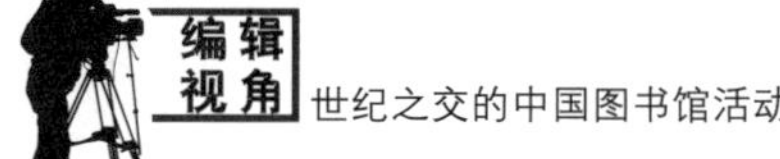

理等单一发展思维，都无法用来解释这样的效益差异。这就要求我们把视线转向不同乡村的社会生活模式，了解生产生活方式变化对村民文化需求，乃至图书需求的影响。

将新源村、洪庄村和鲍家洋村的居民生产生活方式进行横向比较可以看到，新源村是个基本保持农业生产传统的村落，洪庄村是工业生产占了主要地位的农村地区，鲍家洋村则是已经接近于现代城市的居民生活区。由此，可以依稀看到决定“公共文化需求”形成与发展的社会环境因素。

笔者以前曾专文分析过现代社会的公共需求，以及城市公共服务事业何以形成的一般社会原因。[11] 此次随机获取的三个农村图书服务案例，再次证明现代社会的公共文化需求，乃至图书馆需求，必须由社会的城市化生活方式为前提而产生。公共文化需求的形成与公众文化服务的实现，并不在于高尚的道德情怀，也不在于寻求社会公平的主观意念。而在于一个地区居民的城市化生活模式是否存在。即只有在一个地区居民的集约化规模居住方式形成以后，公共文化需求才会真正出现。有了这样的社会前提，规模化的公众文化服务设施建设与发展投入，才能形成理想的投入效益。而在这样的需求形成之前，任何凭主观设定的建设投入，都可能是盲目的。

建国60年来，各地，特别是中东部地区的农村基层图书馆建设与服务，至少有过二到三轮投入，但每一次都是无疾而终。

浙江省衢州市图书馆黄祖祥、周利红总结了农村基层图书馆服务的史料。“解放以来，我国农村图书流通点（村图书室）建设先后经历兴衰成败、复兴发展的过程，道路曲折。早在上世纪 50-60 年代,农村图书馆（室）曾一时兴起,后终因经济基础薄弱而失去活力。十一届三中全会以后的 80 年代中期农村图书馆（室）再次兴办，当时衢州市公共图书馆还专门设立农村图书室，专供农村图书馆（室）集体借书，要求定期更换图书，弥补农村图书馆（室）图书的不足。

一直维持到90年代初，农村图书馆（室）的发展前后经历了近10年的历史。由于经费不足等多种因素，农村图书馆（室）未能维持下来。从衢州市图书馆1988年的统计表中可以了解到，当时衢州市农村图书室也是轰轰烈烈的，农村图书室（乡镇）和村图书室分别是2039个和1366个，村图书室占全市2629个自然村的53%。”[12]

在东部沿海地区农村图书馆，类似经历实在太多。图书馆人所做的努力与获得的服务效益比较，实在是苦涩的，其中的深刻社会原因，这里只能作概括的分析。各地图书馆工作者的历史经验，使得他们对农家书屋建设的利弊和未来有着格外清晰的预判。若我们依旧一味简单强调政府做更多地投入，单一激励图书馆员做更多的努力，面对全国广大乡村地区似隐似现的有限图书需求，决不可能达到主观设定的服务效益，结果只能是社会发展资源的一次次空耗。

3 思考：破解乡村文化需求的认识误区

当代农村生产生活方式的客观存在，并不意味着农民文化需求的空白，也不意味着农村文化服务必要性的削弱。而是要求我们深入基层农村，具体了解农民的实际文化需求，探索适应农民具体需求的活动方式，保证行政性文化投入形成良好的社会效益。为此，需要破解一些习惯思维模式下形成的认识误区，在科学发展观指导下实现新的思想解放。

3.1 依赖一般社会理念的指导误区

当代农村，乃至全社会公众文化建设的指导思想，大多源于一个大而化之的模糊定义：“满足人民群众不断增长的文化需求。”随着社会的进步，公众的文化需求增长原本无需刻意求证，社会向公众提供文化服务也是天经地义的事。所谓满足公众增长需求的文字或语言，原本只是一种良好意愿表示。不能因为此话出处特殊，就认定其具有重大的科学内涵；仅具一般象征意义的话语，不会自然地具备指导社会文化服务活动发展的科学价值。

具体到图书馆服务领域，高度集聚的城市居民区，以及集约化的生活方式，才能形成社会的公共图书馆需求。宁波市郊鲍家洋村图书流通站的物质基础，明显不如新源村，但图书馆投入的实现效益却高于新源村，其根本原因就在于此。农村分散居民的图书需求薄弱，要求获得图书服务的读者群体狭小，简单地说就是社会需求有限，这是当代农村乡镇以下基层图书馆反复投入建设，但绝大多数不能持续稳定的内在因素。简单地认定政府文化投入不足，粗率地指责图书馆员缺乏服务精神，不仅于事无补，还导致了公共文化发展投入的误导，追溯以往几十年中城乡基层文化设施建设投入的反复虚耗，历史已经证明了这一点。现在需要的是客观地面对社会现实，科学地探索这一现象背后的本质。

缺乏对我国乡村居民文化需求的具体把握，盲目照搬欧美地区基层图书馆建设的发展模式，简单地套用欧美国家图书馆服务人口、服务半径等建设投入模式，也就是自然的了。其根子在于专业理论界很少有人去认真追索欧美图书馆活动模式形成过程，更少见对欧美图书馆社会活动理论提炼过程的研究。离开了对欧美社会文化活动的基础研究，无法了解欧美社会文化建设与发展路径选择的历史背景，只看到“有什么”，不知道“为什么”！结果是“南橘北枳”，也就不奇怪了。若继续在这样的思维误区中徘徊，我们将永远停留在十九世纪末“洋务运动”类似的理念框架之中。

3.2 图书服务模式主观设定的决策误区

在全国社会主义新农村建设过程中，各地政府都在乡间行政村所在地进行了大规模建设投入，新源、黄桥、洪庄、鲍家洋等村，都新建了规模差异不大，相当于城市“市民中心”的公众服务大院。如新源村的大院中，有行政治安管理，医疗康复服务，农资供应和农科指导，乃至日用品超市等设施，文化服务类设施拥有的场所最多，有“信息苑”（网络服务）、专业教室、数码电影、戏曲

演出、老年人活动室和“农家书屋”等场馆。“中心”的室外还有设置了科普宣传栏、装置老年健身设施等的大型广场。黄桥村、洪庄村等室外广场上有多个球场，鲍家洋村的农民文化宫规模甚大，甚至有一片室外灯光球场。在洪庄村、鲍家洋村的广场上，早晚都有多个居民自发组织的舞蹈团队开展各种健身娱乐活动。而仍以农业生产活动为主体的新源、黄桥两村，此类群体性文化活动就比较少见，社会生产方式对公众文化生活的影响由此可见一斑。

在多个村的实地调查中，获悉诸多文化类服务项目中，影剧服务是最能吸引村民的场馆，各地普遍用“政府购买”的方式，组织城市的各种地方戏曲团体到农村巡回、甚至短期驻场演出；浙江各县文化部门定期组织电影下乡放映，沪郊松江区技术则更进一步，乡镇文化馆、图书馆工作者把各种数字电影拷贝到移动硬盘上，就能带到村影视场馆轻松地自主放映。村干部普遍反映这是村民最为欢迎的文化服务。

其他文化服务类项目中，就有着比较明显的群体区分。如老年人活动室，基本是麻将“一统天下”。对于文化程度偏低的老年男性群体，打麻将不仅是他们的主要文化娱乐，更重要的是他们把这里作为维持人际沟通的稳定空间。在真正的农业经济活动地区，网络服务还没有显示出热切的需求，而在鲍家洋村这个接近完成城市化进程的地方，网络服务空间就成为另一个村民集聚之地了。

比较难堪的是图书服务场所，无论是比较传统的图书阅览室，还是面貌全新的“农家书屋”，都是各地基层“文化中心”内最为冷落的场所之一。即使是在沪郊乡镇一级，近年新建的“社区文化中心”内，尽管为图书馆配置的是两年内出版的数千册新书，但基本是空空荡荡，少人问津的。在村民文化生活样式趋向多元化的当代社会，所谓某地基层图书馆服务吸引大量社会普通人群的说法，只能存在于谀世媚上的总结文字中，而实际生活中从来没有出现

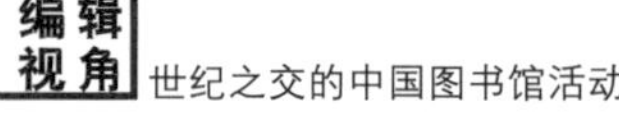

过。多个乡村的图书服务记录表明，借阅图书的稳定读者群与自发参与广场文体活动的人群，有着巨大的数量差距，因此，必须对乡村文化需求，及其中的图书需求，必须有一个实实在在的准确估价，才能为社会管理机构的发展决策奠定科学基础。

当代农村居民的文化需求有众多的服务与获得途径，图书阅读的大量需求短时期内不可能出现，将来是否会形成，也在未定之天。仅仅依靠一般社会发展理念，主观认定农民的图书需求服务不足，鼓动社会舆论，强行推动各级政府做大量的基层图书服务投入，结果只能是社会发展资源虚耗，与科学发展观风马牛不相及。

3.3 农业科普文献服务效益的认识误区

几十年来的公共图书馆服务建设过程中，一直把向农村地区赠送、传递种植、养殖等科技辅导类图书作为工作重点之一，相关论证的文字数不胜数，几乎已经成了“为农服务”的常识了。仔细观察长三角地区的乡、村图书服务网点，一个普遍现象就是农村有限的书刊阅读量中，集中于武侠、言情小说等休闲文学读物，如果有中小学生的参与，范围也仅扩展到科幻类图书。政府农业主管机构组织编写，通过廉价或无偿方式提供的农业科技辅导类图书基本无人问津，这是主观理念与现实生活的又一大反悖。

曾经有农业科学院图书馆工作者转述过农科人员的困惑。科研工作者花费5~7年时间才能成功培育一个作物新品种，但新品种送到当前以“包产到户”为主要生产方式的农民手中后，最多三年就退化、湮灭了。问题的症结在于一家一户的分散种植环境下，生物环境和田间管理都无法达到新物种长期繁衍的要求，这里并非留恋旧时代的集体生产模式。但规模化生产环境中农业科技普及效用相对较高，则是必须承认的客观事实。

其次，农业新科技、新品种的普及，绝不是将优良品种、新型肥料、低毒农药加上种植教材等提供给农民就行了。任何农作物新

品种的引进过程，都需要具有丰富经验的农业科技人员，根据新品种的种植要求，具体分析当地的土壤、水源、气候等客观环境条件，仔细观察作物的生长过程，随时调节田间管理手段，通过数年的摸索才能形成一套适合当地环境，行之有效的种植模式。以为农民可以通过农业科技辅导图书阅读，提高农业生产力，实现脱贫致富的目标，这是各级各类文化工作者的又一个习惯思维误区。

当然，实际生活中可能，也曾经出现过个别在科技图书指导下取得成功的农民，但此类个案不能用来掩饰农科图书服务的整体不如意状态。长期以来，我们喜欢用所谓“正面”、“典型”等个案，来证实自己的主观意愿，而拒绝面对大量客观、真实的存在。久而久之，虚假的“真理”幻化为“大众常识”，这是上下共同制造的“集体愚昧”，也是制约社会健康发展的最可悲形式，在当代社会中我们已经经历过太多这样的苦涩。

4 旁白：良好主观意愿与企业活动方式的内在冲突

前文已经提到，新闻出版总署在“实施意见”中曾提出了政府组织、社会捐助、自主管理、创新机制等比较系统的指导方针。[13]并通过行政管理渠道，要求全国各出版单位，积极支援各地“农家书屋工程”项目建设，除了少量赠送以外，更要求以40~45% 的折扣价格向农家书屋项目提供图书，并把此提升到和谐社会建设的政治高度来认识。高层管理者的良好意愿不容怀疑，但事实演进却大多不尽人意。

据笔者在长三角地区的了解，部分没有文化主管部门和图书馆专业人员参与建设的农家书屋，其藏书、管理现状用“惨不忍睹”来形容绝非夸张。书架上堆放的多半是陈旧过时图书，复本率之高较之前些年新建高校图书馆为应付评估要求而滥购图书的情况更为严重。这里撇开非图书馆人员的专业技能有限、出版发行商的暗箱操作等表面现象，主要分析一下管理者意愿与出版企业活动方式的

内在冲突。

出版系统各单位的企业化运作早已有之，近年来更普遍要求转制为市场化的企业经营模式。在国内外出版市场的激烈竞争环境下，保证自身生存，获取发展空间的最重要、最根本的途径，就是千方百计地提高本企业的经济效益，这是市场经济社会环境中任何一个企业必须要做的事。对于出版管理高层低价供给农家书屋图书的行政性要求，没有一个出版社敢于公然抗争，而是普遍运用迂回的手法来谋取自身的利益。在各省市的“农家书屋工程”项目招标期间，到处可以看到各级各类出版社营销人员的活跃身影。他们活动的目标是什么，具体成果有哪些，从公开报告或内部总结中不会找到真实答案，但众多“农家书屋”书架上堆放的市场滞销图书已经给了明确的结论：“农家书屋”工程已经成为许多出版社处理积压库存图书的途径之一。

回想世纪之初，笔者曾耳闻某出版社老总发出呼吁，各出版社不要把积压图书销毁掉，而是应该送到缺少文化和图书的农村去。在众人的喝彩声中，在场的笔者作为图书馆人不免有点腹诽：城里人不要看的书，送给农民就会受欢迎么！现在有了四折价格脱手的政策机遇，出版社怎能不趋之若鹜！

在此指责出版社毫无意义，这并不是出版人的职业道德问题，而是行政管理意愿和市场运行方式内在冲突的必然结果。当代中国社会生活的各个出版社，或是已经按照出版机构改制的要求实现了企业化转制，或是在文化事业体制框架下实行了企业化运作。而出版高层管理机构按照习惯的行政指令方式，要求各出版社作出背离市场活动准则的“支农行为”，实质上是要求企业化运作的出版社，违背市场经济基本规律，为自身生存与发展添加负担。管理高层的主观良好设想，与出版社现实生存需求之间的本质矛盾，不仅无益乡村图书服务工作推进，也导致社会有限的文化发展资源以另

一种“高尚形式”再次陷于空耗。

5 探索：乡村图书服务工作思路的调整

如前所述，社会人口的城市集约化居住方式，是公共社会生活，及至公共文化需求形成的基本前提。公共图书馆活动是现代社会文献管理与利用的一种集约化运作方式，这种集约化方式必须在城市环境中才能存在。因此，城市大众图书馆建设与乡村农民图书服务，在本质上不完全是一回事。现在需要的是探索当代中国社会环境下，充分开发现有城镇公共图书馆体系的潜力，让社会用于农村文化建设的资金和多种发展资源，形成良好的使用效益。争取更多的社会发展资源固然重要，但当代社会中更重要的是必须形成社会投入与产出效益平衡的科学发展理念，这是乡村图书服务工作可持续发展的基本前提。

5.1 弄清不同发展水平农村各自的图书需求

当代中国社会已经进入全面转型的发展阶段，全国各地农村的现代化、城市化进程差异甚大，统一按照“行政村”范围组织农村图书服务的简单建设思路，无法适应各地农村文化的实际需求。亟待转换发展路向，组织切实的农村图书需求调查，了解各地区农民的真实需求意向，科学地归纳后，再针对性地研究工作方法，以保证发展投入的科学有效。

前文列举的几个事例，大体表现了当代农村社会的不同发展水平，新源村属于传统农业活动为主体的区域，洪庄村展示了城镇边缘地区工业化乡村的形象，而鲍家洋村则显示了城市化社会的雏形。社会发展水平的差异引发了不同乡村居民的年龄层次、文化层次等结构性差异，研究不同社会环境下乡村居民各自的图书需求，应该是当前图书馆人和社会文化管理机构的首要任务。

纯农业地区乡村居民成分比较单一，文化需求相对也比较单纯；进入工业化或半工业化阶段的乡村，居民成分则相对复杂，有着不同社会历史背景的本地居民和外来人员，其文化生活方式与需求在日常群体性文化活动中所表现出来的差异，已经大多为群众文化工作者所把握，但图书馆人在自身活动领域至今还未见到完整的经验或专业研究成果。至于目前已经渐入城市化进程的乡村，虽然行政管理隶属还属于“农村”，但基层图书馆服务完全可以从专业管理的角度，直接按照城市基层社区图书服务的模式进行规划，宁波市北仑区图书馆城乡一体全面建设图书流通站的做法值得借鉴。

不同地区农村居民的生产生活方式，应该是辨识当代农村图书需求差异的重要标志。而这样的差异，可能更多地存在于工业化进程中的乡村，此类农村居民职业多样，文化历史源流复杂，这样的居民群体中，人们的个体发展期望值相对比较高，是否能转移或引导成为群体性的阅读类文化需求，应该是这一领域研究的重点所在。

5.2 全面认识图书规模集藏的理论价值

有着城市文化服务基础的图书馆专业工作体系向农村地区推进和覆盖，或许是服务农村居民图书需求的可靠方式。尽管全国尚有少部分地区的县级图书馆还没有建立，也有相当一部分县级图书馆自身处于严重的困窘状态，但这些都不能构成抛开县级图书馆直接到农村建立图书服务点的理由。中国图书馆学界以往一些借鉴欧美图书馆活动方法的研究论述，比较多地强调网点多少和服务半径等，突出的是读者的图书获取便利因素。但似乎疏忽了另一个十分重要的基础条件，那就是馆藏规模。实际上，在欧美一些图书馆建设标准中，馆藏规模要求是必不可少的，如美国纽约市的要求是20万册，日本的基本要求是5万册，等等。

相当长一段时期以来，中国图书馆界习惯性的批评强调馆藏规模的观点，以为这是“重藏轻用”，这是对馆藏规模理论的缺乏全面的认识。图书馆人需要清醒地认识到，规模化的图书集藏，是图书馆吸引社会读者，满足公众多样化知识需求的重要前提。

在城市社会生活中我们可以看到，尽管居民生活区的街巷中布

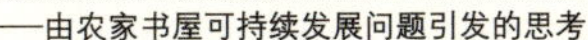

满了各种便利小店，还有各种比较专业化的商业街，但任何一个城市中，人气最高的永远是综合性大商场。其中的道理很简单，那就是在综合性大商场中，顾客可以有更多地的选择。

社会公众的文化需求，乃至具体的图书需求具有近乎无限的多样性，并随着社会和个体发展而不断变化，无论图书馆人的调查工作做得如何细致，都不可能完全、准确地掌握公众用户的个体需求。因此，一个完善的图书馆必须建立一定规模的文献集藏，有了一定规模的集藏资源，才能比较自如地满足社会公众的不同需求。只有众多读者在规模化的馆藏中找到切合各自需求的图书时，图书馆的社会吸引力才能真正在读者方面得以实现。因此，农家书屋建设的千册规模，与纽约市对图书馆的20万册规模要求的差距，不可简单地视为经济投入能力的差异，而是对图书馆活动基本原理的认识差异。

5.3 利用现有图书馆资源推进农村图书服务

要求农家书屋达到20万，哪怕是2万册的规模，显然是不必要的。在阅读需求甚微的地区大量建设规模化的图书集藏点，同样是资源浪费。问题又自然地回到基层图书馆建设与服务领域。甘肃省天水市麦积区图书馆任燕的观点很有见地，“建设的决心大，并不意味着对过去和现有体系的全部舍弃，投资的力度大并不意味着对过去投入的全部颠覆，尽管县级公共图书馆自身发展状况并不理想，但作为目前最基层服务机构，在许多方面还是掌握着最有价值的信息资源，占据着最实用的功能优势。”[14]纵观全国农家书屋的建设与管理，很多基层图书馆与文化主管都已经积极参与其中。事实上，凡是有了文献集藏管理机构的专业工作者的加入，这些农家书屋的基本状况相对要好些。

历史上，传统图书馆服务对于有着图书需求，但需求量又比较有限的地区，对策并非大规模增建服务网点，而是采用巡回服务的方式给予满足。即使是欧美发达国家的偏远地区，图书流通车服务

模式依然在不少地区保持着，其原因就在于必须保证社会文化发展资源的科学利用。因此，评价农村图书服务水平的标准，并不在于建立了若干万个书屋，而是在于农民的图书需求是否得到了真正满足。实践已经显示，千册书屋不可能对村民形成吸引力，也谈不上培育起公众的阅读氛围。

图书馆服务体系向农村地区的推进，需要借鉴传统图书馆基层服务的成功经验，同时还要密切关注和利用当代互联网络提供的管理手段，寻找适合本地区实际的最佳活动模式。进入网络信息时代以后，公众的诉求和满足都可以通过互联网络得到快速实现。就长三角地区农村而言，互联网络在农村地区已经基本普及。图书馆服务体系可以把农民的图书需求信息和图书馆的图书供给信息，利用现有网络技术有效地整合起来。最简单的方式，就是把县/区图书馆的可供外借书目数据库上网，让农村居民在本地就可以查询、预约，然后，图书馆根据不同村落的需求量，确定相应的图书流通车巡回服务周期，把农民预约的图书送到不同乡村。

基于对现有农村图书服务，以及城市基层社区图书馆的实际阅读状况分析，在农村文化服务点有必要建立部分报纸、期刊集藏。此类近似“快餐”的定期出版物，对于总体文化程度偏低的农村居民阅读需求，似乎适应性更强一些。这些出版物更新频率高，传递和保存成本低，可以成为农家书屋文献集藏的主要选择。

因此，目前似乎更应将县图书馆，发达地区可以到乡一级的图书馆作为农村图书服务建设的重点，确保服务资源，主要是图书资源能达到相当的规模。同时探索往农村逐步延伸，直至全覆盖的具体方法。这既是公共图书馆活动原理的要求，也是社会文化资源科学利用的发展要求。

5.4 探索多种文化载体投入与产出的复合效益

从长三角地区农村基层文化工作实践可以发现，基层工作者已经自觉或不自觉地把农家书屋、图书服务等，与其他基层文化活动

样式整合起来，寻求较好的整体服务效益，这是图书馆专业理论研究需要给予特别重视的另一个环节。

当代社会环境中公众的文化需求实现途径多样，基层文化服务活动的单一发展模式已经脱离了社会生活实际。即便是文献服务领域，随着电子载体文献在社会生活中的作用和地位越来越突出，农村基层图书服务的资源获取途径也将能从更多地渠道去争取。

传统公共图书馆系统虽然还是基层图书服务资源的主要渠道，但随着社会上多种文献载体、不同形式信息资源的出现，农村地区文化服务的新课题也将不断涌现。当代各种音像文化制品已经在城市大众文化生活中获得普遍青睐，文化传播媒介和个体获取方式的变化必然影响着乡村地区文化服务的发展趋势。对于图书馆员等大众文化服务提供者而言，集中关注的应该是乡村居民的服务满足程度，以及如何提高满足程度的手段与措施，而不仅仅是资源与设施建设的数量。

同时，还需注意到当代信息载体环境下的文献资源建设，已经回异于印刷图书时代，资源建设与储存的方式也随之有了很大变化，这次都会渐次影响到对农村服务的发展资源投入。在数字电子资源进入图书馆的初期，人们都期望此举能大幅降低资源建设的发展投入，但经过一段时期的实践后，发现事实并非想象得那么美好，在可以预见的将来，数字文献资源建设的投入将是巨大的。在这样的背景下，图书馆的当代农村基层服务深化，势必带来更多不确定因素。细致研究这些将出现在图书馆面前的问题，未雨绸缪，提前作出应对预案，既是实践要解决的问题，也是图书馆事业发展研究的基础课题。

农村图书服务，既是当前农村文化服务的现实课题，更是城乡基层图书馆发展建设的共同课题，它不仅维系着中国当代图书馆服务体系的健康发展，也反映了社会管理体制变革进程中的思维方式更新。因此，它应该成为当代中国图书馆学的基础研究课题之一。

参考文献

1 新闻出版署等．关于印发《“农家书屋”工程实施意见》的通知．2007.3.6

2 中共上海市委宣传部等．上海市关于推进“农家书屋”工程的实施意见．2008.7.3

3 张群．上海松江区农家书屋建设实践与发展思考．图书馆杂志，2009（7）

4 颜雷震．北仑区基层图书流通站建设与研究．图书馆杂志，2009（9）

5 于天惠．农家书屋要走可持续发展的道路．中国图书馆学会2009年年会论文（未刊稿）

6 张瑶．加快农家书屋建设，保障农民文化权益——农家书屋建设与管理浅析．中国图书馆学会2009年年会论文（未刊稿）

7 孔德安．论农家书屋建设中存在的问题及解决途径．中国图书馆学会2009年年会论文（未刊稿）

8 张晓梅．支持农家书屋可持续发展是公共图书馆的重要责任．中国图书馆学会2009年年会论文（未刊稿）

9 袁世香．关于农家书屋可持续发展的几点看法．中国图书馆学会2009年年会论文（未刊稿）

10 谢跃先．浅论县市级公共图书馆对农家书屋可持续发展的对策．中国图书馆学会2009年年会论文（未刊稿）

11 王宗义．社会的城市化进程与现代图书馆活动——兼论“公共图书馆理念”．中国图书馆学报，2006（6）

12 黄祖祥，周利红．巩固农家书屋发展的模式与对策研究．中国图书馆学会2009年年会论文（未刊稿）

13 新闻出版署等．关于印发《“农家书屋”工程实施意见》的通知．2007.3.6

14 任燕．农家书屋建设与县级公共图书馆延伸服务．中国图书馆学会2009年年会论文（未刊稿）

（原载兰州《图书与情报》2010年第4期）

十五年的探索与思考

一、蓦然回首

本文集收录的是自1996年进入《图书馆杂志》编辑部后，公开发表的关于当代图书馆活动的主要论文。尽管早在上个世纪80年代初就曾在高校进修过图书馆学专业，但并没有对这门学科真正形成兴趣。在徐家汇藏书楼的十年工作期间，办公室新到的每期《图书馆杂志》，大多是直接翻到最后去看看文史类的著述，前面的专业学术内容就直接忽略了。原因并非排斥，而是因为从事的岗位专业工作系民国时期报刊资料的分编，当时的《中图法》不能直接使用，专业刊物上也没有可供借鉴的内容，只能从一些专业著述的文献分类原理论述中去寻找指导。好在此时思想解放运动已经深入，上海图书馆领导能宽容地允许、支持自编分类法并投入应用。

1989年调任《上海图书馆事业志》编辑部，这项工作无意中成为系统进修图书馆专业科学的极佳机遇。三四年间，几乎通读了民国以来的所有图书馆学著作，系统查阅了近现代中国图书馆活动的各类报道。尤其值得庆幸的是，其中有近两年时间是沉浸在各种图书馆活动原始记录的档案海洋之中。诸多现代图书馆活动形象真实性地一一再现于面前，非身临其境无法理解其中的乐趣。当时中国图书馆活动正处于所谓“低谷”时期，很多本行业的佼佼者离开了图书馆专业岗位，甚至离开了祖国。有不少了解我早期生活经历的

朋友，对这种“青灯黄卷”的生活状态颇为不解。但恰恰是这一段经历，形成了自己对图书馆专业活动的研究兴趣，开始从书目编制工作者向图书馆事业研究者转向的过程。因为《事业志》编撰工作特点，得以接触了全市各行各业图书馆的众多一线工作者，对于当代图书馆与图书馆人的状况有了深切的感受。虽然许多事物难以直接入志，但引发了难以抑制的思考与书写冲动。

1996年初，《事业志》编撰告竣，在吴建中馆长安排下到《图书馆杂志》编辑部工作，获得了进一步拓展专业视野的良好契机。各地各类图书馆的创新实践总结，众多专业研究的最新成果论述放在书桌上，形成了一个全新的学习氛围。由此想起了美国人的一个研究成果：“编辑属于让人保持年轻的十个职业之一，原因是它能让人每天接触到新鲜的东西。”这或许就是以后不再希望变动工作岗位的原因之一。

1998年起，各种阴差阳错的偶然，交织出了许多意外的际遇。自此每年都要参与若干社会文化、公共管理领域的应用课题研究，由此得以与图书馆界外的各类专业研究人员，从不同角度进行社会发展问题调研。也因此能够从图书馆界外，从社会生活的其他角度去观察、了解和分析图书馆活动，由此形成了一些关于中国图书馆事业建设发展的个人思考，也与图书馆人，特别是专业学术界的主流意见出现了一定的距离。

作为《图书馆杂志》编辑部成员，1998年起不再在自己工作的刊物发表正式论文。在此要感谢专业期刊界的同行们，给了我诸多不同意见文章的发表机会，也鼓励着我不断地从事新的探索与思考。同时也要感谢这一时代，让个性化思维开始有了展示空间。

在整理、选择历年论述时，蓦然意识到从事专业期刊编辑已经十五年了。身在图书馆，但又不在集藏、整理或用户服务等专业岗位，所思所想也自然会与图书馆员有一定的差异，在书名前标注“编辑视角”，就是这个原因。

二、循实求真

近代以来的中国现代图书馆活动，长期处于激越动荡的社会氛围中，民族兴亡、社会冲突、体制突变等的外部环境原因，极大地影响着社会文化活动方式，包括现代图书馆事业的发展思考与专业实践。当代世界图书馆发展先行国家的经验、理论一波波地涌入，也不时给中国图书馆活动的专业思想和发展理念带来颠覆性的冲击。适合中国图书馆活动的基础发展理论形成中，简单的理论借鉴，现成的观念搬运，显然是不合适的。一切都需要从当代图书馆的现实生存与具体活动中，细致归纳现象，科学提炼规律，一砖一瓦地进行基础积累。中国图书馆专业科学的最终建成，也许需要几代人的努力。

东西方社会发展进程的客观差距，使得西方文化生活样式成为

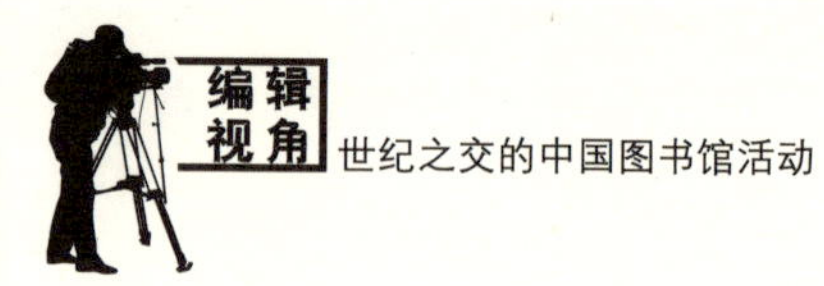

东亚社会文明进步的参照模板。但样式照搬很难适应东亚文化的历史传统，在西方文化样式的模仿与移植过程中，这些活动模式内涵的自主、激励因素大多在无形中被消解了，留下的仅仅是个躯壳。如何改变这一状况，主流舆论大多专注于观念转换，或曰思想更新，以为非如此不能激发从业者的激情，惟有如此才能保持事业建设的精神动力。

回顾当代中国社会的六十年历史进程，不难发现这一思维模式的阙失之处。自1956年以后，在规划建设强大祖国的思考与论争中，依靠所谓先进思想推动社会前进的片面化思维方式曾经长期处于统治地位，实际结果是发展步履摇摆不定，社会资源大量空耗，社会公众做出了大量无私的奉献，而看到的却是无数粉碎的泡沫，社会的“信仰危机”也就成为必然。将此类历史波折解释为少数、个别人的失误或罪恶，不是科学的解释，而且将继续误导公众。

进入新世纪的中国图书馆活动，同样面临着清除以往历史时期错误思维方式遗存，建立科学思维方法，探寻可持续发展路径的时代课题。不无遗憾的是，传统思维方式的惯性依然十分强大，其表现形式即以时新的流行观念替代具体的实践总结与理论探索，不断提出新颖的宣传口号，希冀以习惯的集体动员模式，通过一波接一波“新思想”教育灌输，带动新世纪中国图书馆事业的建设发展。

这一思维方式在以往的五六十年中，作为主流形态长期存在，在这一环境中长大的几代人也习以为常。因此在当代中国图书馆发展研究中，陈旧的思维模式换上时新的观念轮番上场，并占据主流地位也是一种不奇怪的必然。

作为与新中国成长的同时代人，笔者曾经是这一思维模式实践者，也曾以先进思想的教育者角色自居。直到上个世纪70年代中期，在担任几年基层企业管理者的过程中，才亲身体会到这一思维模式的谬误与荒诞。以后的90年代前期，在《上海图书馆事业志》编撰期间，于调查与还原历史真实的过程中，对社会文化的认识方法开始有了根本的转变。如果说，之前对于历史唯物主义认识论只是一些书面公式的套用，而通过这一时期学习与思考，得以领悟了一些科学思维方法的真髓。

当代中国社会发展客观上无法重复西方发达国家现代化的路径，社会的城市化与经济的全球化是西方社会的两个不同发展阶段，现在成为中国当代社会发展同时直接面临的课题。而当代社会文化的建设，还要加上历史文化、社会传统的根本性差异等难题。因此，当代中国社会文化发展的理论建设，绝非整合西方文化活动理念“为我所用”那么简单，需要用科学的思想方法，具体辨析当代社会文化发展，包括图书馆事业建设的一个个具体的现实问题，

了解这些问题之所以产生的社会、经济、文化等具体背景，能够切实把握了不同类型问题产生的各种必然性，以后才有可能提出对应的解决方案。

所以，当代中国图书馆活动的可持续发展研究，重心并非在于图书馆管理观念与具体方法的调整，而是首先在于图书馆当代社会发展环境的研究与认识，其次才是适应社会环境的发展对策研究。没有这样的基本前提，片面强调图书馆人的主观努力，尤其是图书馆从业人员的观念更新，按传统说法就是思想改造，必然回到四十多年前的老路，这也是当代发展理论研究必须打破的思想魔咒之一。在这本论文集中，或谈宏观发展路向，或论图书馆事业建设，都在不同程度上阐述了这一思考。

三、专业求索

十五年的《图书馆杂志》编辑生涯，面对大量同行来稿，汲取了大量基层实践和理论探索的营养，同时也深切地感受到专业活动中的泛社会化思维倾向。辨识此类偏颇，对于当代图书馆活动的健康发展十分必要。

专业思维与研究的泛社会化倾向的形成， 于社会环境影响和自身基础薄弱两个主要因素。当代社会的信息处理技术高速发展，对于图书馆的传统书目信息制作活动，及当今文献资源信息处理活

动带来了技术手段的彻底更新。由于现代图书馆的文献资源管理活动长期停滞于浅显层面，计算机信息处理技术几乎覆盖了当代图书馆的书目信息、文献资源信息管理的全部内容。陷于惊恐之中的图书馆活动发展研究匆忙地把未来寄望于文献内容管理，这原本是一个科学的选项，需要认真探索。但是上个世纪八十年代的“知识论”的介入与滥觞，无意中把图书馆专业活动研究带向一个虚幻的空间。

知识，原本是一个极其抽象、泛化的描述性词语。在现实生活中，“知识”的表达场景各各不同。在著作、论文等文献中，“知识”是作者对某具体领域认识的个人阐述；而著作、论文等文献的读者，在阅读中获得的领悟或启示，因各自的文化背景与基础能力差异，形成了各自不同的“个人知识”。作者和读者通过文献这一载体，形成了某种“知识交流”形态，这样的解读勉强可以说得过去。问题是有些图书馆学者据此进入一步，把“知识载体”——文献及其载体单元信息的管理，转化为“知识的管理”，专业活动研究就开始走向歧路。

图书馆是现实的社会文化机构，专业活动对象是具体的文献载体。无论文献是纸张的书刊载体，还是延伸向胶卷、磁带、光盘等其他物理形态，专业活动的职责，依然是对承载各种信息的单元文献的管理，及至文献单元信息的管理与社会供给。即便是进入网络

通讯时代，就图书馆专业活动角度观察，信息单元无论以书刊，还是论文，或是网页等方式存在，都是社会文献的各种不同实现形态。图书馆专业工作要做的事，依然是各类型文献的信息处理，包括收集、整序、发布，直至部分针对性的专题服务。

即便是在最新计算机信息处理与管理技术支持下，图书馆提供给所有用户的依然是文献和文献载体信息的服务，而不是抽象的“知识”。电子信息时代之前科研机构的“情报工程师”，近十年风行的“学科馆员”，谁也不可能代替任何一个具体文献资源用户获得文献内涵的“知识”。计算机技术只是帮助图书馆员把文献信息处理得更迅速，更利于文献的使用。至于从企业管理中搬运过来的“知识管理”，原本与文献信息管理风马牛不相及。在社会生活中，企业管理中的“知识管理”成果最后转化为应用阶段时，还是需要进入计算机信息管理的线性程序，才能达到提升企业效益的目标。弄清了这一点，就可以明白当代图书馆一度风行的知识管理研究，把专业工作对象转移到“文献内涵的知识”范畴，是一件多么不着边际的事。

专业发展思维泛社会化的另一领域是图书馆社会服务研究，从最初的职业精神讨论，到今天的社会责任研究，都有意无意地把图书馆人的道德建设，上升到影响专业发展研究方向的位置。这种泛政治化的思维模式，在当代中国的公众文化环境中有着五十多年的基础，自然容易获得大众化共鸣，因为它不需要基础调研与分析积累，只要罗列一些现象就可以证明自身的正确。职业精神的认识与实践是现代社会各行各业共有的课题。从事物质财富生产的企业需要承担社会责任，而所有公共服务的公益性事业原本是社会文明进步的基本范畴，这一领域的所有机构与活动都是寻求社会公平与正义的具体实践，硬要在社会公共服务的具体实践中区分出所谓新的社会责任，是对现代社会文明活动缺乏基础认识的表现之一。

在世纪之交写下的这些论文，有着很大的随机性，大体是伴随专业活动领域显现的突出问题，做出的即时探索与思考。今天重读并把它集中提供给读者的这些文字中，时代的局限，认识的制约等无可避免，设若这些缺陷能够成为图书馆界同仁发展思考与认识深化过程的一种帮助，则是万幸。所以，除个别文字错误外，未做任何修订。同样，这篇文字一样是认识不断深化的成果，与标准的后记模式大相径庭，就不去管他了。

王宗义 2010年7月